21世纪高职高专能力本位型系列规划教材·财务会计系列

基础会计教程与实训
(第3版)

主　编　付　强　李　洁

副主编　范广坤

内 容 简 介

本教材根据高职教育的特点，大力推行工学结合，以项目为载体，将理论与实践有机地结合起来。本教材共分 9 个项目，主要内容包括：走进会计、会计语言、记账方法、企业日常经济业务的核算、会计凭证、会计账簿、财产清查、财务报告、会计实务操作。为了增强教材的实用性，提高学生的实践操作能力，本教材以工业企业为例，让学生在学习基本理论、基本知识和基本技能的同时，完成从原始凭证的填制和审核到会计报表的编制的一整套会计核算程序；并在每个项目后安排了知识巩固和技能操练，使学生通过本教材的学习，能为今后学习专业会计及从事会计实践工作打下坚实的基础。

本教材可作为高等职业学院、高等专科学校、成人高等学校等会计专业的教材，也可作为在职会计人员的培训教材和企业管理人员的参考读物。

图书在版编目（CIP）数据

基础会计教程与实训/付强，李洁主编．—3 版．—北京：北京大学出版社，2016.8
（21 世纪高职高专能力本位型系列规划教材·财务会计系列）
ISBN 978-7-301-27309-8

Ⅰ. ①基… Ⅱ. ①付…②李… Ⅲ. ①会计学—高等职业教育—教材 Ⅳ. ①F230

中国版本图书馆 CIP 数据核字（2016）第 181174 号

书　　　名	基础会计教程与实训（第 3 版） JICHU KUAIJI JIAOCHENG YU SHIXUN
著作责任者	付　强　李　洁　主编
策划编辑	吴　迪
责任编辑	伍大维
标准书号	ISBN 978-7-301-27309-8
出版发行	北京大学出版社
地　　　址	北京市海淀区成府路 205 号　100871
网　　　址	http://www.pup.cn　新浪微博：@北京大学出版社
电子信箱	pup_6@163.com
电　　　话	邮购部 62752015　发行部 62750672　编辑部 62750667
印 刷 者	北京虎彩文化传播有限公司
经 销 者	新华书店
	787 毫米×1092 毫米　16 开本　15.25 印张　351 千字 2007 年 8 月第 1 版　2011 年 9 月第 2 版 2016 年 8 月第 3 版　2021 年 8 月第 4 次印刷
定　　　价	34.00 元

未经许可，不得以任何方式复制或抄袭本书之部分或全部内容。
版权所有，侵权必究
举报电话：010-62752024　电子信箱：fd@pup.pku.edu.cn
图书如有印装质量问题，请与出版部联系，电话：010-62756370

第3版前言

随着我国高职教育的深入发展，项目化教学已经成为高职院校人才培养的重要模式之一。为了更好地推进项目化教学的实践，《基础会计教程与实训》自2011年出版以来得到了国内同行的普遍认可。但近年来，我国会计领域的客观环境发生了较大变化，有关部门相继对《会计从业资格管理办法》《会计档案管理办法》进行了修订和完善，尤其是2014年年初至今，为了适应社会主义市场经济发展的需要，进一步规范会计计量的方法，财政部先后发布了多项准则的增补或修订版，如《财务报表列报》《职工薪酬》等，特别是2016年"营改增"的全面实施，对各行业经济业务的会计处理均造成了影响，因此，对原有的教材进行修订成为必要。

本次教材修订中，主要修改了会计人员从业资格的基本要求、会计档案保管、财务报告的格式等问题，并将综合实训的原始凭证资料进行了全面修改。修订后的教材进一步明确了知识目标和技能目标，在学习基本理论、基本知识和基本技能的同时，要求学生完成从填制和审核原始凭证—编制记账凭证—登记账簿—编制会计报表的一整套会计核算程序，为今后学习财务会计、成本会计等课程打下良好的基础。

本次修订分工：项目1、项目2、项目3由温州职业技术学院李洁修订；项目4由温州科技职业学院范广坤修订；项目5、项目6、项目7、项目8、项目9由温州职业技术学院付强修订。全书最后由付强统稿。

由于作者水平有限，书中不妥和疏漏之处在所难免，恳请广大读者批评指正。

编　者
2016年6月

第 2 版前言

随着我国高职教育的发展,项目化教学已经成为高职院校课程改革的主要方向之一。项目化教学是以项目为载体,以工作任务为驱动,使学生在完成任务的过程中掌握知识和技能,将理论与实践有机结合。我们以此为基础,对《基础会计教程与实训》进行了改版修订,将原来的 12 章内容调整为 9 个项目,每个项目都有明确的知识目标和技能目标,使学生在学习基本理论、基本知识和基本技能的同时,完成从填制和审核原始凭证—编制记账凭证—登记账簿—编制会计报表的一整套会计核算程序。本教材第 2 版更加体现了"学中做、做中学",将理论学习和实际操作有机地融合在一起;并在每个项目后安排了知识巩固和技能操练,使学生能更加熟练地掌握基本知识和基本技能,为今后学习财务会计、成本会计等课程打下良好的基础。

本次修改分工:项目 1、项目 2、项目 3、项目 4 由温州职业技术学院李洁修改;项目 5 由温州科技职业学院范广坤修改;项目 6 由南昌职业学院龚兴东修改;项目 7、项目 8、项目 9 由温州职业技术学院付强修改。全书最后由李洁统稿。

由于编者水平有限,书中不妥和疏漏之处在所难免,恳请广大读者批评指正。

编　者

2011 年 6 月

第1版前言

基础会计是高职财经类各专业的必修课程，是学生掌握会计专业知识的入门课程。通过本课程的学习，可以使学生掌握基本理论、基本方法和基本操作技能，为今后学习财务会计、成本会计等课程打下良好的基础。

本教材共分12章，为了充分体现高职人才培养目标，突出实践能力的培养，我们在内容结构上作如下安排。

(1) 在教材内容的处理上，力求符合高职人才培养的要求，基本理论以"必需、够用"为原则，把相对稳定和统一的会计概念、理论和方法技能，简明准确地阐述清楚，做到深入浅出，循序渐进。在基本方法和基本操作技术上，加强实际操作能力的培养，以企业会计准则为准，结合企业实际经济业务，对学生进行有针对性的培养和训练。

(2) 为了便于学生明确学习目标，本教材每章正文前都有"教学目标"和"教学要求"，对该章的知识要点、能力要求、相关知识作了明确的列示，使学生能很快抓住该章的学习要点。

(3) 各章后附有完整的练习题，可以使学生巩固所学的内容。为了突出实训的仿真性，本教材"综合实训"部分附有大量的原始凭证和单据，供教学与学习使用，便于学生更好地掌握会计工作的基本技能。

本教材由温州职业技术学院李洁、东营职业学院王美玲担任主编。编写分工：第1、第2章由李洁编写；第3章由东营职业学院王炳荣编写；第4章由东营职业学院王美玲编写；第5、第6章由许昌职业技术学院张惠芳编写；第7、第12章由温州职业技术学院付强编写；第8、第9章由常州建东职业技术学院武志刚编写；第10、第11章由郑州铁路职业技术学院邱翠兰编写。全书最后由李洁统稿。

由于编者水平有限，书中不妥和疏漏之处在所难免，恳请广大读者批评指正。

编　者

2007年5月

目　录

项目1　走进会计 1
  1.1　会计与社会环境 1
    1.1.1　会计的产生与发展 1
    1.1.2　会计与社会环境的关系 2
  1.2　会计的概述 3
    1.2.1　会计的职能 3
    1.2.2　会计的特点 4
    1.2.3　会计的含义 4
  1.3　会计的对象 4
  1.4　会计核算的基本前提和会计信息
      质量要求 6
    1.4.1　会计核算的基本前提 6
    1.4.2　会计信息质量要求 7
  1.5　会计任务与核算方法 9
    1.5.1　会计任务 9
    1.5.2　会计核算方法 9
  1.6　会计工作组织 11
    1.6.1　会计工作组织的含义 11
    1.6.2　会计工作组织的形式 11
    1.6.3　会计机构的设置 12
    1.6.4　会计人员 12
    1.6.5　会计人员从业资格的基本
          要求 13
    1.6.6　会计工作岗位设置 14
    1.6.7　会计档案 14
  知识巩固 16

项目2　会计语言 18
  2.1　会计要素与会计等式 18
    2.1.1　会计要素 18
    2.1.2　会计等式 21
  2.2　会计科目与会计账户 25
    2.2.1　会计科目 25
    2.2.2　会计账户 28
  知识巩固 30
  技能操练 32

项目3　记账方法 35
  3.1　复式记账原理 35
    3.1.1　记账方法概述 35
    3.1.2　复式记账法 36
  3.2　借贷记账法 36
    3.2.1　借贷记账法概述 36
    3.2.2　借贷记账法的账户结构 36
    3.2.3　借贷记账法的记账规则 39
    3.2.4　会计分录 41
    3.2.5　借贷记账法的试算平衡 42
  3.3　总分类账户与明细分类账户的
      平行登记 48
    3.3.1　总分类账户与明细分类
          账户的关系 48
    3.3.2　总分类账户与明细分类
          账户平行登记的含义 49
  知识巩固 51
  技能操练 53

项目4　企业日常经济业务的核算 57
  4.1　资金筹集的核算 57
    4.1.1　投入资金的核算 58
    4.1.2　借入资金的核算 59
  4.2　生产准备过程的核算 61
    4.2.1　生产准备业务核算账户的
          设置 61
    4.2.2　材料采购业务的核算 63
    4.2.3　固定资产购进的核算 65
  4.3　产品生产过程的核算 66
    4.3.1　产品生产过程业务核算
          账户的设置 67

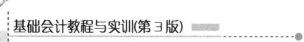

  4.3.2 产品生产过程主要经济
     业务核算 68
 4.4 产品销售过程的核算 72
  4.4.1 产品销售过程核算的
     账户设置 73
  4.4.2 产品销售过程主要经济
     业务核算 74
 4.5 利润形成和分配的核算 76
  4.5.1 利润形成的核算 76
  4.5.2 利润分配的核算 79
 知识巩固 80
 技能操练 82

项目 5 会计凭证 86

 5.1 会计凭证概述 86
  5.1.1 会计凭证的含义和作用 86
  5.1.2 会计凭证的种类 87
 5.2 原始凭证 88
  5.2.1 原始凭证的种类 88
  5.2.2 原始凭证的基本内容 90
  5.2.3 原始凭证的填制要求及
     填制方法 90
  5.2.4 原始凭证的审核 93
 5.3 记账凭证 94
  5.3.1 记账凭证的种类 94
  5.3.2 记账凭证的基本内容 95
  5.3.3 记账凭证的填制要求及
     填制方法 95
  5.3.4 记账凭证的审核 99
 5.4 会计凭证的传递和保管 100
  5.4.1 会计凭证的传递 100
  5.4.2 会计凭证的保管 100
 知识巩固 102
 技能操练 103

项目 6 会计账簿 106

 6.1 会计账簿概述 106
  6.1.1 会计账簿的含义和作用 106
  6.1.2 会计账簿的种类 107
 6.2 会计账簿的格式和登记方法 109

  6.2.1 序时账簿的格式和登记方法 109
  6.2.2 分类账簿的格式和登记方法 113
 6.3 会计账簿的登记规则和错误更正 116
  6.3.1 会计账簿的登记规则 116
  6.3.2 错账的更正方法 118
 6.4 对账和结账 121
  6.4.1 对账 121
  6.4.2 结账 122
 6.5 账簿的更换和保管 123
  6.5.1 账簿的更换 123
  6.5.2 账簿的保管 123
 知识巩固 124
 技能操练 126

项目 7 财产清查 130

 7.1 财产清查概述 130
  7.1.1 财产清查的含义和作用 130
  7.1.2 财产清查的种类 131
  7.1.3 财产清查前的准备工作 132
 7.2 财产清查的内容和方法 133
  7.2.1 财产清查的内容 133
  7.2.2 财产清查的盘存制度 133
  7.2.3 财产清查的方法 134
 7.3 财产清查结果的处理 140
  7.3.1 财产清查结果的处理程序 140
  7.3.2 财产清查结果的账务处理 140
 知识巩固 142
 技能操练 144

项目 8 财务报告 146

 8.1 财务报告概述 146
  8.1.1 财务报表的含义和作用 146
  8.1.2 财务报表的种类 147
  8.1.3 财务报表的编制要求 147
 8.2 资产负债表 148
  8.2.1 资产负债表的含义和作用 148
  8.2.2 资产负债表的结构 149
  8.2.3 资产负债表的编制方法 149
  8.2.4 资产负债表编制实例 150
 8.3 利润表 152

8.3.1 利润表的含义和作用...............152
8.3.2 利润表的结构........................152
8.3.3 利润表的编制方法................152
8.3.4 利润表编制实例....................153
8.4 现金流量表.......................................154
8.4.1 现金流量表的含义和作用.....154
8.4.2 现金流量表的结构................155
8.4.3 现金流量表的编制................157
知识巩固..157
技能操练..158

项目9 会计实务操作..............................162

9.1 会计核算程序....................................162
9.1.1 会计核算程序概述................162
9.1.2 记账凭证核算程序................163
9.1.3 科目汇总表核算程序............188
9.1.4 汇总记账凭证核算程序........192
9.1.5 多栏式日记账核算程序........195
9.1.6 日记总账核算程序................197
9.2 综合实训...198
9.2.1 实训目的................................198
9.2.2 实训要求................................198
9.2.3 实训资料................................198
知识巩固..222
技能操练..224

附录 中华人民共和国会计法...........226

参考文献...233

项目 1 走进会计

 知识目标

1. 了解会计与社会环境的关系；
2. 明确会计职能和特点；
3. 熟悉会计核算基本前提和信息质量的要求。

 能力目标

1. 掌握工业企业资金运动过程；
2. 明确会计工作岗位的设置和会计人员从业资格的基本要求。

1.1 会计与社会环境

1.1.1 会计的产生与发展

会计是随着人类社会生产的发展和经济管理的需要而产生、发展并不断完善起来的。在生产活动中，为了获得一定的劳动成果，必然要耗费一定的人力、物力和财力。人们一方面关心劳动成果的多少，另一方面也注重劳动耗费的高低。在原始社会，人类社会生产实践活动极其简单，生产力水平极其低下，人们单凭头脑的记忆进行记录即可满足需要。当生产活动不断丰富时，人们又创造出利用简单符号如结绳、堆石、刻木等进行记录。当然这些计算和记录活动还不能认为它是会计的产生，但可以说是会计的雏形，是"生产职能的附带部分"，并没有形成会计的独立职能。随着社会生产力的发展，剩余产品的出现，生产过程中需要计量和记录的内容多起来，生产者忙于生产，无暇兼顾记录，于是会计逐渐从生产职能中分离出来，成为一种专门的独立工作。

会计从产生至今，经历了一个漫长的历史过程。一般认为，会计的发展经历了三个重要的发展阶段，如图1.1所示。

1. 古代会计阶段

古代会计阶段是从旧石器时代的中晚期始至15世纪末，以会计专职人员的出现和会计机构的产生为标志。这是会计的开创阶段，也是会计取得长足进步的阶段，据史料记载，我国早在奴隶社会的西周就出现"日记、月要、岁会"等会计术语，当时的王朝中就已设立了"司会"官职来掌握王朝的赋税收支，进行月计岁会，即所谓的零星算之为计，总合算之为会，并自此出现了"会计"一词。到宋朝初期便出现了旧管(期初余额)、新收(本期收入)、开除(本期支出)、实在(期末余额)的四柱清册，并列出了"旧管+新收-开除=实在"的等式，它是我国会计产生的一个重要见证。

图1.1 会计发展的三个阶段

2．近代会计阶段

近代会计阶段是从15世纪末至20世纪50年代初期，以复式记账法的诞生为标志。在古代会计阶段的后期，随着社会化大生产的加快、经济的发达和资本借贷业务的兴起，为复式记账的探索提供了有利的历史机遇。1494年被称为近代会计之父的意大利数学家卢卡·帕乔利总结了在民间已经流行了200余年的借贷记账法，并将其写入了他的数学著作《算术、几何与比例概要》一书中，标志着记账方法由单式记账法向复式记账法的历史性转变，这也是会计发展史上的一个重要里程碑。

3．现代会计阶段

现代会计阶段是从20世纪50年代开始至今，以管理会计的形成及与财务会计的分离为标志。随着第二次世界大战的结束和科技的进一步发展，科学管理对企业兴亡起到举足轻重的作用。如何利用会计提供的信息分析企业的经营活动现状，预测经营活动前景，为经营决策提供依据等成为会计研究的重要课题。人们运用现代管理科学理论，逐步形成了会计上的一个新的分支——管理会计，并逐步成为一个独立的学科。管理会计的诞生，结束了会计只是对经济活动处于事后反映的被动局面，实现了会计对生产管理过程的事前、事中和事后的主动控制。管理会计的诞生是会计发展史上又一个重要的里程碑。

1.1.2 会计与社会环境的关系

会计的产生和发展与其所处的社会环境有着密切的依赖关系。这些社会环境包括：经济环境、政治环境、教育环境、科技环境、其他环境等。会计与社会环境的关系如图1.2所示。

在以上各种社会关系中，经济环境对会计的发展具有决定性的作用。实践表明：会计是经济发展到一定历史阶段的产物，它是适应生产和管理的需要而产生的，又是随着经济的发展而不断发展的。从20世纪80年代我国实行经济体制改革以来，传统的计划经济体制逐步向市场经济体制转变，为了适应我国社会主义市场经济发展的需要，在社会经济环境的渐变过程中，作为经济管理重要组成的会计必须进行与之相配套的一系列改革。我国从1985年1月21日颁布《中华人民共和国会计法》(以下简称《会计法》)，1993年7月1日实施《企业会计准则》，2001年1月1日执行《企业会计制度》，到2007年1月1日实施新《企业会计准则》，都是为了适应我国经济发展的需要，是我国传统的会计核算模式逐步与国际会计惯例相协调的重大举措。当然，从另一个方面看，会计的发展也会反作用于经济环境，对经济的发展产生有力的推动作用。正如马克思指出："生产过程越是按社会规模进行，越是失去纯粹个人的性质，作为对过程的控制和观念总结的簿记就越是必要。"这里所说的簿记就可以理解为现在的会计。客观实践证明，经济越发展，会计越重要。

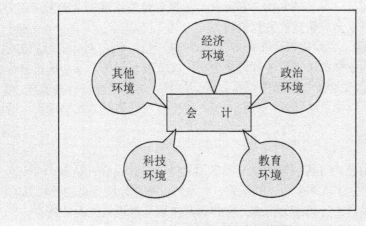

图 1.2　会计与社会环境的关系

1.2　会计的概述

1.2.1　会计的职能

会计职能是指会计在经济管理过程中所具有的功能，即会计能干什么。它将随着社会生产力水平和经营管理水平的发展而不断发展变化。

1. 会计的基本职能

(1) 会计核算职能。会计核算职能是从会计产生之日就具有的一种基本职能。它是指会计以货币为主要计量单位，通过确认、计量、记录、报告等环节，对特定主体的经济活动进行记账、算账、报账，为各有关方面提供会计信息的功能。记账是指对特定主体的经济活动采用一定的记账方法在账簿中进行登记。算账是指在记账基础上对单位一定时期的收入、费用、利润和一定日期的资产、负债、所有者权益进行计算。报账是指在算账的基础上对单位财务状况、经营成果和现金流量情况，以会计报表的形式向有关方面报告。

(2) 会计监督职能。会计监督职能是指会计人员在进行会计核算的同时，对特定对象经济业务的合法性、合理性进行审查，使之达到预期经营目的的功能。合法性审查是指保证各项经济业务符合国家的有关法律、法规，杜绝违法乱纪行为。合理性审查是指检查各项财务收支是否符合财务收支计划，是否有奢侈浪费行为，为增收节支、提高经济效益严格把关。会计监督包括事前监督、事中监督和事后监督。

会计的两项基本职能是相辅相成、辩证统一的关系。会计核算是会计监督的基础，没有核算所提供的信息，监督就失去依据；而会计监督又是会计核算质量的保障，如果只有核算而没有监督，则难以保证核算所提供信息的真实性和可靠性。

2. 会计的其他职能

随着社会经济进一步发展，会计的内容日益充实，会计的职能也在扩充和延伸。会计除了具备上述基本职能外，还具有预测经济前景、参与经济决策、评价经营业绩等功能。

(1) 会计预测职能。会计预测职能是指运用专门的计算方法,利用会计资料、其他信息资料找出经济活动中客观存在的规律性,并以此为依据对经济活动未来的发展趋势或状况进行估计或测算。预测可以为决策提供数据资料。

(2) 会计决策职能。会计决策职能是指在预测的基础上,利用会计资料和其他资料对未来经济活动可能采取的各种备选方案进行定量分析,权衡利弊得失,从中选出最优方案。

(3) 会计评价职能。会计评价职能是指以会计核算提供的信息资料为依据,对单位的经营业绩进行客观评价,以便总结经验,巩固成绩,找出存在的问题,挖掘潜力,改进工作。

1.2.2 会计的特点

会计的特点是指会计与其他管理学科相区别之处。会计由会计核算、会计分析和会计检查三部分构成,其中会计核算是会计的基础,会计分析和会计检查是会计核算的继续和发展,因而会计的特点主要是会计核算的特点。会计核算主要有以下几方面的特点。

(1) 会计核算以货币为主要计量单位。会计可采用三种量度(货币量度、实物量度、劳动量度)从数量上记录经济活动。但在市场经济发达的条件下,为了有效地进行管理,就必须广泛地利用综合的价值形式计算劳动耗费的发生、劳动成果的实现以及收益的分配等。所以,会计以货币为主要计量单位,从价值上综合反映各单位的经济活动情况,为经济管理提供可靠的会计信息。

(2) 会计核算所产生的会计信息,具有全面性、连续性和系统性。所谓全面性是指属于会计对象的全部经济活动内容都应予以记录,不能有任何遗漏。所谓连续性是指各种经济业务应按照其发生的时间顺序依次进行登记。所谓系统性是指会计提供的数据资料应当按照科学的方法进行分类,进行系统的加工、整理、汇总,以便为经济管理提供所需的各类会计信息。

(3) 会计核算有一整套科学、完整的方法。会计为了核算和监督经济活动,发挥其作用,需采用一系列的会计核算方法。这些方法主要包括:设置账户、复式记账、填制和审核会计凭证、登记账簿、成本计算、财产清查和编制会计报表等。这些方法密切配合、相互补充,构成了一个完整的方法体系。只有严格按照规定的程序和手续,科学地、综合地运用这些方法,才能使会计工作有条不紊地进行。

1.2.3 会计的含义

随着社会经济的不断发展,会计已由简单的记录和计算,逐渐发展成为以货币计量来综合地核算和监督经济活动过程的一种价值管理活动。会计的内涵和外延都在不断地丰富和发展。会计的含义可以表述为:会计是以货币为主要计量单位,对各单位的经济活动进行连续、系统、全面、综合的核算和监督,并向有关方面提供会计信息的一种经济管理活动。

会计的含义可从以下几方面理解:第一,以货币为主要计量单位是会计的特点;第二,核算和监督是会计的基本职能;第三,向有关方面提供会计信息是会计的目标;第四,经济管理活动是会计的本质。

1.3 会计的对象

会计的对象是指会计所核算和监督的内容。一般说来,会计的对象是社会再生产过程中的资金运动。所谓资金就是指处于社会再生产过程中的各个经济组织所拥有的财产物资的货币表现。拥有一定数量的资金是各个经济组织开展其经济活动的必要条件,随着经济活动的进行,这些资金就会处于不断地运动和变化中,在会计上凡是能够用货币表现的经济业务活动统称为资金运动。由于各个经济组织在社会再生产过程中所处的地位和承担的任务各不相同,因而它们所拥有的资金在运动过程中表现出来的具体形式也有着较大的差别。下面以工业企业为例来说明企业会计的具体对象。

工业企业是从事工业产品生产和销售的营利性经济组织,为了从事产品的生产和销售活动,企业必须拥有一定数量的资金用于建造厂房、购买机器设备、购买材料、支付工人工资等。生产的产品经过销售后,收回货款用来补偿生产中垫付资金、偿还有关债务、上交有关税金等。可见,工业企业的资金运动表现为资金投入、资金运用和资金退出的过程。

(1) 资金投入是指企业通过各种方式筹集资金的过程,是资金运动的起点。企业筹集资金有两种方式:一是所有者投入,二是向债权人借入。前者属于所有者权益,后者属于债权人权益——企业负债。企业从所有者、债权人那里筹集到的资金按照不同的资金占用形态表现为库存现金、银行存款、原材料、机器设备等资产。

(2) 资金运用是指资金的循环和周转的过程。工业企业的资金循环和周转分为供应、生产和销售三个阶段。在供应过程中,企业用货币资金购买各种材料形成生产储备,资金就从货币资金形态转化为储备资金形态。工业企业生产过程就是产品的制造过程,产品的制造需要劳动者,借助于劳动手段对劳动对象进行加工,从而发生材料耗费、固定资产折旧以及其他费用,这样,资金就从货币资金、储备资金、固定资金转化为生产资金,当生产完成达到可销售状态但未销售时,生产资金就转化为成品资金。在销售过程中,将产品对外销售收回货币,这样资金又从成品资金转化为货币资金。资金从货币资金开始,经过供、产、销三个过程,依次由货币资金转化为固定资金、储备资金,再转化为生产资金、成品资金,最后又转化为货币资金的过程称为资金的循环。随着生产经营过程的不断进行,资金周而复始、不断循环的过程叫做资金的周转。

(3) 资金退出,包括偿还各项债务、上缴各项税金、向所有者分配利润等,使得部分资金离开本企业,退出本企业的资金循环与周转。工业企业的资金运动如图1.3所示。

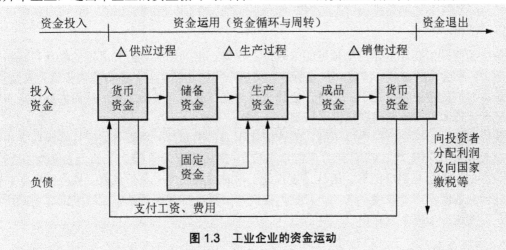

图1.3 工业企业的资金运动

流通企业的资金运动也可分为资金投入、资金运用和资金退出三个阶段,但是由于经营活动的内容不同,其资金运用阶段仅划分商品购进和商品销售两个阶段,其资金运动过程表现为货币资金、商品资金、货币资金三种形态，不会有生产资金和成品资金等形态。行政事业单位资金运动一般只划分为资金取得和资金使用两个阶段。这类经济组织的资金一般来源于国家财政预算拨款，具有无偿性质，获得的资金一旦被使用就会直接转化为费用或支出。这类经济组织的资金运动体现的是直线式的一次性运动方式。

1.4 会计核算的基本前提和会计信息质量要求

1.4.1 会计核算的基本前提

会计核算的基本前提又称为会计假设，是对会计核算中遇到的不确定因素以及未被确切认识的事物，为了进行客观的会计核算而事先做出的必不可少的合乎逻辑的推理、判断或假定。如为了及时计算企业的损益情况，就有必要将企业的生产过程人为地分为一定的期间；为了反映企业的经营状况，就有必要确立一定的计量单位等。会计核算的基本前提包括会计主体、持续经营、会计分期和货币计量。

1. **会计主体**

会计主体是指会计所核算和监督的特定单位或组织。它界定了从事会计工作和提供会计信息的空间范围。这一基本前提的主要意义在于：一是将特定主体的经济活动与该主体的所有者及职工的经济活动区别开来；二是将该主体的经济活动与其他单位的经济活动区别开来，从而界定从事会计工作和提供会计信息的空间范围，同时说明某会计主体的会计信息仅与该会计主体的整体活动和成果相关。应当注意的是，会计主体与法律主体(法人)是两个不同的概念。会计主体不一定就是法人，而法人必定是一个会计主体。如某公司是一个法人也是一个会计主体，公司下属的广告部实行单独核算，也是一个会计主体，但广告部对外不能单独承担法律责任，故它不是一个法人。又如，企业集团由若干具有法人资格的企业组成，各个企业都是独立的会计主体，但为了反映集团公司的财务状况、经营成果和现金流量情况，还应编制合并会计报表对外公布。而这时的企业集团是会计主体，但通常不是一个独立的法人。

2. **持续经营**

持续经营是指会计主体在可预见的未来，将根据正常的经营方针和既定的经营目标持续经营下去，不会面临破产、清算。企业所持有的资产将按正常运营，所负的债务将正常偿还。这一基本前提的主要意义在于：它可使会计核算建立在非清算基础之上，从而为解决很多常见的资产计价和收益确定问题提供了基础。

我们知道，一项资产的处境不同，其价值就不同。例如，一项设备处于持续经营之中，只要其使用状况不变就有其应有的正常市场价值(假如其市场价值为 5 万元)。但如果拥有这台设备的企业面临破产清算，则这台设备处于限时拍卖之中，其价值就会发生变化了。当然，任何企业都不可能长生不老，一旦进入破产、清算，持续经营基础就将被清算基础所取代，从而使这一前提不复存在。

3. **会计分期**

会计分期又称会计期间，是持续经营前提的补充，是将会计主体持续不断的生产经营活动过程人为划分成若干个连续的、长短相同的期间，以便分期结账和编制财务会计报告。我国《企业会计准则——基本准则》规定:"企业应当划分会计期间,分期结算账目和编制财务会计报告。会计期间分为年度和中期。中期是指短于一个完整的会计年度的报告期间。"我国以公历1月1日至12月31日作为一个会计年度,半年度、季度和月度均称为会计中期。这一基本前提的主要意义在于:界定会计信息的时间段落,为分期结算账目、编制财务会计报告奠定了理论与实务的基础。

由于有了会计分期,才产生了本期与上期或下期的差别,在此基础上才出现了权责发生制和收付实现制两种不同的确认方法,使各种类型的会计主体有了记账的准绳,并在此基础上出现了应收、应付、预提和待摊等会计处理方法。例如,九月份支付的本年十月份开始至明年九月份的财产保险费,其中十月份、十一月份、十二月份的财产保险费才是今年应该支出的费用,应计入本年度的费用,下一年度的一月份至九月份的财产保险费应计入下一年度的费用。如果没有会计分期以及待摊的会计处理方法,上述的财产保险费就很难进行正确的计量。

4. 货币计量

货币计量是指在会计核算中以货币作为统一的计量单位。由于会计主体的经济活动千差万别,财产物资种类繁多,必须借助于货币。在我国,会计核算主要是以人民币为记账本位币,业务收支以外币为主的企业,可以选定其中一种货币作为记账本位币,但编制的财务会计报告应当折算为人民币。在境外设立的中国企业向国内报送财务会计报告,应当折算为人民币。这一基本前提的主要意义在于:确认了以货币为主要的、统一的计量单位,同其他三项基本前提一起,为会计核算奠定了基础。

上述四项基本前提具有相互依存、相互补充的关系。会计主体确立了会计核算的空间范围,持续经营与会计分期确立了会计核算的时间范围,而货币计量则为会计核算提供了必要的手段。

1.4.2 会计信息质量要求

会计工作的基本任务是为会计信息使用者提供他们所需要的信息,因此,信息的准确性、可靠性十分重要。对会计信息质量要求具体包括以下几点。

1. 可靠性要求

可靠性要求是指企业应当以实际发生的交易或者事项为依据进行会计确认、计量和报告,如实反映符合确认和计量要求的各项会计要素及其他相关信息,保证会计信息真实可靠、内容完整。

2. 相关性要求

相关性要求是指企业提供的会计信息应当与财务会计报告使用者的经济决策需要相关,有助于财务会计报告使用者对企业过去、现在或者未来的情况作出评价或者预测。

为了使企业提供的会计信息对信息使用者有用,会计核算的整个过程必须与信息需要相关联。企业在选择会计核算程序和方法时必须考虑企业经营特点和管理的需要,设置账簿时要考虑有利于信息的输出和不同信息使用者的需要。

3. 可理解性要求

可理解性要求是指企业提供的会计信息应当清晰明了，以便于财务会计报告使用者理解和使用。可理解性要求会计记录准确、清晰；填制会计凭证、登记会计账簿做到依据合法、账户对应关系清楚、文字摘要完整；在编制会计报表时，项目勾稽关系清楚、项目完整、数字准确。

4. 可比性要求

可比性要求是指企业的会计信息应当具有可比性。同一企业不同时期发生的相同或者相似的交易或者事项，应当采用一致的会计政策，不得随意变更。确需变更的，应当在附注中说明。不同企业发生的相同或者相似的交易或事项，应当采用规定的会计政策，确保会计信息口径一致、相互可比。

5. 实质重于形式要求

实质重于形式要求是指企业应当按照交易或事项的经济实质进行会计确认、计量和报告，不应仅以交易或者事项的法律形式为依据。在会计核算过程中，可能会碰到一些经济实质与法律形式不吻合的业务或事项。如融资租入固定资产，在租期未满以前，所有权并没有转移给承租人，但与该项固定资产相关的收益和风险已经转移给承租人，承租人实际上也能行使对该固定资产的控制，因此承租人应该将其视同自有的固定资产进行核算。

6. 重要性要求

重要性要求是指企业提供的会计信息应当反映与企业财务状况、经营成果和现金流量等有关的所有重要交易或者事项。企业的会计核算应遵循重要性要求，在会计核算过程中对交易或者事项应区别其重要程度，采用不同的核算方式。对资产、负债、损益等有较大影响，并进而影响财务会计报告使用者据以作出合理判断的重要会计事项，必须按照规定的会计方法和程序进行处理，并在财务会计报告中予以充分、准确地披露；对于次要的会计事项，在不影响会计信息真实性和不至于误导财务报告使用者作出正确判断的前提下，可适当简化处理。

7. 谨慎性要求

谨慎性要求是指企业对交易或者事项进行会计确认、计量和报告应当保持应有的谨慎，不应高估资产或收益、低估负债或费用。

谨慎性要求的依据：一是会计环境存在着大量影响会计要素的精确确认和计量的不确定因素，必须按照一定的标准进行估计和判断；二是因为在市场经济中，企业的经济活动有一定的风险性，提高抵御经营风险和市场竞争能力需要谨慎；三是使会计信息建立在谨慎性的基础上，避免夸大利润和权益、掩盖不利因素，有利于保护投资人和债权人的利益；四是可以抵消管理者过于乐观的负面影响，有利于正确决策。由于谨慎性要求在实际运用中存在着一定的主观性，因而会影响会计信息的真实性和客观性。因此，谨慎性要求需适度运用。

8. 及时性要求

及时性要求是指企业对于已经发生的交易或者事项，应当及时进行会计确认、计量和报告，不得提前或延后。

根据及时性要求，企业会计人员要及时收集会计数据，在经济业务发生后，及时取得有关凭证并及时进行账务处理，编制会计报表，将会计信息及时传递，按规定时效送达有关部门。例如，月度报表应于月度终了后 6 天内(节、假日顺延)对外提供，季度报表应于季度终了后 15 天内(节、假日顺延)对外提供，半年报表应于年度中期结束后 60 天内对外提供。年度报表应于年度结束后 4 个月内对外提供。另外，为了保证会计信息的及时性，对于编制资产负债表日之后至财务报告报出日之前发生的有关事项，应当加以确认或披露。

1.5 会计任务与核算方法

1.5.1 会计任务

会计的任务是指根据会计的职能而规定的会计应当完成的工作和所要达到的目的要求，是会计职能的具体化。因此，会计的任务取决于会计的职能和经济管理工作的要求。

会计的根本任务是向财务会计报告使用者(包括投资者、债权人、政府及其有关部门和社会公众等)提供与企业财务状况、经营成果和现金流量有关的会计信息，反映企业管理层受托责任履行情况，有助于财务会计报告使用者作出经济决策，具体可概括成以下几方面。

(1) 正确记录和反映经济活动情况，为经济管理提供真实可靠的信息资料。
(2) 监督经济活动，贯彻执行国家财经法规与企业的规章制度，维护财经纪律。
(3) 评价财务状况，加强经济核算，促进经济效益提高。
(4) 预测经济前景，参与决策和控制。

1.5.2 会计核算方法

会计方法是用来核算和监督会计对象，完成会计任务的手段。会计的方法应随科学技术发展和经济管理水平的提高而不断充实和提高，会计方法包括核算方法、监督方法、预测方法、分析方法等。在本课程中主要阐述会计核算方法，其他方法在相关课程中讲述。

会计核算方法是对经济业务进行确认、计量、记录和报告的方法，主要包括设置账户、复式记账、填制和审核会计凭证、登记账簿、成本计算、财产清查、编制会计报表这 7 种方法。

1. 设置账户

设置账户就是对会计对象的具体内容分类进行核算和监督的一种专门方法。企业在日常的生产经营活动中发生的各种会计事项既繁杂又零乱，为了连续、系统、全面地核算和监督，需要通过一定的方法对会计对象进行归类，使相同性质的经济业务得以归集，便于集中核算。账户必须是根据规定的会计科目开设的，用以登记各项经济业务，便于取得各种核算指标。

2. 复式记账

复式记账就是对每一项经济业务都以相等的金额在两个或两个以上相互联系的账户中同时加以记录的一种记账方法。在实际工作中，任何一项经济业务发生都有其来龙去脉。例如：企业从银行提取现金 1 000 元，一方面引起现金增加 1 000 元，另一方面引起银行存款减少

1 000 元，该项经济业务需要在"库存现金"账户中登记增加 1 000 元，同时又要在"银行存款"账户中登记减少 1 000 元，这就是复式记账法。采用复式记账可以使每项经济活动引起的两个或两个以上的账户发生对应关系，通过账户的对应关系还可以了解有关经济业务引起资金增减变化的来龙去脉。

3. 填制和审核会计凭证

填制和审核会计凭证是为了保证账户记录的正确、完整，也保证审查经济业务合理、合法而采用的一种专门方法。会计凭证是指记录经济业务发生和完成情况，明确经济责任的书面证明，是登记账簿的依据。对于已经发生或完成的经济业务都要取得或填制会计凭证，并加以审核，作为登记账簿的依据。通过填制和审核会计凭证可以提供既真实可靠，又合理合法的会计凭证，从而保证信息核算的质量，并明确相应的责任。

4. 登记账簿

登记账簿就是根据审核无误的会计凭证在账簿中全面、连续、系统、综合地记录经济业务的一种专门方法。账簿是由具有一定格式的若干账页组成的簿籍，是会计记录经济业务内容的一种载体。登记账簿必须以会计凭证为依据，利用账户和复式记账法，将经济业务分门别类地登记到账簿中去，并定期进行结账和对账，为编制会计报表提供完整而又系统的数据资料。

5. 成本计算

成本计算就是归集一定计算对象所发生的全部费用，进而确定其总成本和单位成本的一种专门方法。如工业企业中的材料采购成本、产品生产成本和销售成本的计算。通过成本计算可以掌握成本的构成情况，考核成本计划的完成情况，了解生产经营活动的成果，促使企业加强核算，节约支出，提高经济效益。

6. 财产清查

财产清查就是通过盘点实物、核对账目查明财产物资的实际结存数与账面结存数是否相符的一种专门方法。通过财产清查，可以查明各项财产物资保管和使用是否合理，债权和债务的结算是否及时等情况，有利于加强财产物资管理，保证财产物资的安全和完整，并为编制会计报表提供正确的资料。

7. 编制会计报表

编制会计报表就是以书面报告形式，定期总括反映企业的财务状况和经营成果的一种专门方法。会计报表主要是根据账簿记录，经过加工整理而产生的一套完整的指标体系。这些指标可以为会计报表的使用者提供有关的会计信息，有助于会计报表使用者作出经济决策。

会计核算各种专门方法是相互联系、密切配合的，它们共同构成了一个完整的方法体系，在会计核算中必须正确地加以运用。对于日常发生的各项经济业务，首先要填制和审核会计凭证；根据审核无误的会计凭证，按照规定会计科目设置账户，采用复式记账法登记账簿；对于生产经营过程中所发生的各项费用进行成本计算；对于账簿记录要通过财产清查加以核实，保证账实相符；以准确无误的账簿记录为依据，定期编制会计报表。各种会计核算方法之间的联系如图1.4所示。

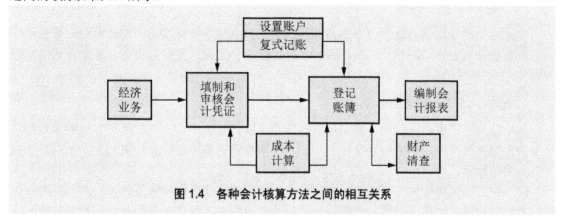

图1.4 各种会计核算方法之间的相互关系

1.6 会计工作组织

1.6.1 会计工作组织的含义

会计工作是指运用一整套会计专门方法对会计事项进行处理的活动，也是一项综合性、政策性较强的管理工作，它是企业经营管理的重要组成部分。会计工作的好坏，直接影响着企业生产经营的好坏，也关系到国家政策、法令、法规能否顺利贯彻实施。因此，为了更好地完成会计的任务，发挥会计在经济管理中的积极作用，每个单位都必须结合本单位的特点和会计工作的具体情况，合理组织本单位的会计工作。会计工作的组织，包括会计机构的设置、会计人员的配备及岗位责任、会计法规及会计制度的制定与执行、会计档案的保管以及会计工作电算化。正确地组织会计工作，对完成会计的任务，充分发挥会计在经济管理中的作用，具有重要意义。

1.6.2 会计工作组织的形式

会计工作组织的形式，在实际工作中通常有集中核算和分散核算两种。

1. 集中核算组织形式

集中核算组织形式是通过集中设置会计机构，使整个单位各部门的经济业务的会计处理均集中进行，各部门只负责对所发生的经济业务的原始凭证进行初步审核，并向会计机构集中提供核算的原始资料。其优点是可以减少核算环节，简化核算手续，有利于及时掌握全面的经营情况和精简人员。这种形式一般适应于规模较小的企业和行政事业单位。

2. 分散核算组织形式

分散核算组织形式是指在单位财会部门的指导下，各部门对发生的经济业务进行比较全面的核算，包括经济业务的明细分类核算、内部会计报表的编制等。而财会部门只根据各部门报送的资料进行总分类核算。其优点是有利于单位内部各部门及时了解自己的经营成果和成本费用的开支情况，从而把经济责任和经济利益挂钩，有利于加强职工的责任感，从而调动职工的积极性，不断提高企业的经济效益。这种形式一般适应于大、中型企业和单位。

1.6.3 会计机构的设置

会计机构是各单位办理会计事务的职能机构。建立健全会计机构，配备数量和素质相当的、具备会计从业资格的会计人员，是各单位做好会计工作，充分发挥会计职能作用的重要保证。

1. 根据业务需要设置会计机构

各单位是否设置会计机构，应当根据会计业务的需要来决定，各单位可以根据本单位会计业务的繁简情况决定是否设置会计机构。一个单位是否需要设置会计机构，一般取决于以下几方面的因素。

(1) 单位规模的大小。一般来说，实行企业化管理的事业单位或集团公司、股份有限公司、有限责任公司等应当单独设置会计机构，以便及时组织对本单位各项经济活动和财务收支的核算，实施有效的会计监督。

(2) 经济业务和财务收支的繁简。具有一定规模的行政事业单位，以及财务收支数额较大、会计业务较多的社会团体和其他经济组织，也要单独设置会计机构，以保证会计工作的效率和会计信息的质量。

(3) 经营管理的要求。一个单位在经营管理上的要求越高，对会计信息的需要也会相应增加，对会计信息系统的要求也越高，从而决定了该单位设置会计机构的必要性。

2. 不设会计机构的应配备会计人员并指定会计主管人员

不能单独设置会计机构的单位，应当在有关机构中配备会计人员并指定会计主管人员。这是提高工作效率，明确岗位责任的内在要求，同时也是会计工作专业性、政策性强等特点所决定的。

3. 可以实行代理记账

不具备设置会计机构和会计人员的单位，应当委托经批准设立从事会计代理记账的中介机构代理记账。

是否设置会计机构，可以由各单位根据自身的情况来决定，但这并不等于会计工作可以不开展，会计工作必须依法开展，不能因为没有会计机构而将会计工作放任不管，这是法律所不允许的。

1.6.4 会计人员

会计人员是指从事财务会计工作的人员。会计人员是做好会计工作、发挥会计作用、完成会计任务的决定因素。《会计法》以及有关会计人员管理条例中，对会计人员的职责、权限、专业技术职务等都做了明确的规定。

1. 会计人员的职责

会计人员的职责是指会计人员在自己的工作岗位上应尽的职务和责任，主要有以下几方面。

(1) 进行会计核算。会计人员要按照会计准则的具体规定，运用科学合理且严密的会计核算方法和程序，真实、准确、完整地记录和反映本单位的各项经济业务，提供真实可靠的经济信息。

(2) 实行会计监督。会计人员要以国家法令、财政、财务制度为依据,通过日常会计工作,对本单位各项经济业务的合法性、合理性进行监督。

(3) 根据国家统一的会计法规,结合本单位的具体情况,拟订本单位办理会计事项的制度和具体办法,并组织贯彻执行。

(4) 参与拟订经济计划、业务计划、考核分析预算和财务计划的执行情况,提出改善经营管理、提高经济效益的建议和措施。

(5) 按照国家会计制度的规定,妥善保管会计凭证、账簿、报表等会计档案资料。

2. 会计人员的权限

(1) 会计人员有权要求单位有关部门、人员认真执行计划、预算,遵守国家财经纪律和财务会计制度。

(2) 会计人员有权参与本单位编制计划、制度、定额,签订经济合同,参与有关的生产、经营管理会议。

(3) 会计人员有权监督检查本单位有关部门的财务收支、资金使用和财产保管、收发、计量、检验等情况。

3. 会计人员的专业技术职务

会计专业技术职务是区别会计人员业务技能的技术等级。会计专业职务分为高级会计师、会计师、助理会计师和会计员四种。高级会计师为高级职务,会计师为中级职务,助理会计师和会计员为初级职务。

会计人员必须通过任职资格考试,取得专业技术职务的任职资格,然后由单位根据会计工作需要和本人的实际工作表现聘任一定的专业技术职务。

1.6.5 会计人员从业资格的基本要求

1. 会计从业资格证书

《会计法》规定:"从事会计工作的人员,必须取得会计从业资格证书。"会计从业资格证书,是证明能够从事会计工作的唯一合法凭证。凡是从事会计工作的会计人员,必须取得会计从业资格证书,才能从事会计工作。这是进入会计岗位的"准入证",是从事会计工作的必由之路。会计从业资格证书将记载本人的各种信息,通过计算机进行管理。会计从业资格证书一经取得,全国范围有效。

2. 取得会计从业资格的条件

会计从业资格的取得,国家实行会计从业资格考试制度。申请参加会计从业资格考试的人员,应当符合下列基本条件。

(1) 遵守会计和其他财经法律、法规。

(2) 具备良好的道德品质。

(3) 具备会计专业基础知识和技能。

因有《会计法》第四十二条、第四十三条、第四十四条所列违法情形,被依法吊销会计从业资格证书的人员,自被吊销之日起 5 年内(含 5 年)不得参加会计从业资格考试,不得重新取得会计从业资格证书。

因有提供虚假财务会计报告，做假账，隐匿或者故意销毁会计凭证、会计账簿、财务会计报告，贪污、挪用公款，职务侵占等与会计职务有关的违法行为，被依法追究刑事责任的人员，不得参加会计从业资格考试，不得取得或者重新取得会计从业资格证书。

3. 会计从业资格考试要求

会计从业资格考试是由国家财政部组织的全国性考试，其考试大纲、考试合格标准由财政部统一制定和公布。各省、自治区、直辖市、计划单列市财政厅(局)负责组织实施会计从业资格考试，因此考试形式及报考时间全国各省有差异。会计从业资格实行无纸化考试，各考试科目应当一次性通过，考试科目为：《财经法规与会计职业道德》《会计基础》《初级会计电算化》。

会计从业资格管理机构应当在考试结束后及时公布考试结果，通知考试通过人员在考试结果公布之日起 6 个月内，到指定的会计从业资格管理机构领取会计从业资格证书。通过会计从业资格考试的人员，应当持本人有效身份证件原件，在规定的期限内，到指定的地点领取会计从业资格证书。

1.6.6 会计工作岗位设置

会计工作岗位是指一个单位会计机构内部根据业务分工而设置的职能岗位。《会计法》和《会计基础工作规范》对会计工作岗位的设置规定了基本原则，提出了示范性的要求。

(1) 各单位应当根据会计业务需要设置会计工作岗位。

(2) 符合内部牵制制度要求。会计工作岗位，可以一人一岗、一人多岗或者一岗多人。出纳人员不得兼管稽核、会计档案保管和收入、费用、债权、债务账目的登记工作。

(3) 有利于会计人员全面熟悉业务，会计人员的工作岗位应有计划地进行轮换。

(4) 有利于建立岗位责任制。

1.6.7 会计档案

会计档案是指单位在进行会计核算等过程中接收或形成的，记录和反映单位经济业务事项的，具有保存价值的文字、图表等各种形式的会计资料，包括通过计算机等电子设备形成、传输和存储的电子会计文档。会计档案是国家档案的重要组成部分，建立会计档案可以防止资料毁损、散失和泄露，有利于会计资料有序存放，方便查阅，对于总结、分析过去的工作，研究经济活动发展规律，制定经济发展规划都具有重要意义。会计档案具体包括以下四个方面的内容。

1. 会计凭证

会计凭证包括原始凭证、原始凭证汇总表、记账凭证及记账凭证汇总表等。会计凭证在登记入账后，应该按照编号顺序将记账凭证连同原始凭证和原始凭证汇总表装订成册，一般至少每月装订一次。为了便于查阅，装订成册的会计凭证应当加具封面，注明单位名称，凭证的所属时期、种类、张数和起讫号数等，并由会计主管人员和档案保管人员盖章。对于需要单独保管的原始凭证，也可以单独装订，但在有关的记账凭证中应当加以说明，以备考查。

装订后的会计凭证，即可归档保管。

2. 会计账簿

会计账簿包括总分类账、各类明细分类账、库存现金日记账和银行存款日记账及辅助登记备查簿等。各种账簿在更换新账以后，应将旧账归入会计档案。活页账和卡片账在归档时必须加以装订，编定页码，并要像订本账一样加具扉页，注明单位名称、所属时期、共计页数和记账人员姓名等，并要加盖公章。

3. 财务会计报告

财务会计报告包括会计报表及相关附表、会计报表附注、财务情况说明书等。各种会计报表应当专门留存一份归入会计档案。会计报表归档以后，如果有关主管部门在审核、检查时有所更正，应将有关文件连同更正后的资料一起归入档案。

4. 其他会计资料

其他会计资料包括银行存款余额调节表、银行对账单、纳税申报表、会计档案移交清册、会计档案保管清册、会计档案销毁清册、会计档案鉴定意见书及其他具有保存价值的会计资料。

单位可以利用计算机、网络通信等信息技术手段管理会计档案。当年形成的会计档案，在会计年度终了后，可由单位会计管理机构临时保管一年，再移交单位档案管理机构保管。因工作需要确需推迟移交的，应当经单位档案管理机构同意。

会计档案的保管期限分为永久、定期两类。定期保管期限一般分为10年和30年。会计档案的保管期限，从会计年度终了后的第一天算起。其详细内容参见表1-1。

表1-1 企业和其他组织会计档案保管期限表

序号	档案名称	保管期限	备注
一	会计凭证类		
1	原始凭证	30年	
2	记账凭证	30年	
二	会计账簿类		
3	总账	30年	
4	明细账	30年	
5	日记账	30年	
6	固定资产卡片		固定资产报废清理后保管5年
7	其他辅助性账簿	30年	
三	财务会计报告		
8	月度、季度、半年度财务会计报告	10年	
9	年度财务会计报告	永久	
四	其他会计资料		
10	银行存款余额调节表	10年	

续表

序号	档案名称	保管期限	备注
11	银行对账单	10年	
12	纳税申报表	10年	
13	会计档案移交清册	30年	
14	会计档案保管清册	永久	
15	会计档案销毁清册	永久	
16	会计档案鉴定意见书	永久	

知 识 巩 固

一、单项选择题

1. 会计是以（　　）为主要计量单位。
   A．实物计量单位　　　　　　　　B．劳动计量单位
   C．货币计量单位　　　　　　　　D．工时计量单位

2. 会计的基本职能是（　　）。
   A．核算和监督　B．预测和决策　C．分析和检查　D．计划和预算

3. 在进行会计核算时，应将企业的财产与个人财产、其他企业财产及国家财产区分开来，是依据（　　）前提。
   A．会计主体　　B．持续经营　　C．会计分期　　D．货币计量

4. 会计核算的内容是指特定主体的（　　），包括资金投入、资金运用、资金退出三个阶段。
   A．资金运动　　B．资金循环　　C．实物运动　　D．经济资源

5. 企业应当按交易或事项的经济实质进行会计核算，而不应当仅仅按照它们的法律形式作为其核算的依据，是（　　）的要求。
   A．真实性　　　B．重要性　　　C．实质重于形式　D．明晰性

6. 企业在存在不确定因素情况下作出判断时，应保持不高估资产或收益、不低估负债或费用，是（　　）的要求。
   A．谨慎性　　　B．重要性　　　C．相关性　　　D．实质重于形式

7. 会计工作的组织形式，在实际工作中通常有（　　）。
   A．把会计和财务工作合并在一起　B．委托会计咨询机构代理记账
   C．在有关机构中设置会计人员　　D．集中核算和分散核算两种

8. 按照《会计档案管理办法》的规定，原始凭证的保管期限是（　　）。
   A．10年　　　　B．30年　　　　C．15年　　　　D．永久

二、多项选择题

1. 会计核算的基本前提包括会计主体、（　　）。
   A．会计分期　　B．持续经营　　C．货币计量　　D．复式记账

2. 会计核算所产生的会计信息，应具有（　　）。

A．全面性 B．连续性 C．系统性 D．合理性
3．在工业企业的资金循环过程中，资金变化的形态有( )。
   A．货币资金 B．储备资金 C．生产资金 D．成品资金
4．下列属于会计核算专门方法的有( )。
   A．复式记账 B．成本计算 C．财产清查 D．会计预测
5．下列各项经济活动中，属于企业资金退出的有( )。
   A．偿还借款 B．上缴税金
   C．向投资者分配利润 D．购买材料
6．会计人员有权参加企业的( )。
   A．经济预测 B．成本管理
   C．签订经济合同 D．财务计划的编制
7．我国的会计档案分为( )。
   A．会计凭证类 B．会计账簿类
   C．财务会计报告类 D．其他会计资料类
8．会计专业技术职务可分为( )。
   A．高级职务 B．中级职务 C．初级职务 D．注册会计师

三、判断题

1．一个法人单位必定是会计主体，会计主体未必是一个法人单位。（ ）
2．会计核算中，对预期发生的损失和预期获得的收入均可计算入账。（ ）
3．会计监督不仅体现在过去的经济业务，还体现在业务发生过程之中和尚未发生之前，包括事前、事中和事后监督。（ ）
4．凡是特定对象能用货币表现的经济活动，都是会计核算和监督的内容。（ ）
5．我国所有企业的会计核算都必须以人民币作为记账本位币。（ ）
6．会计核算的各种专门方法在实际核算过程中是相互独立运用，互不相干。（ ）
7．根据规定，会计工作岗位可以一人一岗、一岗多人，但不得一人多岗。（ ）
8．会计档案是记录和反映经济业务的重要史料和证据。（ ）

项目 2 会计语言

知识目标

1. 正确理解会计要素内容；
2. 明确会计科目和账户的含义及相互关系；
3. 熟悉账户按不同的标志分类。

能力目标

1. 能够熟练掌握会计等式；
2. 能够判别经济业务发生引起会计等式的变化；
3. 能够列出账户的基本结构。

2.1 会计要素与会计等式

2.1.1 会计要素

会计要素是对会计核算和监督内容(会计对象)按照一定的标准进行分类所形成的若干项目，是会计对象的具体化。现代会计将会计的对象分为资产、负债、所有者权益、收入、费用和利润 6 个要素。

通过项目 1 的学习，已知会计对象可以概括为社会再生产过程中的资金运动。资金运动表现为两种形态：一是资金的动态表现。对于会计主体来讲，其资金运动是绝对的。一个持续经营的企业，它的资金应处于不断的运动过程中，在企业的生产经营过程中，资金会被用于购买材料、购买设备和支付其他有关费用，这些耗费在会计要素中叫做费用；通过销售产品等收回的资金就是企业的收入；将收入与费用进行比较，就可以计算出企业的利润。可见收入、费用和利润 3 项要素只有在资金的运动过程才会产生，因而也称为动态会计要素。利用这 3 个要素可以说明企业在一定会计期间的经营成果，即利润或亏损。二是资金的静态表现。静态运动是运动形式的一种特殊表现形式，它是指人为假定资金在静止不动的情况下，在某一个特定的时间点(如月末、季末、年末)所表现出来的形态。对于企业类会计主体而言，资金运动的静态表现为资产、负债和所有者权益 3 类。相对于动态会计要素而言，资产、负债和所有者权益3个要素称为静态会计要素。利用这3个要素可以说明企业在一定时间点上的财务状况，即资金的分布和结构状况。

1. 资产

1) 资产的特征

资产是指企业过去的交易或事项形成的，由企业拥有或者控制的，预期会给企业带来经济利益的资源。

资产是由过去的交易或事项形成的。交易一般是指企业与其他企业之间发生的经济业务，事项一般是指企业内部发生的，与其他企业没有关系的经济业务。未来的某些交易或事项可能也会增加企业的资产，但在没有实现前，不能作为现实的资产进行核算。如企业购买股票，在未来某个时期可能会给企业带来股利，但现在还没有收到，就不能作为资产进行核算。

资产是由企业拥有或控制的。拥有是指企业拥有某项资源所有权，控制是指企业对某些资源虽然不拥有所有权，但该资源能被企业所控制。如企业借入的资金，也会形成资产，但其所有权并不属于企业，而是属于债权人。企业使用借款可以为企业带来收益，也要承担使用借款中可能出现的风险。

预期会给企业带来经济利益，是指直接或者间接导致现金和现金等价物流入企业的潜力。如果一项资源，已经毁损、不能正常投入产品生产的设备，已不能为企业带来经济利益，就不应当确认为企业资产。

符合资产定义的资源，在同时满足以下条件时确认为资产：

(1) 与该资源有关的经济利益很可能流入企业；

(2) 该资源的成本或者价值能够可靠地计量。

符合资产定义和资产确认条件的项目，应当列入资产负债表，符合资产定义、但不符合确认条件的项目，不应当列入资产负债表。

2) 资产的分类

资产按其流动性不同，分为流动资产和非流动资产。

流动资产是指预计在一个正常营业周期中变现、出售或耗用，或者主要为交易目的而持有，或者预计在资产负债表日起1年内(含1年)变现的资产，以及自资产负债表日起1年内交换其他资产或清偿负债的能力不受限制的现金或现金等价物。流动资产主要包括货币资金、交易性金融资产、应收账款、应收票据、预付账款、应收利息、应收股利、其他应收款、存货等。

非流动资产是指流动资产以外的资产，主要包括长期股权投资、在建工程、固定资产、无形资产等。长期股权投资是指持有时间准备超过1年(不含1年)的各种股权性质的长期投资。固定资产是指同时具有为生产商品、提供劳务、出租或经营管理而持有的，使用寿命超过一个会计年度的有形资产。无形资产是指企业拥有或者控制的没有实物形态的可辨认非货币性资产，如专利权、非专利技术、商标权、著作权、土地使用权、特许权等。

2. 负债

1) 负债的特征

负债是指企业过去的交易或者事项形成的、预期会导致经济利益流出企业的现时义务。现时义务是指企业在现行条件下已承担的义务，是企业过去的交易或者事项形成的一种后果，未来发生的交易或事项不属于现时义务，不应当确认负债。清偿负债会导致经济利益流出企业。偿还负债必然会引起企业资产的减少。

符合负债定义的义务，在同时满足以下条件时确认为负债：

(1) 与该义务有关的经济利益很可能流出企业；

(2) 未来流出的经济利益的金额能够可靠地计量。

符合负债定义和负债确认条件的项目，应当列入资产负债表；符合负债定义，但不符合负债确认条件的项目，不应列入资产负债表。

2) 负债的分类

负债按其流动性不同，分为流动负债和非流动负债。

流动负债是指预计在一个正常营业周期中清偿，或者主要为交易目的而持有，或者自资产负债表日起1年内(含1年)到期应予以清偿，或者企业无权自主地将清偿推迟至资产负债日后1年以上的负债。流动负债主要包括短期借款、应付票据、应付账款、预收账款、应付职工薪酬、应交税费、应付利息、应付股利、其他应付款等。

非流动负债是指流动负债以外的负债，主要包括长期借款、应付债券等。

3. 所有者权益

所有者权益是指企业资产扣除负债后由所有者享有的剩余权益。公司的所有者权益又称股东权益。

所有者权益的来源包括所有者投入的资本、直接计入所有者权益的利得和损失、留存收益等。利得是指由企业非日常活动形成的、会导致所有者权益增加的、与所有者投入资本无关的经济利益的流入，如资本溢价或股本溢价、接受捐赠资产等。损失是指由企业非日常活动所发生的、会导致所有者权益减少的、与向所有者分配利润无关的经济利益的流出，如法定资产评估减值等。

所有者权益的金额取决于资产和负债的计量，符合所有者权益定义的项目应当列入资产负债表。

4. 收入

收入是指企业日常活动中形成的、会导致所有者权益增加的、与所有者投入资本无关的经济利益的总流入。收入只有经济利益很可能流入从而导致企业资产增加或者负债减少，且经济利益流入额能够可靠计量时才能予以确认。

符合收入定义和收入确认条件的项目，应当列入利润表。

5. 费用

费用是指企业在日常活动中发生的、会导致所有者权益减少的、与向所有者分配利润无关的经济利益的总流出。费用只有在经济利益很可能流出从而导致企业资产减少或者负债增加，且经济利益的流出额能够可靠计量时才能予以确认。

企业为生产产品、提供劳务等发生的可归属于产品成本、劳务成本等的费用，应当在确认产品销售收入、劳务收入等时，将已销售产品、已提供劳务的成本等计入当期损益。

企业发生的支出不产生经济利益的，或者即使能够产生经济利益但不符合或者不再符合资产确认条件的，应当在发生时确认为费用，计入当期损益，如管理费用等。企业发生的交易或者事项导致其承担了一项负债而又不确认为一项资产的，应当在发生时确认为费用，计入当期损益,如诉讼费、担保损失等。

符合费用定义和费用确认条件的项目,应当列入利润表。

6. 利润

利润是指企业在一定会计期间的经营成果。利润包括收入减去费用后的净额、直接计入当期利润的利得和损失等。

直接计入当期利润的利得和损失是指应当计入当期损益、与所有者投入资本或者向所有者分配利润无关的、最终会引起所有者权益发生增减变动的利得或者损失,如交易性金融资产公允价值变动损益、营业外收支等。

利润金额取决于收入和费用、直接计入当期利润的利得和损失金额的计量,利润项目应当列入利润表。

2.1.2 会计等式

1. 会计等式的含义

会计等式是指运用数学方程的原理描述会计对象的具体内容,即会计要素之间数量关系的表达式。

任何企业要从事生产经营活动,都需要拥有或控制一定数量和结构的资产,而资产无论以什么具体形态存在都必须有其相应的来源,其来源来自于两方面:一是由投资者投入;二是向债权人借入。投资者和债权人为企业提供了全部资产,所以他们都对企业的资产享有一定的权利,这种权利在会计上统称权益。资产和权益是同一资金的两个方面,资产表明企业拥有或控制的经济资源的运用情况,权益则体现企业拥有或控制的经济资源的来源情况。二者相互依存,互为条件,资产不能离开权益而存在,没有无资产的权益,也没有无权益的资产。从数量上看有一定的数额的资产,就必然有一定数额的权益;反之,有一定数额的权益,也必然有一定数额的资产,资产总额和权益总额之间存在着必然相等的关系。通常用公式表现为:

$$资产=权益$$

由于企业的资产不外乎来源于企业的债权人和投资人,所以权益就由债权人权益和投资人权益两部分组成。债权人权益是企业需要以资产或劳务偿还的债务,在会计上称之为负债;而投资人权益是企业投资人对企业净资产的所有权,在会计上称之为所有者权益。因此,上述公式可以进一步表述为:

$$资产=负债+所有者权益$$

这一会计等式也称会计恒等式,或会计基本等式。它是资产与负债和所有者权益之间平衡关系的体现,它直接反映出这3个会计基本要素之间的内在联系和企业在某一特定时点上的财务状况,因此这一等式也称为静态会计等式,它是编制资产负债表的理论依据。

【例 2-1】 某企业月初拥有资产总额 900 000 元,其中银行存款 300 000 元,库存商品 100 000 元,固定资产 500 000 元。这些资产所占用的资金由投资者投入 620 000 元,向银行借入短期借款 180 000 元,购货时尚欠供应商 100 000 元。该企业月初的资产、负债和所有者权益的状况如表 2-1 所示。

表 2-1 资产、负债和所有者权益的状况表

单位：元

资产	金额	负债及所有者权益	金额
银行存款	300 000	短期借款	180 000
库存商品	100 000	应付账款	100 000
固定资产	500 000	实收资本	620 000
总计	900 000	总计	900 000

会计基本等式反映了企业在某一特定时点的资产和权益的静态关系，但企业的生产经营过程是动态的，企业的资产投入运营，在一定期内会取得收入，并为取得收入而发生相应的费用，收入和费用的差额即为企业的经营成果。收入大于费用的差额为企业的利润，反之则为亏损。收入、费用和利润三者之间的关系可用公式表现为：

收入－费用＝利润

上述等式是从某个会计期间考察企业的最终经营成果而形成的关系，因此，这一等式也被称为动态会计等式，它是编制利润表的理论依据。

由于收入是利润的增加因素，企业取得收入可以使企业利润增加，相应地增加所有者权益；费用是利润的减少因素，企业发生费用可以使企业减少利润，相应地减少所有者权益。也就是说，一定时期的经营成果必然影响一定时点的财务状况，所以会计恒等式可以据此扩展为：

资产＝负债＋所有者权益＋利润
　　＝负债＋所有者权益＋(收入－费用)

这一扩展的会计等式不仅没有破坏会计恒等式的平衡关系，而且把企业的财务状况和经营成果联系起来了，说明了企业经营成果对资产和所有者权益所产生的影响，反映了在会计期间内任一时刻(未结算之前)的财务状况和经营成果情况。到会计期末，企业将收入和费用经过结算转入所有者权益中之后，会计恒等式的扩展形式"资产＝负债＋所有者权益＋(收入－费用)"又恢复到会计期初的形式，即

资产＝负债＋所有者权益

【例 2-2】 例 2-1 中该企业在月内出售产品一批，收到货款 100 000 元存入银行，该产品的生产成本为 80 000 元，得利润 20 000 元，月末总资产由月初的 900 000 元增加到 920 000 元(银行存款增加 100 000 元，库存商品减少了 80 000 元)。

此时，会计恒等式的扩展形式可以表示为：

920 000＝280 000＋620 000＋100 000－80 000

月末将利润 20 000 元结算转入所有者权益之后，会计恒等式又恢复为：

920 000＝280 000＋640 000

该企业月末的资产、负债和所有者权益的状况如表 2-2 所示。

表 2-2 资产、负债和所有者权益的状况表

单位：元

资产	金额	负债及所有者权益	金额
银行存款	400 000	短期借款	180 000
库存商品	20 000	应付账款	100 000
固定资产	500 000	实收资本	620 000
		未分配利润	20 000
总计	920 000	总计	920 000

项目2 会计语言

2. 经济业务对会计等式的影响

经济业务也称会计事项,是指企业在生产经营过程中发生的能以货币计量的,并能引起会计要素发生增减变化的事项。

这里要注意区分经济业务与经济活动的概念。例如,制订材料采购计划、签订产品销售合同等属于经济活动,但不能称之为经济业务,因为制订材料采购计划、签订产品销售合同不需要进行会计记录和会计核算。只有当材料购入、产品销售引起资金变化时,才需要如实加以记录,进行会计核算,因此采购材料、销售产品属于经济业务。

企业在日常的生产经营活动中会发生多种多样的经济业务,如购进材料、支付费用、销售产品和收回货款等,这些经济业务的发生必然会引起各项会计要素的增减变化,但是,无论发生什么样的经济业务,也无论经济业务的数额如何变化,都不会破坏会计恒等式的数量平衡关系,即企业的资产总额永远等于权益总额。

【例2-3】 中华公司201×年8月31日的有关资产、负债和所有者权益情况如表2-3所示。

表2-3 资产、负债和所有者权益的状况表

201×年8月31日　　　　　　　　　　　　　　　　单位:元

资 产	金 额	负债及所有者权益	金 额
银行存款	200 000	短期借款	100 000
应收账款	100 000	应付账款	50 000
原材料	200 000	长期借款	250 000
固定资产	500 000	实收资本	600 000
总 计	1 000 000	总 计	1 000 000

假如该公司201×年9月发生下列经济业务。

(1) 购进材料100 000元,货款未付(暂不考虑增值税)。这项经济业务的发生,一方面使企业资产(原材料)增加了100 000元,另一方面使企业的负债(应付账款)也同时增加了100 000元。资产和负债都以相等的金额同时增加,双方总额虽然均发生变化,但总额仍然保持平衡。这项经济业务所引起的变化如表2-4所示。

表2-4 资产、负债和所有者权益的状况表

201×年9月×日　　　　　　　　　　　　　　　　单位:元

资 产	金 额	负债及所有者权益	金 额
银行存款	200 000	短期借款	100 000
应收账款	100 000	应付账款	150 000
原材料	300 000	长期借款	250 000
固定资产	500 000	实收资本	600 000
总 计	1 100 000	总 计	1 100 000

(2) 以银行存款50 000元,归还银行长期借款。

这项经济业务的发生,一方面使企业资产(银行存款)减少了50 000元,另一方面使企业的负债(长期借款)也同时减少了50 000元。资产和负债都以相等的金额同时减少,双方总额虽然均发生变化,但总额仍然保持平衡。这项经济业务所引起的变化如表2-5所示。

表 2-5 资产、负债和所有者权益的状况表

201×年9月×日　　　　　　　　　　　　　　　　　　　　单位：元

资　产	金　额	负债及所有者权益	金　额
银行存款	150 000	短期借款	100 000
应收账款	100 000	应付账款	150 000
原材料	300 000	长期借款	200 000
固定资产	500 000	实收资本	600 000
总　计	1 050 000	总　计	1 050 000

(3) 购入一台机器价值 100 000 元，以银行存款支付。这项经济业务的发生，一方面使企业资产(固定资产)增加了 100 000 元，另一方面使企业的另一项资产(银行存款)同时减少了 100 000 元。资产之间以相等的金额一增一减，双方总额不变，仍然保持平衡。这项经济业务所引起的变化如表 2-6 所示。

表 2-6 资产、负债和所有者权益的状况表

201×年9月×日　　　　　　　　　　　　　　　　　　　　单位：元

资　产	金　额	负债及所有者权益	金　额
银行存款	50 000	短期借款	100 000
应收账款	100 000	应付账款	150 000
原材料	300 000	长期借款	200 000
固定资产	600 000	实收资本	600 000
总　计	1 050 000	总　计	1 050 000

(4) 将向光明公司的长期借款 100 000 元，转作对企业的投资。这项经济业务的发生，一方面使企业负债(长期借款)减少了 100 000 元，另一方面使企业的所有者权益(实收资本)同时增加了 100 000 元。权益之间以相等的金额一增一减，双方总额不变，仍然保持平衡。这项经济业务所引起的变化如表 2-7 所示。

表 2-7 资产、负债和所有者权益的状况表

201×年9月×日　　　　　　　　　　　　　　　　　　　　单位：元

资　产	金　额	负债及所有者权益	金　额
银行存款	50 000	短期借款	100 000
应收账款	100 000	应付账款	150 000
原材料	300 000	长期借款	100 000
固定资产	600 000	实收资本	700 000
总　计	1 050 000	总　计	1 050 000

上述四项经济业务，代表着不同的业务类型，在实际工作中经济业务引起的资产和权益的变化不外乎这样以下四种类型。

(1) 资产与权益同时增加。

(2) 资产与权益同时减少。

(3) 资产之间有增有减。

(4) 权益之间有增有减。

从上述四种类型中可以看出，企业发生的任何经济业务引起的资产和权益的变化，均不会破坏资产和权益之间的平衡关系。

上述四种类型又可具体划分为9种类型，如表2-8所示。

表2-8 资产和权益的变化情况表

序号	类　型	资　产 =	负债 +	所有者权益
		资产	负债	所有者权益
1	资产与负债同增，增加金额相等	+	+	
2	资产与负债同减，减少金额相等	-	-	
3	资产与所有者权益同增，增加金额相等	+		+
4	资产与所有者权益同减，减少金额相等	-		-
5	资产内部有增有减，增减金额相等	+ -		
6	负债内部有增有减，增减金额相等		+ -	
7	所有者权益内部有增有减，增减金额相等			+ -
8	负债增加所有者权益减少，增减金额相等		+	-
9	所有者权益增加负债减少，增减金额相等		-	+

会计等式的平衡原理是会计基本理论的重要组成内容，它深刻地揭示了会计要素之间内在的规律性联系，揭示了会计要素之间数量上的平衡相等关系，为会计核算方法的建立提供了科学的理论依据，是会计核算方法赖以存在的基石。设置账户、复式记账法、填制和审核会计凭证、登记账簿和编制会计报表等会计核算方法就是依据会计等式的平衡原理建立起来的。因此，掌握会计等式的基本内容，认识会计要素之间的规律性联系，对于理解会计核算方法的科学性，进而熟悉运用会计核算方法具有十分重要的意义。

2.2　会计科目与会计账户

2.2.1　会计科目

1. 设置会计科目的意义

会计科目是对会计要素的具体内容进行进一步分类的项目，是设置账户的依据。

会计对象的具体内容是会计要素，而每一个会计要素又都包括若干具体项目。例如，资产这个会计要素包括库存现金、银行存款、预付账款、原材料、固定资产等项目；负债这个会计要素包括短期借款、应付账款、长期借款等。它们的内容不同，管理要求也不同。为了全面、系统、分类地反映和监督各项经济业务的发生情况，以及由此引起的会计要素在金额上的变化，有必要对会计要素再作进一步的分类，我们将对会计要素的具体内容进行分类核算的各个项目称为会计科目。有了会计科目就可以根据会计科目设置账户。设置会计科目的和意义有以下几点。

(1) 设置会计科目是系统、分类反映会计要素内容的需要。全面、系统、连续地反映会计对象的内容是会计核算的基本要求。将会计要素进一步划分为一个一个具体项目，形成会计要素内容的若干子系统，便于在会计上对这些具体内容进行分门别类的核算，提供全面系统的会计信息。

(2) 设置会计科目是满足信息使用者了解会计信息的需要。会计信息的使用者对会计信息的需求是多角度的，不仅要了解资产、负债和所有者权益等要素的总体情况，而且需要了解这些要素的具体情况，以利于作出经济决策。

(3) 设置会计科目是设置账户的需要。会计核算的最基本方法是设置账户，有了账户才能够记录所发生的经济业务内容。而账户就是依据会计科目设置的。显而易见，设置会计科目是设置账户的必要前提，是正确进行会计核算的一个重要条件。

会计对象、会计要素、会计科目三者的关系极为密切。会计对象抽象概括为企业的资金运动；会计要素则是会计对象的基本内容，也就是对会计对象的基本分类；会计科目又是对会计要素所作的进一步分类。三者之间的关系如图2.1所示。

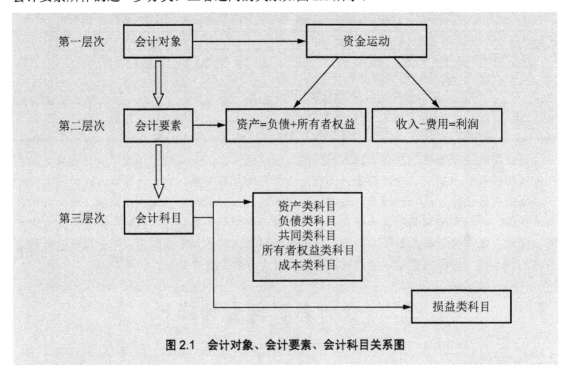

图2.1 会计对象、会计要素、会计科目关系图

2. 设置会计科目的原则

会计科目设置得合理与否对于反映会计要素的构成情况及其变化，为投资者、债权人以及企业管理者提供决策有用的会计信息，提高会计工作效率都有很大的影响。设置会计科目应努力做到科学、合理、实用，因此，在设置会计科目时应遵循以下原则。

(1) 合法性原则。为了使各单位提供的会计信息能够具有可比性，便于国家有关部门对财务数据的统计，各单位必须按照国家统一会计制度的规定设置会计科目，不得随意设置。合法性原则就是指所设置的会计科目应当符合国家统一的会计制度的规定。

(2) 相关性原则。设置会计科目是为了分类反映单位的经济信息，便于会计信息使用者利用会计信息进行有关决策。相关性原则就是指设置的会计科目应为提供有关各方所需要的会计信息服务，满足对外报告和对内管理的需要。

(3) 实用性原则。国家在规定统一会计科目的同时，考虑到不同单位具体经济业务的特殊性，在设置会计科目时允许单位有一定的灵活性。单位在不违背国家统一规定的前提下，可以根据自身业务特点和实际情况，增加、减少或合并某些会计科目。实用性原则就是指所设置的会计科目应当符合单位自身的特点，满足单位实际需要。

3. 会计科目的分类

为了进一步认识每个会计科目的性质和作用，更好地使用会计科目，并进一步研究会计科目之间的相互关系，需要对会计科目进行分类，找出各种会计科目的规律性。会计科目可以按照不同的依据进行分类。

(1) 会计科目按其经济内容即按其所归属的会计要素不同，可分为资产类、负债类、共同类、所有者权益类、成本类、损益类6大类。由于收入和费用要素一般在每一会计期末都要进行结转，用于计算企业利润，确定损益，因此，将收入和费用要素归为损益类科目。对于费用科目中的反映生产成本内容的科目，在期末不直接结转计算利润，也单列为一类。

为了便于掌握和运用会计科目，使记账工作正常进行，对会计科目从会计要素出发进行分类和编号，并编制成会计科目表，如表2-9所示。

表2-9 会计科目表(部分)

科目编码	科目名称	科目编码	科目名称
	一、资产类	2231	应付利息
1001	库存现金	2232	应付股利
1002	银行存款	2241	其他应付款
1012	其他货币资金	2501	长期借款
1101	交易性金融资产	2502	应付债券
1121	应收票据	2701	长期应付款
1122	应收账款		**三、共同类**
1123	预付账款		**四、所有者权益类**
1131	应收股利	4001	实收资本
1132	应收利息	4002	资本公积
1221	其他应收款	4003	其他综合收益
1231	坏账准备	4101	盈余公积
1402	在途物资	4103	本年利润
1403	原材料	4104	利润分配
1405	库存商品		**五、成本类**
1511	长期股权投资	5001	生产成本
1601	固定资产	5101	制造费用
1602	累计折旧		**六、损益类**
1604	在建工程	6001	主营业务收入
1701	无形资产	6051	其他业务收入
1702	累计摊销	6111	投资收益
1711	商誉	6301	营业外收入
1801	长期待摊费用	6401	主营业务成本
1901	待处理财产损溢	6402	其他业务成本
	二、负债类	6403	营业税金及附加
2001	短期借款	6601	销售费用
2201	应付票据	6602	管理费用
2202	应付账款	6603	财务费用
2203	预收账款	6701	资产减值损失
2211	应付职工薪酬	6711	营业外支出
2221	应交税费	6801	所得税费用

(2) 会计科目按其所提供信息的详细程度不同可分为总分类科目和明细分类科目。

① 总分类科目，也称总账科目或一级科目，是对会计要素具体内容进行总括分类、提供总括信息的会计科目，如"应收账款""应付账款""原材料""固定资产"等。

② 明细分类科目，也称明细科目，是对总分类科目作进一步分类，提供更详细、更具体的会计信息的项目。例如，"应收账款"总分类科目反映的是企业向购货方销售商品而应收未收的债权总额。为了加强财务管理，仅了解应收账款总额还远远不够，为了正确、及时地与各购货单位办理结算业务，就必须详细了解与各购货单位的账款结算情况，这就要求在"应收账款"总分类科目下，分别按各购货单位开设明细科目。"应收账款——A企业"就是用以反映本企业对A企业所拥有的债权情况的明细分类科目。

为了适应管理工作的需要，在有的总分类科目下设的明细科目太多时，可在总分类科目与明细分类科目之间设置二级科目，也称为子目。二级科目所提供的核算指标或会计信息的详略程度介于总分类科目和明细科目之间。例如，企业拥有几百种原材料，若在总分类科目下直接设置明细分类科目，将会形成太多的明细科目，在这种情况下，可在总分类科目下设置二级科目，然后在二级科目下设置明细科目。下面以原材料为例说明总分类科目与明细科目关系，如表2-10所示。

表2-10　总分类科目与明细科目关系表

总分类科目	明细分类科目	
(一级科目)	二级科目(子目)	三级科目(细目)
原材料	原料及主要材料	碳钢
		生铁
	辅助材料	润滑油
		防锈漆
	燃料	汽油
		原煤

需要说明的是，并非所有的一级科目下都需分设二级和三级科目，根据信息使用者所需不同信息的详细程度，有的只需设总分类科目，有的只需设一级和二级科目，有的需设一级、二级和三级科目。

2.2.2　会计账户

1. 账户的设置

设置会计科目只是规定了对会计对象具体内容进行分类核算的项目，而为了全面、连续、系统地记录由于经济业务的发生而引起的会计要素的增减变动，还必须根据规定的会计科目在账簿中开设账户。账户是根据会计科目设置的，具有一定格式和结构，用于分类反映会计要素增减变动情况及其结果的载体。设置账户是会计核算的重要方法之一。

同会计科目的分类相对应，账户按其反映的经济内容不同可分为资产类账户、负债类账户、共同类账户、所有者权益类账户、成本类账户、损益类账户；按其反映经济业务的详细程度不同，可分为总分类账户和明细分类账户。根据总分类科目设置的账户称为总分类账户，简称总账账户；根据明细科目设置的账户称为明细分类账户，简称明细账户。

2. 账户的基本结构

为了在账户中记录经济业务，账户不但要有明确的核算内容，还必须要有一定的结构，账户的结构是指账户具有的专门格式。

由于经济业务发生引起的各项要素的变化，从数量上看不外乎是增加和减少两种情况，因此，账户结构也相应地分为左、右两方，一方用来记录增加，另一方用来记录减少。同时还需反映增减变化后的结果即余额。至于哪一方记录增加，哪一方记录减少，取决于不同的记账方法和账户的不同性质，但无论采用何种记账方法，也不论是何种性质的账户，其基本结构总是相同的，都应包括以下内容。

(1) 账户的名称(即会计科目)。
(2) 日期和凭证号数(即经济业务的发生时间和账户记录的依据)。
(3) 摘要(即记录经济业务内容的简要说明)。
(4) 增加和减少的金额。
(5) 结存余额。

账户的基本结构如表 2-11 所示。

表 2-11　账户名称(会计科目)

年		凭证号数	摘　要	增　加	减　少	余　额
月	日					

通过账户记录的金额，可以提供期初余额、本期增加额、本期减少额和期末余额四个核算指标。

期初余额是指一定时期的期初账户余额，上期期末余额转入本期，即为本期期初余额。

本期增加额是指一定时期(月、季、年)内账户所登记的增加金额的合计数，又称本期增加发生额。

本期减少额是指一定时期(月、季、年)内账户所登记的减少金额的合计数，又称本期减少发生额。

期末余额是指一定时期期末的账户余额。以上四个核算指标之间的数量关系，可用下列公式表示：

$$期末余额=期初余额+本期增加发生额-本期减少发生额$$

在借贷记账法下，账户的一般格式如表 2-12 所示。

表 2-12　账户名称(会计科目)

年		凭证号数	摘　要	借　方	贷　方	借或贷	余　额
月	日						

为了便于教学和研究，常常使用一种简化的账户格式，该格式只突出账户的基本结构：左方和右方。由于这种格式形似英文字母"T"，所以称之为"T"字形账户，如图2.2所示。

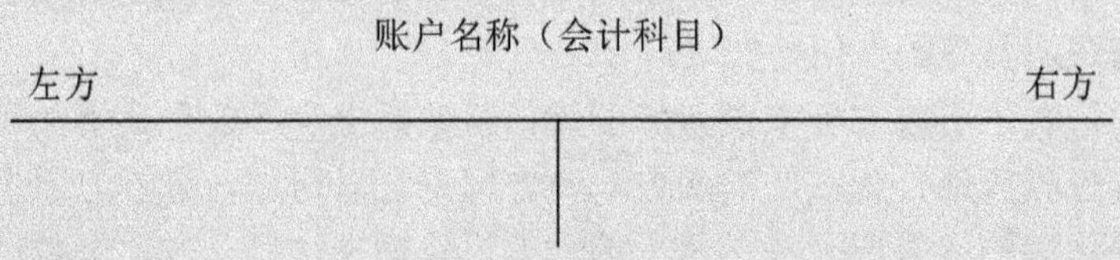

账户名称（会计科目）

左方   右方

图 2.2   账户名称(会计科目)

账户的左右两方按相反的方向来记录增加额和减少额。如果左方记录增加额，右方则记录减少额；反之，在右方记录增加额，则在左方记录减少额。至于哪一方记录增加额，哪一方记录减少额，取决于所采用的记账方法和该账户所记录的经济内容，账户的余额一般与记录的增加额在同一方向。

3. 账户与会计科目的关系

账户与会计科目是既有联系又有区别的两个概念。

(1) 它们的联系是：账户和会计科目都是对会计对象具体内容的科学分类，两者口径一致、性质相同，会计科目是账户的名称，也是设置账户的依据，账户是会计科目的载体和具体运用。没有会计科目，账户便失去了设置依据；没有账户，就无法发挥会计科目的作用。

(2) 它们的区别是：会计科目仅仅是账户的名称，不存在结构；而账户则具有一定的格式和结构。在实际工作中，对会计科目和账户往往不加以严格区分，而是相互通用，如人们常说记入某某科目，意思就是记入某某账户。

知 识 巩 固

一、单项选择题

1. 一项资产增加，不可能引起(　　)。
   A. 另一项资产减少   B. 一项负债的增加
   C. 一项所有者权益增加   D. 一项负债减少

2. 下列项目中，引起资产和负债同时减少的经济业务是(　　)。
   A. 以银行存款购买材料   B. 以银行借款，并存入银行存款户
   C. 收到外单位的无形资产投资   D. 以银行存款偿还应付账款

3. 企业收到以前的销货款存入银行，这笔业务的发生意味着(　　)。
   A. 资产总额增加   B. 资产总额减少
   C. 资产总额不变   D. 资产与负债同时增加

4. 某企业6月初的资产总额为150 000元，负债总额为50 000元。6月份发生下列业务：取得收入共计60 000元，发生费用共计40 000元，则6月底该企业的所有者权益总额为(　　)元。
   A. 120 000   B. 170 000   C. 160 000   D. 100 000

5. 银行将短期借款200 000元转为对本公司的投资，则本公司的(　　)。

A．负债减少，资产增加　　　　　　B．负债减少，所有者权益增加
C．资产减少，所有者权益增加　　　　D．所有者权益内部一增一减

6．某企业资产总额600万元，发生了以下经济业务：①收到外单位投资40万元存入银行；②以银行存款支付购入材料款12万元；③以银行存款偿还银行借款10万元。上述业务发生后，企业的资产总额应为(　　)万元。
A．628　　　　　B．638　　　　　C．648　　　　　D．630

7．设置账户、复式记账和编制资产负债表的理论依据是(　　)。
A．资产=负债+所有者权益+(收入-费用)
B．资产=负债+所有者权益+利润
C．资产=负债+所有者权益
D．收入-费用=利润

8．账户是依据(　　)设置的，具有一定的格式和结构，用于分类反映会计要素增减变化情况及结果的载体。
A．会计对象　　　B．会计要素　　　C．会计科目　　　D．会计事项

9．关于会计科目，以下说法不正确的是(　　)。
A．会计科目是对会计要素的进一步分类
B．会计科目按其所提供信息的详细程度不同，可分为总分类科目和明细分类科目
C．会计科目可以根据企业的具体情况自行设定
D．会计科目是复式记账和编制记账凭证的基础

10．科目和账户的关系下列说法不正确的是(　　)。
A．两者口径一致，性质相同
B．账户是设置科目的依据
C．账户具有一定的格式和结构，而会计科目不具有格式和结构
D．没有账户，科目就无法发挥作用

11．某账户本期增加发生额为2 000元，减少发生额为1 800元，期末余额为1 200元，则该账户期初余额为(　　)元。
A．5 000　　　　B．2 500　　　　C．2 000　　　　D．1 000

二、多项选择题

1．下列各项中，属于资产要素基本特点的是(　　)。
A．资产是由过去的交易或事项形成　　B．由企业拥有或控制
C．预期会给企业带来经济利益　　　　D．必须是有形的资产

2．(　　)是反映企业财务状况的会计要素，也称为静态会计要素，构成资产负债表的基本框架。
A．利润　　　　　B．资产　　　　　C．负债　　　　　D．所有者权益

3．(　　)是反映企业经营成果的会计要素，也称为动态会计要素，构成利润表的基本框架。
A．利润　　　　　B．收入　　　　　C．费用　　　　　D．成本

4．企业取得的收入，可能会表现为(　　)。
A．资产和收入同时增加　　　　　　　B．收入增加，资产减少
C．收入和负债同时增加　　　　　　　D．收入增加，负债减少

5. 下列科目中属于资产类的有( )。
   A．固定资产　　　B．原材料　　　　C．应收账款　　　　D．预收账款
6. 引起会计等式左右两边会计要素变动的经济业务是( )。
   A．以银行存款偿还前欠货款 10 000 元
   B．收到某单位投资设备一台，计 50 000 元
   C．从银行提取现金 1 000 元
   D．购买材料 10 000 元，货款未付
7. 一项经济业务发生后，引起银行存款减少 5 000 元，则相应地有可能引起( )。
   A．固定资产增加 5 000 元　　　　　B．短期借款增加 5 000 元
   C．应收账款减少 5 000 元　　　　　D．应付账款减少 5 000 元

三、判断题

1. 企业获取资产的来源渠道有两条：一是由企业所有者提供，二是由债权人提供。( )
2. 预收账款和预付账款均属于负债。( )
3. 从数量上看，所有者权益等于企业全部资产减去全部负债后的余额。( )
4. 某一财产物质要成为企业的资产，其所有权必须属于企业。( )
5. 一项经济业务的发生引起负债增加和所有者权益减少，会计基本等式的平衡关系没有被破坏。( )
6. 与投资者相比，债权人无权参与企业的生产经营管理和收益分配，而投资者则相反。( )
7. 设置科目和账户是会计核算的方法之一，是会计核算工作的起点和初始环节。( )
8. "制造费用"和"管理费用"都属于损益类科目。( )
9. 账户的基本结构是由会计要素的数量变化情况决定的，从数量上看不外乎增加和减少两种情况。( )
10. 费用的发生，通常会导致资产的减少或负债的增加。( )

技 能 操 练

实训题一

1. 目的：练习会计要素的分类，并掌握它们之间的关系。
2. 资料：新华公司 201×年 5 月 31 日有关资料如表 2-13 所示。

表 2-13　新华公司 201×年 5 月 31 日有关资料

序号	项　　目	资产	负债	所有者权益
1	生产车间使用的机器设备 200 000 元			
2	存在银行的款项 126 000 元			
3	应付光明工厂的款项 45 000 元			

续表

序号	项 目	资产	负债	所有者权益
4	国家投入的资本 520 000 元			
5	尚未缴纳的税金 7 000 元			
6	财会部门库存现金 500 元			
7	应收东风工厂货款 23 000 元			
8	库存生产用 A 材料 147 500 元			
9	运输用的卡车 60 000 元			
10	管理部门使用的电子计算机 30 000 元			
11	出借包装物收取的押金 1 000 元			
12	其他单位投入的资本 304 500 元			
13	暂付采购员差旅费 300 元			
14	预收黄河工厂购货款 4 000 元			
15	向银行借入的短期借款 100 000 元			
16	正在装配中的产品 38 000 元			
17	生产车间用的厂房 270 000 元			
18	企业提取的盈余公积 16 400 元			
19	库存机器用润滑油 1 900 元			
20	本月实现的利润 40 000 元			
21	已完工入库的产成品 56 400 元			
22	购入华夏公司三年期的债券 60 000 元			
23	应付给其他单位的货款 700 元			
24	生产甲产品的专利权 25 000 元			
	合 计			

3. 要求：根据表 2-13 中各项目的内容，将三者的金额分别填入表中各栏，并加计合计数，试算是否平衡。

实训题二

1. 目的：练习经济业务的类型及其对会计等式的影响。
2. 资料：红旗工厂 201×年 6 月 1 日资产、负债及所有者权益状况如表 2-14 所示。

表 2-14 红旗工厂 201×年 6 月 1 日资产、负债及所有者权益状况

资 产	金额/元	负债及所有者权益	金额/元
库存现金	600	短期借款	80 000
银行存款	85 000	应付账款	15 000
应收账款	21 000	实收资本	180 000
原材料	43 400		
固定资产	125 000		
合 计	275 000	合 计	275 000

该厂 6 月份发生下列经济业务。

(1) 2 日，以银行存款购入材料 20 000 元。

(2) 3日，国家投入货币资金 50 000 元，直接偿还短期借款。

(3) 4日，外单位投入设备一台，价值 40 000 元。

(4) 5日，以银行存款偿还应付账款 10 000 元。

3．要求：根据以上资料，为红旗工厂分别编制 2—5 日的资产负债表。

项目 3 记账方法

 知识目标

1. 掌握复式记账法的主要特点；
2. 理解借贷记账法的基本概念、记账规则、账户结构和试算平衡；
3. 明确总分类账户与明细分类账户关系。

 能力目标

1. 能够用借贷记账法编制会计分录；
2. 能够编制试算平衡表；
3. 能够进行总分类账户与明细分类账户平行登记。

3.1 复式记账原理

3.1.1 记账方法概述

所谓的记账方法，是指在经济业务发生以后，根据一定的记账原理，运用一定的记账符号和记账规则，采用一定的计量单位，利用文字和数字在相互关联账户中登记各项经济业务的方法。会计在长期的发展过程中，其所采用的方法经历了从单式记账到复式记账的发展过程。

单式记账法是将每项经济业务只在一个账户中进行单方面登记的方法，该记账方法的主要特征如下。

（1）账户设置不完整，账户设置不相互联系。它一般仅登记现金和银行存款的收、付业务，以及各项应收、应付账项。例如，用现金 100 元支付某项费用，记账时只记现金减少100 元，至于费用的发生情况就省略不记了。又如，当购买材料而货款尚未支付时，只记债务的增加，而不记材料的增加。

（2）采用单式记账法的优点是手续简单、易懂易学，但不能全面、系统地反映经济业务的来龙去脉，由于账户之间缺乏对应关系，也不便于对账户记录的正确性进行检查。

随着社会生产力的发展和经济业务的日趋复杂，单式记账法已逐渐退出历史舞台。目前，世界上大多数国家都采用复式记账法,我国的会计制度也不允许采用这种记账方法。

3.1.2 复式记账法

复式记账法是相对于单式记账法而言的。复式记账法是对发生的每一项经济业务,都要以相等的金额,同时在相互联系的两个或两个以上账户中进行登记的方法。复式记账法与单式记账法相比较,具有以下两个显著的特征。

(1) 对发生的各项经济业务都要按规定的会计科目,至少在两个相互联系的账户上进行分类记录。

(2) 对记录的结果可以进行试算平衡。采用复式记账法,由于对每一项经济业务都应在相互联系的账户中作出记录,这不仅有助于了解每一项经济业务的来龙去脉,而且将一定期间内所发生的全部经济业务都登记入账以后,可以通过账户记录完整、系统地反映经济活动的过程和结果。同时,复式记账法是以"资产=负债+所有者权益"这一会计等式为理论基础的,经济业务无论发生怎样的变动,都不会破坏这一会计等式的平衡关系,这也就使得利用复式记账法进行的会计核算可以非常方便地对核算的结果进行复核,以保证及时发现问题,纠正错误,保证会计记录的正确完整。

我国企业、事业、行政等单位都采用了复式记账法。复式记账法有借贷记账法、增减记账法和收付记账法三种。其中,借贷记账法是世界各国普遍采用的记账方法,我国《企业会计准则》明确规定:企业会计记账应采用借贷记账法。

3.2 借贷记账法

3.2.1 借贷记账法概述

借贷记账法是以"借""贷"为记账符号,把一笔经济活动所引起的资金运动,以相等的金额,同时在两个或两个以上相互联系的账户中进行登记的一种复式记账法。登记时,一方面记入某账户的借方,另一方面就记入与之相联系的对应账户的贷方,并且记录的金额相等。

"借""贷"的含义最初是从借贷资本的角度来解释的,它仅仅表示债权(应收款)和债务(应付款)的增减变动,即在账户中分两方来登记资本与债权人和债务人的关系。账户的一方登记收进的存款,记在贷主名下,表示债务;另一方登记付出的放款,记在借主名下,表示债权。这是借贷记账法的"借""贷"二字的由来。后来随着商品经济的发展,经济活动的范围日益扩大,经济活动的内容日益复杂,记账对象也随之有所扩大,在账簿中不仅要登记债权、债务的借贷关系,而且要登记财产物资和财务收支的增减变化。因而"借""贷"就失去了原来的意义,转化为单纯的记账符号,成为会计上的专门术语。

借贷记账法一般包括记账符号、账户结构、记账规则和试算平衡四项基本内容。

3.2.2 借贷记账法的账户结构

掌握借贷记账法,应当了解账户的结构以及账户所反映的经济内容,才能正确地运用记账规则,登记好账簿。

在借贷记账法下,任何账户都分为借方和贷方两个基本部分,通常左方为借方,右方为贷方。其基本结构可用"T"字形账户表示,如图3.1所示。

```
         借        会计科目        贷
                     |
                     |
```

图3.1 "T"字形账户的基本结构

在借贷记账法下,账户的借方和贷方分别用来反映金额的相反变化,即一方登记增加金额,一方登记减少金额,而不是所有账户的增加或减少的金额都登记在一个方向上。至于哪一方登记增加金额,哪一方登记减少金额,则取决于账户所要反映的经济内容。

1. 资产类账户

资产类账户(包括成本类账户)的基本结构为:账户借方(左方)记录各项资产的增加额;账户贷方(右方)记录各项资产的减少额。在本会计期间内(月、季、年),将各项资产借方数额合计总称为借方发生额;将各项资产贷方数额合计总称为贷方发生额。资产类账户的期末余额一般在借方,借方余额在一个会计期末转入下一会计期,则成为下一会计期的期初余额。资产类账户的余额及发生额的计算公式如下:

资产类账户借方期末余额=借方期初余额+本期借方发生额-本期贷方发生额

资产类账户结构用"T"字形账户表示,如图3.2所示。

借方	资产类账户	贷方	
期初余额	×××		
本期增加额	×××	本期减少额	×××
本期借方发生额合计	×××	本期贷方发生额合计	×××
期末余额	×××		

图3.2 资产类账户结构

2. 负债及所有者权益类账户

负债及所有者权益类账户的基本结构为:账户贷方(右方)记录各项负债及所有者权益的增加额;账户借方(左方)记录各项负债及所有者权益的减少额。负债及所有者权益类账户的期末余额一般在贷方,其计算公式如下:

负债及所有者权益类账户贷方期末余额=贷方期初余额+本期贷方发生额-本期借方发生额

负债及所有者权益类账户结构用"T"字形账户表示,如图3.3所示。

3. 费用类账户

企业在生产经营过程中的各种耗费是由资产转化而来的,就此而言,企业一定时期发生的费用在冲抵收益前,是资产的一种特殊形式。因此,费用类账户结构类似于资产类账户结构。

借方	负债及所有者权益类账户		贷方
		期初余额	×××
本期减少额	×××	本期增加额	×××
本期借方发生额合计	×××	本期贷方发生额合计	×××
		期末余额	×××

图 3.3　负债及所有者权益类账户结构

费用类账户的基本结构为：账户借方记录各项费用的增加额；账户贷方记录各项费用的转出额。当期增加的费用一般在会计期末全部从贷方转出，冲抵当期收益；费用类账户一般无余额。费用类账户结构用"T"字形账户表示，如图 3.4 所示。

借方	费用类账户		贷方
增加额	×××	转出额	×××
本期借方发生额合计	×××	本期贷方发生额合计	×××
期末余额	0		

图 3.4　费用类账户结构

4. 收入类账户结构

企业实现的收入是企业因生产经营活动获取的，最终会使所有者权益增加。因此，收入类账户反映的经济业务与企业权益密切相关，故其账户结构与所有者权益类账户结构相似。

收入类账户的基本结构为：账户贷方记录收入的增加额；账户借方记录收入的减少(或转出)额；期末收入类账户一般无余额。收入类账户结构用"T"字形账户表示，如图 3.5 所示。

借方	收入类账户		贷方
转出额	×××	增加额	×××
本期借方发生额合计	×××	本期贷方发生额合计	×××
		期末余额	0

图 3.5　收入类账户结构

综上所述，各类账户结构说明：资产、费用、成本类账户结构相同，增加额记借方，减少额记贷方；负债、所有者权益、收入账户结构相同，增加额记贷方，减少额记借方。用"T"字形账户表示全部账户的结构如图3.6所示。

借方	账户名称	贷方
资产的增加		资产的减少
成本的增加		成本的减少
费用的增加		费用的减少
负债的减少		负债的增加
所有者权益的减少		所有者权益的增加
收入的减少		收入的增加
期末余额：资产余额 成本余额		期末余额：负债余额 所有者权益余额

图3.6 全部账户的结构

3.2.3 借贷记账法的记账规则

以"有借必有贷，借贷必相等"作为记账规则。由于一笔业务总是同时影响至少两个项目发生增减变化，一方面记入某个或某几个账户的借方，另一方面就肯定会相应记入某个或某几个账户的贷方，而且发生的金额相等，这就形成了借贷记账法的记账规则。

为了清晰地揭示借贷记账法的记账规则，我们用以下例子加以说明。

【例3-1】 企业收到国家投入的资金100 000元，存入企业存款账户。

该项经济业务涉及"银行存款"和"实收资本"两个账户。"银行存款"为资产类账户，其增加额100 000元应记在"银行存款"账户的借方；"实收资本"为所有者权益类账户，其增加额100 000元应记在"实收资本"账户的贷方。记录结果如图3.7所示。

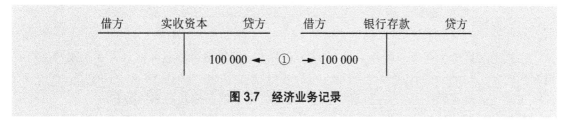

图3.7 经济业务记录

【例3-2】 企业因业务经营需要，购入甲材料1 000千克，每千克50元，计50 000元，以存款支付35 000元，余款暂欠。

该项经济业务涉及"原材料""银行存款""应付账款"三个账户。"原材料""银行存款"这两个账户是资产类账户，材料增加50 000元，应记在"原材料"账户的借方；银行存款减少35 000元，应记在"银行存款"账户的贷方；"应付账款"是负债类账户，其增加额15 000元，应记在"应付账款"账户的贷方。记录结果如图3.8所示。

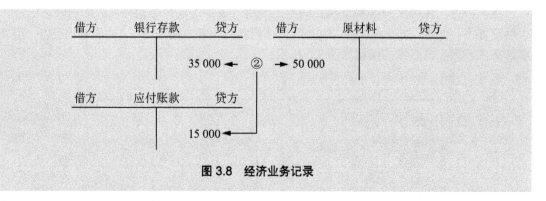

图 3.8 经济业务记录

【例 3-3】 企业以银行存款偿还前欠货款 15 000 元。

该项经济业务涉及"银行存款""应付账款"这两个账户。"银行存款"为资产类账户，其减少额 15 000 元应记在"银行存款"账户的贷方；"应付账款"为负债类账户，其减少额 15 000 元，应记在"应付账款"账户的借方。记录结果如图 3.9 所示。

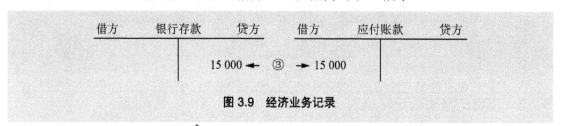

图 3.9 经济业务记录

【例 3-4】 B 单位将应收本企业的货款，转做对本企业的投资。

该项经济业务涉及"实收资本""应付账款"两个账户。"实收资本"为所有者权益账户，其增加 40 000 元，应记在"实收资本"账户的贷方；"应付账款"为负债类账户，其减少 40 000 元，应记在"应付账款"账户的借方。记录结果如图 3.10 所示。

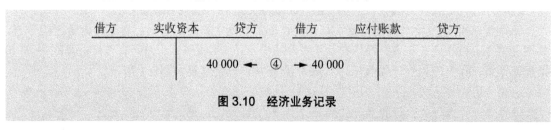

图 3.10 经济业务记录

通过上述四个例子可以发现，运用借贷记账法，把每项经济业务记入有关的账户是有一定规律的。

首先，每一项经济业务，必须同时记入两个或两个以上相互联系的账户。

其次，所记入的账户可能属于同一类别，也可能属于不同类别，这取决于经济业务的内容，但不论出现何种情况，每项经济业务都以借贷相反的方向，在两个或两个以上相互联系的账户中进行登记，即在一个账户中记借方，同时又在另一个或几个账户中记贷方；或者在一个账户中记贷方，同时又在另一个或几个账户中记借方。

最后，记入借方的金额(或金额合计)与记入贷方的金额(或金额合计)相等。

因此，将借贷记账法的记账规则概括为"有借必有贷，借贷必相等"是非常科学的。借贷记账法的这一记账规则，适应于一切经济业务。

运用借贷记账法按其记账规则记录经济业务时，对经济业务以相等的金额在两个或两个以上相互联系的账户中进行登记，账户之间便形成应借应贷的关系。这种账户之间应借应贷的相互关系称为账户对应关系；记载经济业务而发生相互联系的账户则称为对应账户。如用银行存款 10 000 元支付乙材料价款，对这项经济业务，应记入"原材料"这一资产类账户借方 10 000 元和"银行存款"这一资产类账户贷方 10 000 元。由于该项经济业务的发生，使"原材料"和"银行存款"这两个账户发生应借应贷的相互关系，这两个账户则称为互为对应账户。根据其对应账户可以了解此项经济业务的来龙去脉，即材料的增加是由于支付了银行存款，使银行存款减少了 10 000 元；而银行存款减少，是由于购买了材料，使材料增加了 10 000 元。

应当指出的是，在借贷记账法下，账户对应关系存在于任何一项经济业务的会计记录之中，它具有一定的客观性和必然性。运用借贷记账法记录经济业务，必须熟练分析和掌握各种经济业务发生后所涉及的账户与账户的对应关系。

3.2.4 会计分录

在会计核算工作中，如果把发生的每一笔经济业务都设置"T"字形账户进行记录的话，工作量是非常大的，而且不能系统地掌握经济业务的发生对某一账户的影响，为此，会计人员总结出一套简便易行的处理方法——编制会计分录。

会计分录是按复式记账的要求，根据经济业务的内容和性质，在记账凭证中指明某项经济业务应借应贷账户的名称和金额的一种记录，简称为分录。会计分录按其反映经济业务内容繁简程度不同，分为简单会计分录和复合会计分录两种。

简单会计分录是指一项经济业务只涉及两个账户，即一个账户借方与另一个账户贷方所组成的会计分录，简称"一借一贷"的会计分录。

复合会计分录是指一项经济业务涉及两个以上账户的会计分录，即一个账户的借方与另外几个账户的贷方相对应组成的会计分录，即"一借多贷"的会计分录；或一个账户的贷方与几个账户的借方所组成的会计分录，即"一贷多借"的会计分录；或几个账户的贷方与几个账户的借方所组成的会计分录，即"多借多贷"的会计分录。

以下用实例说明会计分录的编制方法。

【例 3-5】 某企业根据投资协议收到 B 公司投资 100 000 元，款项已存入银行。编制会计分录如下：

  借：银行存款   100 000
    贷：实收资本   100 000

【例 3-6】 某企业向银行借入为期四个月的款项 85 000 元，已存入企业银行账户。编制会计分录如下：

  借：银行存款   85 000
    贷：短期借款   85 000

【例 3-7】 某企业开出现金支票，从银行提取现金 3 000 元备用。编制会计分录如下：

  借：库存现金   3 000
    贷：银行存款   3 000

【例 3-8】 某企业管理部门以现金 400 元购买办公用品。编制会计分录如下：

  借：管理费用   400
    贷：库存现金   400

【例3-9】 某企业从D工厂采购甲材料一批,价款20 000元,增值税(进项税额)3 400元,材料已到,款项未付。编制会计分录如下:

借:原材料——甲材料　　　　　　　　　　　　　　　　20 000
　　应交税费——应交增值税(进项税额)　　　　　　　　3 400
　　贷:应付账款——D工厂　　　　　　　　　　　　　　23 400

【例3-10】 某企业销售A产品取得销售收入18 000元,并按17%税率收取增值税3 060元,合计21 060元,款项已存入银行。编制会计分录如下:

借:银行存款　　　　　　　　　　　　　　　　　　　　21 060
　　贷:主营业务收入　　　　　　　　　　　　　　　　　18 000
　　　　应交税费——应交增值税(销项税额)　　　　　　　3 060

由此可见,会计分录的内容包括借和贷记账符号、应借应贷的账户名称和借贷金额三要素。会计分录的书写规则为:上借下贷,借贷错开;先借后贷,借贷平衡。

例3-9和例3-10的会计分录为复合会计分录,即多借一贷和一借多贷的会计分录。实际上复合会计分录都是由若干简单会计分录合并组成的。为了明确各相关账户之间的对应关系,一般不宜编制多借多贷的会计分录。

3.2.5 借贷记账法的试算平衡

试算平衡是根据资产与权益的平衡关系和借贷记账法的记账规则来检验会计记录是否正确的测试方法。

在借贷记账法下,按其"有借必有贷,借贷必相等"的记账规则记录经济业务,借贷两方客观上存在着平衡关系。因为,每笔经济业务都以相等的金额按借贷相反的方向在对应账户中记录,则每一笔经济业务反映在账户中的借方发生额与贷方发生额必然相等。在某一会计期内的全部经济业务在账户中的记录,其所有账户借方发生额合计数也必然等于所有账户贷方发生额合计数。由于账户期末余额是以其本期发生额为基础累计计算的,因此,全部账户期末余额也存在所有账户期末借方余额合计数等于所有账户期末贷方余额合计数的平衡关系。可见,借贷记账法的试算平衡包括三个内容。

(1) 会计分录试算平衡。它是在会计分录编制过程中进行的,其试算平衡公式如下:

$$借方账户金额=贷方账户金额$$

(2) 账户发生额试算平衡。即依据借贷记账法的记账规则,在会计期内按期汇总进行,其试算平衡公式如下:

$$全部账户借方发生额合计数=全部账户贷方发生额合计数$$

(3) 账户余额试算平衡。账户余额试算平衡是以会计等式为依据,在会计期末进行的。因为,账户借方余额表明资产性质,账户贷方余额表明负债及所有者权益性质,所以,全部账户期末借方余额合计数等于全部账户期末贷方余额合计数,体现了资产等于负债加所有者权益的恒等关系。账户余额试算平衡公式如下:

$$全部账户借方余额合计数=全部账户贷方余额合计数$$

在实际工作中,试算平衡是通过编制试算平衡表进行的。试算平衡表的基本格式见表3-1。

项目 3 记 账 方 法

表 3-1　账户余额及发生额试算平衡表

年　　月　　日

会计科目	期初余额		本期发生额		期末余额	
	借方	贷方	借方	贷方	借方	贷方
合　计						

需要注意的是，通过会计记录的试算平衡，若发现借贷不平衡，则可以肯定账户记录或计算存在错误。但试算结果为借贷平衡，也不能肯定账户记录无任何错误。在有些情况下，借贷平衡背后仍可能隐含着错误，如出现重记、漏记、记错方向等情况。因此，还应运用其他方法对会计记录的正确性加以检查。

【例 3-11】　下面以康达公司 201×年 8 月份发生的经济业务为例来说明借贷记账法的记账规则及试算平衡方法的应用。

康达公司 201×年 8 月各账户期初余额如表 3-2 所示。

表 3-2　康达公司总分类账户期初余额

201×年 8 月 1 日　　　　　　　　　　　　　　　单位：元

会计科目	借方期初余额	贷方期初余额
库存现金	1 000	
银行存款	65 000	
交易性金融资产	68 000	
应收账款	5 000	
原材料	160 000	
长期股权投资	150 000	
固定资产	720 000	
短期借款		165 000
应付账款		35 000
其他应付款		4 700
长期借款		148 000
实收资本		760 000
盈余公积		20 000
本年利润		22 000
利润分配		14 300
合　计	1 169 000	1 169 000

康达公司 8 月份发生下列业务。

(1) 8 月 2 日，从 W 公司购进材料 7 000 元，货款未付。编制会计分录如下：
借：原材料　　　　　　　　　　　　　　　　　　7 000
　　贷：应付账款　　　　　　　　　　　　　　　　　　7 000

(2) 8月4日，收到K公司汇来的银行存款42 000元，作为对本厂的投资。编制会计分录如下：

　　借：银行存款　　　　　　　　　　　　　　　　　　　　42 000
　　　　贷：实收资本　　　　　　　　　　　　　　　　　　　　　　42 000

(3) 8月7日，从银行提取现金800元备用。编制会计分录如下：

　　借：库存现金　　　　　　　　　　　　　　　　　　　　　　800
　　　　贷：银行存款　　　　　　　　　　　　　　　　　　　　　　　800

(4) 8月10日，以银行存款22 000元偿还短期借款。编制会计分录如下：

　　借：短期借款　　　　　　　　　　　　　　　　　　　　22 000
　　　　贷：银行存款　　　　　　　　　　　　　　　　　　　　　　22 000

(5) 8月14日，经向银行申请，银行同意将一笔短期借款35 000元转作长期借款。编制会计分录如下：

　　借：短期借款　　　　　　　　　　　　　　　　　　　　35 000
　　　　贷：长期借款　　　　　　　　　　　　　　　　　　　　　　35 000

(6) 8月19日，H工厂同意将本厂前欠货款21 000元转作投资。编制会计分录如下：

　　借：应付账款　　　　　　　　　　　　　　　　　　　　21 000
　　　　贷：实收资本　　　　　　　　　　　　　　　　　　　　　　21 000

(7) 8月23日，按法定程序经批准，以银行存款10 000元退还个人投资额。编制会计分录如下：

　　借：实收资本　　　　　　　　　　　　　　　　　　　　10 000
　　　　贷：银行存款　　　　　　　　　　　　　　　　　　　　　　10 000

(8) 8月27日，按照规定，计算出应付投资者股利14 300元。编制会计分录如下：

　　借：利润分配　　　　　　　　　　　　　　　　　　　　14 300
　　　　贷：应付股利　　　　　　　　　　　　　　　　　　　　　　14 300

(9) 8月30日，经研究将盈余公积12 000元转增资本。编制会计分录如下：

　　借：盈余公积　　　　　　　　　　　　　　　　　　　　12 000
　　　　贷：实收资本　　　　　　　　　　　　　　　　　　　　　　12 000

根据以上这9笔经济业务编制的会计分录，登记总分类账，结算出本期各账户的借方、贷方发生额及期末余额。具体内容如图3.11～图3.26所示。

借方		库存现金		贷方
期初余额	1 000			
(3)	800			
本期借方发生额	800	本期贷方发生额		0
期末余额	1 800			

图3.11　总账账户(1)

借方	银行存款		贷方
期初余额	65 000		
(2)	42 000	(3)	800
		(4)	22 000
		(7)	10 000
本期借方发生额	42 000	本期贷方发生额	32 800
期末余额	74 200		

图 3.12　总账账户(2)

借方	交易性金融资产		贷方
期初余额	68 000		
本期借方发生额	0	本期贷方发生额	0
期末余额	68 000		

图 3.13　总账账户(3)

借方	应收账款		贷方
期初余额	5 000		
本期借方发生额	0	本期贷方发生额	0
期末余额	5 000		

图 3.14　总账账户(4)

借方	原材料		贷方
期初余额	160 000		
(1)	7 000		
本期借方发生额	7 000	本期贷方发生额	0
期末余额	167 000		

图 3.15　总账账户(5)

借方	长期股权投资		贷方
期初余额	150 000		
本期借方发生额	0	本期贷方发生额	0
期末余额	150 000		

图 3.16　总账账户(6)

借方	固定资产		贷方
期初余额	720 000		
本期借方发生额	0	本期贷方发生额	0
期末余额	720 000		

图 3.17 总账账户(7)

借方	短期借款		贷方
		期初余额	165 000
（4）	22 000		
（5）	35 000		
本期借方发生额	57 000	本期贷方发生额	0
		期末余额	108 000

图 3.18 总账账户(8)

借方	应付账款		贷方
		期初余额	35 000
		（1）	7 000
（6）	21 000		
本期借方发生额	21 000	本期贷方发生额	7 000
		期末余额	21 000

图 3.19 总账账户(9)

借方	其他应付款		贷方
		期初余额	4 700
本期借方发生额	0	本期贷方发生额	0
		期末余额	4 700

图 3.20 总账账户(10)

借方	应付股利		贷方
		期初余额	0
		（8）	14 300
本期借方发生额	0	本期贷方发生额	14 300
		期末余额	14 300

图 3.21 总账账户(11)

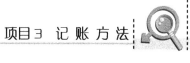

借方		长期借款	贷方
		期初余额	148 000
		（5）	35 000
本期借方发生额	0	本期贷方发生额	35 000
		期末余额	183 000

图 3.22　总账账户(12)

借方		实收资本	贷方
		期初余额	760 000
（7）	10 000	（2）	42 000
		（6）	21 000
		（9）	12 000
本期借方发生额	10 000	本期贷方发生额	75 000
		期末余额	825 000

图 3.23　总账账户(13)

借方		盈余公积	贷方
		期初余额	20 000
（9）	12 000		
本期借方发生额	12 000	本期贷方发生额	0
		期末余额	8 000

图 3.24　总账账户(14)

借方		本年利润	贷方
		期初余额	22 000
本期借方发生额	0	本期贷方发生额	0
		期末余额	22 000

图 3.25　总账账户(15)

借方		利润分配	贷方
		期初余额	14 300
（8）	14 300		
本期借方发生额	14 300	本期贷方发生额	0
		期末余额	0

图 3.26　总账账户(16)

根据以上各账户的资料,编制总分类账户试算平衡表,如表3-3所示。

表3-3 康达公司总分类账户本期发生额及期末余额试算平衡表

201×年8月31日　　　　　　　　　　　　　　　　　单位:元

账户名称	期初余额		本期发生额		期末余额	
	借方	贷方	借方	贷方	借方	贷方
库存现金	1 000		800		1 800	
银行存款	65 000		42 000	32 800	74 200	
交易性金融资产	68 000				68 000	
应收账款	5 000				5 000	
原材料	160 000		7 000		167 000	
长期股权投资	150 000				150 000	
固定资产	720 000				720 000	
短期借款		165 000	57 000			108 000
应付账款		35 000	21 000	7 000		21 000
其他应付款		4 700				47 00
应付股息				14 300		14 300
长期借款		148 000		35 000		183 000
实收资本		760 000	10 000	75 000		825 000
盈余公积		20 000	12 000			8 000
本年利润		22 000				22 000
利润分配		14 300	14 300			0
合计	1 169 000	1 169 000	164 100	164 100	1 186 000	1 186 000

从表3-3中可以看出,全部账户借方本期发生额合计数(164 100元)与贷方本期发生额合计数(164 100元)相等,说明各个账户记录基本正确;全部账户借方期末余额合计数为1 186 000元,与贷方期末余额合计数1 186 000元一致,说明各账户的记录基本正确。

3.3　总分类账户与明细分类账户的平行登记

3.3.1　总分类账户与明细分类账户的关系

总分类账户是指根据总分类科目设置的,用于对会计要素具体内容进行总括分类核算,简称总账账户。明细分类账户是指根据明细分类科目设置的,用来对会计要素具体内容进行明细分类核算的账户,简称明细账户,同会计科目一样,明细分类账户也可分为二级账户、三级账户等。

1. 总分类账户与明细分类账户之间的联系

总分类账户与明细分类账户的内在联系主要表现在以下两个方面。

(1) 两者所反映的经济业务内容相同。如"原材料"总账户与所属"甲材料""乙材料"等明细账户都是用来反映原材料的收发及结存业务的。

(2) 登记账簿的原始依据相同。登记总分类账户与登记其所属的明细分类账户的原始凭证是相同的。

2. 总分类账户与明细分类账户之间的区别

总分类账户与明细分类账户的区别主要表现在以下两个方面。

(1) 反映经济业务内容的详细程度不同。总分类账户反映资金增减变化的总括情况，提供总括指标；明细分类账户反映资金运动的详细情况，提供明细指标。如"原材料"总分类账户只反映和提供企业库存原材料的总金额；而在"原材料"总账账户下开设的"甲材料"明细账户则反映甲材料的收发结存的金额及数量等具体情况。

(2) 作用不同。总分类账户提供的经济指标，是明细账户资料的综合，对所属明细账户起着统驭控制作用；明细账户是对有关总账账户的补充，起着补充说明的作用。总分类账户与其所属明细账户在总金额上应当相等。

3.3.2 总分类账户与明细分类账户平行登记的含义

由于总分类账户与明细分类账户存在着上述关系，在会计核算中，为了便于进行账户记录的相互核对，保证核算资料的完整性和正确性，总分类账户与其所属的明细分类账户必须采用平行登记的方法。平行登记是指对所发生的每项经济业务，都要以会计凭证为依据，一方面要登记有关总分类账户，另一方面又要登记该总分类账户所属的明细分类账户的方法。

平行登记的要点如下。

(1) 依据相同。对发生的经济业务，都要以相关的会计凭证为依据，既登记有关总分类账户，又登记其所属的明细分类账户。

(2) 方向一致。将经济业务记入总分类账户和明细分类账户时，记账方向一致。即总分类账户记入借方，明细分类账户也应记入借方；总分类账户记入贷方，明细分类账户也应记入贷方。

(3) 期间相同。对每项经济业务在记入总分类账户和明细分类账户的过程中，可以有先有后，但必须在同一会计期间(如同一个月、同一个季度、同一年度)全部登记入账。

(4) 金额相等。记入总分类账户的金额，应与记入其所属明细分类账户的金额合计相等。

综上所述，总分类账户与明细分类账户平行登记可概括为：依据相同、方向一致、期间相同、金额相等。

通过总分类账户与明细分类账户平行登记后可产生的数量关系为：

总分类账户本期发生额=所属明细分类账户本期发生额合计
总分类账户期末余额=所属明细分类账户期末余额合计

根据总分类账户与明细分类账户的发生额和余额必然相等的原理，对总分类账户与明细分类账户进行相互核对，可以检查总分类账户及其所属的明细分类账户的记录是否正确。

【例3-12】 华达公司1月初"应收账款"总账账户余额为9 000元，其中：应收A公司货款3 000元，应收B公司货款6 000元。

1月份该公司发生下列应收款项业务。

(1) 1月10日向A公司出售商品10 000元，增值税1 700元；向B公司出售商品20 000元，增值税3 400元。款项均未收。

借：应收账款——A 公司　　　　　　　　　　　　　　　　11 700
　　　　　　——B 公司　　　　　　　　　　　　　　　　23 400
　　贷：主营业务收入　　　　　　　　　　　　　　　　　30 000
　　　　应交税费——应交增值税(销项税额)　　　　　　　 5 100

(2) 1 月 20 日收到 A 公司货款 10 000 元；收到 B 公司货款 25 000 元存入银行。

借：银行存款　　　　　　　　　　　　　　　　　　　　35 000
　　贷：应收账款——A 公司　　　　　　　　　　　　　　10 000
　　　　　　　　——B 公司　　　　　　　　　　　　　　25 000

对上述经济业务进行平行登记，如表 3-4～表 3-6 所示。

表 3-4　总分类账

账户名称：应收账款　　　　　　　　　　　　　　　　　　　　　　　　　　　单位：元

| ×年 | | 凭证 | | 摘　要 | 借方 | 贷方 | 借或贷 | 余额 |
月	日	字	号					
1	1			期初余额			借	9 000
	10		×	销售商品	35 100		借	44 100
	20		×	收到货款		35 000	借	9 100
	30			本月发生额及余额	35 100	35 000	借	9 100

表 3-5　应收账款明细账

明细科目：A 公司　　　　　　　　　　　　　　　　　　　　　　　　　　　　单位：元

| ×年 | | 凭证 | | 摘　要 | 借方 | 贷方 | 借或贷 | 余额 |
月	日	字	号					
1	1			期初余额			借	3 000
	10		×	销售商品	11 700		借	14 700
	20		×	收到货款		10 000	借	4 700
	30			本月发生额及余额	11 700	10 000	借	4 700

表 3-6　应收账款明细账

明细科目：B 公司　　　　　　　　　　　　　　　　　　　　　　　　　　　　单位：元

| ×年 | | 凭证 | | 摘　要 | 借方 | 贷方 | 借或贷 | 余额 |
月	日	字	号					
1	1			期初余额			借	6 000
	10		×	销售商品	23 400		借	29 400
	20		×	收到货款		25 000	借	4 400
	30			本月发生额及余额	23 400	25 000	借	4 400

根据述上总分类账户与明细分类账户平行登记的结果，需要通过编制"总分类账户与明细分类账户发生额及余额对照表"进行核对，如表 3-7 所示。

项目 3　记 账 方 法

表 3-7　总分类账户与明细分类账户发生额及余额对照表

单位：元

账户名称	期初余额		本期发生额		期末余额	
	借方	贷方	借方	贷方	借方	贷方
A 公司	3 000		11 700	10 000	4 700	
B 公司	6 000		23 400	25 000	4 400	
合计(总账)	9 000		35 100	35 000	9 100	

知 识 巩 固

一、单项选择题

1. 在复式记账法下，对每项经济业务都应以相等的金额，在(　　)中进行登记。
   A．不同的账户　　　　　　　　B．两个账户
   C．两个或两个以上账户　　　　D．一个或一个以上账户

2. 在借贷记账法下，资产类账户的结构特点是(　　)。
   A．借方记增加，贷方记减少，余额一般在借方
   B．贷方记增加，借方记减少，余额一般在贷方
   C．借方记增加，贷方记减少，一般无余额
   D．贷方记增加，借方记减少，一般无余额

3. 在借贷记账法下，负债类账户的结构特点是(　　)。
   A．借方记增加，贷方记减少，余额一般在借方
   B．贷方记增加，借方记减少，余额一般在贷方
   C．借方记增加，贷方记减少，一般无余额
   D．贷方记增加，借方记减少，一般无余额

4. 下列会计分录中，属于简单分录的有(　　)。
   A．一借一贷　　　　　　　　　B．一借多贷
   C．一贷多借　　　　　　　　　D．多借多贷

5. 下列错误中，能够通过试算平衡查找的有(　　)。
   A．重记经济业务　　　　　　　B．漏记经济业务
   C．借贷方向相反　　　　　　　D．借贷金额不等

6. 账户贷方登记增加额的有(　　)。
   A．资产　　　B．负债　　　C．成本　　　D．费用

7. 账户发生额试算平衡法是根据(　　)确定的。
   A．借贷记账法的记账规则
   B．经济业务的内容
   C．“资产=负债+所有者权益”的恒等式
   D．经济业务的类型

8. 从金额上看，总分类账户与所属明细分类账户之间的关系是(　　)。
   A．总分类账户的期初余额=所属各明细分类账户的期初余额之和

B. 总分类账户的本期发生额=全部明细分类账户的本期发生额之和
C. 全部总分类账户的期末余额=明细分类账户的期末余额之和
D. 全部总分类账户的期末余额之和=全部明细分类账户的期末余额之和

二、多项选择题

1. 在借贷记账法下，账户借方记录的内容有( )。
   A. 资产的增加 B. 资产的减少
   C. 负债及所有者权益的增加 D. 负债及所有者权益的减少
   E. 收入的减少及费用的增加

2. 在借贷记账法下，账户贷方记录的内容有( )。
   A. 资产的增加 B. 资产的减少
   C. 负债及所有者权益的增加 D. 负债及所有者权益的减少
   E. 收入的减少及费用的增加

3. 会计分录的基本内容有( )。
   A. 应记账户的名称 B. 应记账户的方向
   C. 应记账户的金额 D. 应记账户的人员
   E. 应记账户的时间

4. 下列账户中，其增加可以在贷方登记的有( )。
   A. 固定资产 B. 预付账款 C. 应付账款
   D. 实收资本 E. 原材料

5. 在借贷记账法下，试算平衡公式有( )。
   A. 资产类账户期末借方余额合计=所有者权益类账户贷方期末余额合计
   B. 所有账户借方期初余额合计=所有账户贷方期初余额合计
   C. 所有账户借方发生额合计=所有账户贷方发生额合计
   D. 所有账户借方期末余额合计=所有账户贷方期末余额合计
   E. 资产类账户借方期末发生额合计=负债类账户贷方期末发生额合计

6. 关于借贷记账法，下列说法正确的是( )。
   A. 经济业务所引起的资产增加和权益减少应记入账户的借方
   B. 借贷记账法下，不能设置双重性质的账户
   C. 记账规则是：有借必有贷，借贷必相等
   D. 所有账户的借方余额之和等于所有账户的贷方余额之和
   E. 所有账户的借方发生额之和等于所有账户的贷方发生额之和

7. 关于"从银行提取现金1 000元"这项经济业务，下列各观点中正确的是( )。
   A. "库存现金"和"银行存款"两个账户互为对应账户
   B. 应在"库存现金"账户借方登记1 000元，同时在"银行存款"账户贷方登记1 000元
   C. 这项经济业务不会引起企业的资产和权益总额发生增减变化
   D. "库存现金"和"银行存款"两个账户的余额一般在借方
   E. 这项业务引起了企业资产总额发生变化

8. 总账和明细账平行登记时，必须做到( )。
   A. 记账依据相同 B. 记账方向相同
   C. 记账详略相同 D. 记账金额相等
   E. 记账期间相同

三、判断题

1. 在经济业务处理过程中所形成的账户之间的应借应贷关系，称为账户的对应关系。（　　）
2. 复式记账法，是以资产和权益的平衡关系为记账基础，对每一项经济业务都以相等的金额同时在相互联系的两个账户中进行登记的一种方法。（　　）
3. 在借贷记账法下，哪一方登记增加，哪一方登记减少，要根据账户的结构决定。（　　）
4. 为判断会计账户记录是否正确，常采用编制试算平衡表的方法。只要该试算平衡表实现试算平衡，即说明账户记录正确无误。（　　）
5. 按平行登记的要求，对每项经济业务必须在记入总分类账户的当天记入所属的明细分类账户。（　　）
6. 通过平行登记，可以使总分类账户与其所属明细分类账户保持统驭关系，便于核对与检查，纠正错误与遗漏。（　　）
7. 总分类账户与明细分类账户的平行登记，是指要求记入总分类账户与记入其所属明细账账户的经济业务依据相同，方向一致，期间相同，金额相等。（　　）
8. 损益账户的增加在借方，减少在贷方，没有余额。（　　）

技 能 操 练

实训题一

1. 目的：练习账户的期末余额与本期发生额的关系。
2. 资料：某企业有关总分类账户发生额及余额资料如表 3-8 所示。

表 3-8　总分类账户发生额及余额

单位：元

账户名称	期初余额		本期发生额		期末余额	
	借方	贷方	借方	贷方	借方	贷方
库存现金	（　　）		23 000	16 000	31 000	
银行存款	50 000		（　　）	24 000	49 000	
原材料	35 000		32 000	12 000	（　　）	
应收账款	15 000		23 800	（　　）	21 500	
其他应收款	3 000		800	（　　）	2 100	
库存商品	16 000		65 000	32 000	（　　）	
固定资产	（　　）		17 000		（　　）	
长期借款		55 000	38 000	25 000		（　　）
应付账款		12 000	9 000	32 000		（　　）
其他应付款		4 000	（　　）	3 200		5 100
应交税费		23 000	19 000	（　　）		16 000
实收资本		（　　）		77 500		（　　）
合计	200 000	（　　）				

3．要求：根据表中资料，填写有关数据，并进行试算平衡。

实训题二

1．目的：练习编制会计分录。
2．资料：天华公司某年6月发生经济业务如下。
(1) 职工李明出公差，预借差旅费5 000元，出纳员以现金支付。
(2) 购入材料一批，金额8 000元，材料已验收入库，货款尚未支付。
(3) 职工李明报销差旅费4 300元，余款收回现金。
(4) 购买设备一台，买价80 000元，款项已通过银行存款支付。
(5) 向银行申请三个月临时借款200 000元，存入银行账户。
(6) 收到某公司的投资款300 000元，存入银行。
3．要求：根据上述经济业务编制会计分录。

实训题三

1．目的：练习借贷记账法的应用及试算平衡表的编制。
2．资料：华明公司某年3月初有关账户余额如表3-9所示。

表3-9　华明公司某年3月初有关账户余额

单位：元

资产账户	金　额	权益账户	金　额
库存现金	3 000	短期借款	250 000
银行存款	70 000	应付账款	150 000
原材料	100 000	应交税费	8 000
应收账款	36 000	长期借款	180 000
库存商品	30 000	实收资本	400 000
生产成本	28 000	盈余公积	79 000
固定资产	800 000		
合计	1 067 000	合计	1 067 000

该公司本月发生下列经济业务。
(1) 从银行提取现金1 000元。
(2) 接受投资者投入设备一台计10 000元。
(3) 购进材料一批计10 000元，以银行存款支付。
(4) 生产车间生产产品领用原材料60 000元。
(5) 以银行存款偿还短期借款50 000元。
(6) 收到购货单位前欠货款20 000元存入银行。
(7) 向银行取得长期借款100 000元存入银行。
(8) 以银行存款上缴税金5 000元。
3．要求：
(1) 根据上述经济业务编制会计分录，并登记"T"字形账户。
(2) 编制发生额及余额试算平衡表。

实训题四

1．目的：练习总分类账户与明细分类账户的登记。
2．资料：
(1) 9月1日，某食品加工厂有关总分类账户期初余额如表3-10所示。

表3-10 某食品加工厂有关总分类账户期初余额

单位：元

账户名称	借方金额	贷方金额
库存现金	1 000	
银行存款	5 800 000	
应收账款	260 000	
其他应收款	2 000	
原材料	2 400 000	
固定资产	5 000 000	
应付账款		200 000
短期借款		250 000
应付职工薪酬		80 000
实收资本		12 533 000
资本公积		400 000
合计	13 463 000	13 463 000

(2) 有关明细分类账户期初余额如下。

① 原材料账户的借方期初余额为2 400 000元，其中：甲材料1 000 000元，单价100元/千克；乙材料800 000元，单价10元/千克；丙材料600 000元，单价20元/千克。

② 应付账款账户的期初贷方余额为200 000元，其中：冬兴工厂100 000元，红星工厂100 000元。

(3) 9月份该厂发生的业务如下。

① 1日，以银行存款偿还前欠冬兴工厂材料款10 000元。
② 2日，生产A产品领用甲材料60 000元，领用乙材料20 000元。
③ 3日，收到冬兴工厂发来的甲材料300 000元，货款未付。
④ 5日，生产B产品领用甲材料20 000元。
⑤ 7日，生产C产品领用甲材料20 000元，领用丙材料100 000元。
⑥ 13日，收到光华工厂归还的上月销货款130 000元，存入银行。
⑦ 14日，从银行提现80 000元，备发工资。
⑧ 14日，以现金发放职工工资80 000元。
⑨ 16日，以银行存款支付广告费100 000元。
⑩ 17日，以银行存款购入设备一台，价款500 000元。
⑪ 18日，收到投资者作为出资缴来的甲材料200 000元，丙材料300 000元。
⑫ 19日，业务员暂借差旅费300元，财务科以现金付讫。
⑬ 20日，以银行存款归还短期借款250 000元。
⑭ 22日，以银行存款归还前欠红星工厂货款100 000元。

3．要求：

(1) 根据资料(1)开设总分类账和资料(2)开设"原材料""应付账款"明细分类账户，并登记期初余额。

(2) 根据资料(3)编制会计分录，根据会计分录登记有关账户。

(3) 结出账户余额，并编制试算平衡表。

项目 4　企业日常经济业务的核算

知识目标

1. 明确企业资金来源渠道；
2. 掌握企业生产准备、生产、销售过程的主要经济业务；
3. 熟悉企业利润形成和分配的内容。

能力目标

1. 能正确运用有关账户；
2. 能正确编制企业主要经济业务的会计分录；
3. 能正确计算产品成本、利润和进行利润分配。

不同的企业生产经营活动具有不同的特点，相应的资金运动也呈现出不同的规律性，在诸多行业中，加工制造企业的生产经营活动最为复杂，对于会计核算的要求也最高，本项目对于企业日常经济业务的学习就以制造企业为背景。作为制造企业，其主要经济活动按照资金运动的规律可分为几个部分：资金的筹集、生产的准备、产品的生产、产品的销售、利润的形成和分配。

4.1　资金筹集的核算

任何企业生产经营活动的顺利进行都是要以足够的资金作为保证的，也正因为如此，企业的生产经营活动要从筹集资金开始。企业资金的筹集有各种各样的渠道，从不同渠道筹集的资金对于企业的要求也不相同，在会计上需要对不同渠道所筹集到的资金进行分别反映。因此，资金筹集的核算成为企业会计核算的重要内容之一。

从企业所筹集资金的性质来看，主要有两类：一是权益性资金，这类资金来源于投资者的投入、资本的溢价以及经营积累等；二是负债性资金，这类资金主要来源于企业通过各种方式的借款。

企业资金筹集业务的核算，就是要对企业资金筹集过程进行正确的反映和监督，并按照企业会计准则的要求，根据借贷记账法的基本原理，设置相应的账户，运用专门的会计语言，准确、及时、全面、系统地反映企业因资金筹集而产生的资产、负债、所有者权益，以及筹资费用的增减变化情况。

4.1.1 投入资金的核算

1. 投入资金核算的基本要求

投资者投入的资金是企业非常重要的资金来源,对于有多个投资者的企业来说,不同投资者投放于企业的资金的数额,决定该投资者在企业的权益;投资者以不同形式投入企业的资金对于企业的影响也不完全相同,因此,投资的数量、方式、投资主体都成为这一环节会计核算的内容。

(1) 按照投资主体的不同,可分为国家投入资本、法人投入资本、个人投入资本和外商投入资本。明确这一点有助于我们对实收资本进行明细分类核算。

(2) 按照投入资本的形式不同,可分为货币投资、实物投资和无形资产投资等,不同的投资形式形成不同的资产。

(3) 投资者投入企业的资本,除法律法规另有规定外,不得抽回。

2. 投入资金核算的账户设置

投入资金核算的账户设置为"实收资本"账户。该账户属于所有者权益类账户,用于核算投资人投入企业资本的增减变化情况及其结果。其贷方登记企业实际收到的投入资本;借方登记投入资本的减少。该账户的期末余额在贷方,表示期末投资人投入资本的实有数额。该账户一般按投资主体设置明细账,进行明细分类核算。

需要注意的是:一般情况下,除企业经批准将资本公积、盈余公积转入实收资本而增加实收资本外,实收资本的数额不能随意变动,投资者不能随意抽回投资。企业在生产经营过程中取得的收入、发生的费用及财产物资的盘盈盘亏等,不能直接增加或减少企业的投入资本。

3. 投入资金账务处理

1) 以货币资金形式投入资本的核算

【例 4-1】 201×年3月1日,公司收到股东李明投入资金 200 000 元存入银行。

这项经济业务的发生,引起企业资产和所有者权益两个要素同时发生变化:一方面,银行存款增加了 200 000 元;另一方面,所有者权益增加了 200 000 元。这项经济业务的发生,企业应编制如下会计分录。

借:银行存款 200 000
　　贷:实收资本——李明 200 000

2) 以实物形式投入资本的核算

【例 4-2】 201×年3月5日,公司收到 A 企业投入的一台机器设备,该机器的账面原价为 100 万元,已提折旧 30 万元,经协商确定以公允价值 500 000 元作为投入资本。

这项经济业务的发生,引起企业资产和所有者权益两个要素同时发生变化:一方面,企业的固定资产增加了 500 000 元;另一方面,企业的实收资本增加了 500 000 元。固定资产的增加,应在"固定资产"账户的借方登记;实收资本的增加,应在"实收资本"账户的贷方登记。企业应编制如下会计分录。

借:固定资产 500 000
　　贷:实收资本——A 企业 500 000

3) 以无形资产形式投入资本的核算

【例4-3】 201×年7月1日，公司收到B企业投入一项专利技术300 000元。

这项经济业务的发生，引起企业资产和所有者权益两个要素同时发生变化：一方面，企业无形资产增加了300 000元；另一方面，企业实收资本增加了300 000元。无形资产的增加，应记录在"无形资产"账户的借方；实收资本的增加，应记录在"实收资本"账户的贷方。企业应编制如下会计分录。

借：无形资产　　　　　　　　　　　　　　　　　　300 000
　　贷：实收资本——B企业　　　　　　　　　　　　　　300 000

4.1.2 借入资金的核算

企业在生产经营过程中，经常需要以借款的方式筹集资金，有时需要向银行或其他金融机构借入资金，也可以向其他企业借款，在符合一定条件时还可以通过发行企业债券的方式向社会公众借款。企业向银行借入的资金，必须按银行借款的有关规定办理相关手续，按预定的借款用途使用资金，按合同约定的期限支付利息并保证到期归还借款本金。

企业向银行等金融机构借入的资金，按归还期限的长短不同，可以分为短期借款和长期借款。偿还期限在一年以内的为短期借款；偿还期限在一年以上的为长期借款。

1. 短期借款的核算

短期借款是为了弥补企业周转资金不足而向银行或其他金融机构借入的偿还期限在一年以内的各种借款。短期借款的会计核算主要包括取得短期借款、预提和支付借款利息、偿还借款等环节。

1) 短期借款核算的账户设置

(1) "短期借款"账户。"短期借款"属于负债类账户。核算企业向银行或其他金融机构等借入偿还期在1年以内(含1年)的各种借款。该账户的贷方登记企业借入的各种短期借款；借方登记企业归还的短期借款。该账户的期末余额在贷方，表示企业尚未归还的短期借款的实有数额。该账户按照债权人设置明细账。

(2) "财务费用"账户。"财务费用"属于损益类账户。核算企业为筹集生产经营所需资金而发生的筹资费用，包括利息支出(减利息收入)、汇兑损益及相关的手续费等。该账户的借方登记企业发生的财务费用，贷方登记应冲减的财务费用，如利息收入等；期末应将该账户的余额转入"本年利润"账户，结转以后该账户无余额。

(3) "应付利息"账户。"应付利息"属于负债类账户。在实际工作中，银行一般于每季度末收取短期借款利息，为此，企业的短期借款利息一般采用月末预提的方式进行核算，月末预提利息时记入该账户的贷方，实际支付已预提的利息时记入该账户的借方，余额在贷方表示已预提但尚未支付的利息。

2) 短期借款的账务处理

【例4-4】 201×年5月10日，公司向银行借入资金60 000元存入银行，期限为2个月，年利率为6%。

(1) 借入短期借款的核算。这项经济业务的发生，引起企业资产和负债两个要素同时发生变化。一方面，银行存款增加了60 000元；另一方面，企业的短期借款增加了60 000元。银行存款的增加，应在"银行存款"账户的借方登记；短期借款的增加，应在"短期借款"账户的贷方登记。企业应编制如下会计分录。

　　借：银行存款　　　　　　　　　　　　　　　　　　　60 000
　　　　贷：短期借款　　　　　　　　　　　　　　　　　　　　60 000

(2) 201×年5月31日，预提银行借款利息。

$$计提的利息=60\ 000×(6\%÷12)×20/30=200(元)$$

企业预提银行利息的时候，应将提取的利息计入当期的财务费用，在"财务费用"账户的借方登记，同时计入"应付利息"账户的贷方。

　　借：财务费用　　　　　　　　　　　　　　　　　　　　200
　　　　贷：应付利息　　　　　　　　　　　　　　　　　　　　　200

(3) 201×年6月30日，支付两个月的利息。

$$6月份应承担的利息=60\ 000×(6\%÷12)=300(元)$$

6月30日是第二季度末，在季度末，企业要支付整个季度的利息，以前月份的利息已在"应付利息"账户的贷方记录，本月应承担的利息直接通过"财务费用"账户核算，不需要计提，因此，在季度末，企业用银行存款支付当季度的利息时，应编制如下的会计分录。

　　借：财务费用　　　　　　　　　　　　　　　　　　　　300
　　　　应付利息　　　　　　　　　　　　　　　　　　　　200
　　　　贷：银行存款　　　　　　　　　　　　　　　　　　　　500

(4) 201×年7月10日，归还短期借款的核算。

$$7月份应承担的利息=60\ 000×(6\%÷12)×10/30=100(元)$$

这项经济业务的发生，引起企业资产、负债和费用同时发生变化：一方面，企业用银行存款归还短期借款并支付借款利息，使企业银行存款减少；另一方面，企业归还短期借款，使企业短期借款减少；同时，企业因支付借款利息而使财务费用增加。企业应编制如下会计分录。

　　借：短期借款　　　　　　　　　　　　　　　　　　　60 000
　　　　财务费用　　　　　　　　　　　　　　　　　　　　100
　　　　贷：银行存款　　　　　　　　　　　　　　　　　　　60 100

2. 长期借款的核算

长期借款是指企业向银行或其他金融机构借入的期限在1年以上的各种借款。长期借款的会计核算主要包括取得长期借款、支付长期借款利息和偿还长期借款的会计核算。

"长期借款"账户：该账户属于负债类账户，贷方登记企业借入的各种长期借款、应付而未付的长期借款以及利息调整；借方登记企业归还的长期借款、支付的借款利息及利息调整。该账户期末贷方余额，表示企业尚未归还的长期借款。

【例4-5】 公司于201×年1月5日从银行借入资金200 000元用于生产经营，借款已存入银行。合同规定借款期限为2年，年利率为10%，利息每年支付。

1) 取得借款的账务处理

这项经济业务的发生，引起企业资产和负债两个要素同时发生变化：一方面，企业借入长期借款通过银行转存，企业的银行存款增加了200 000元；另一方面，企业借入长期借款，使企业的负债增加了200 000元。银行存款的增加，应记录在"银行存款"账户的借方；长期借款的增加，应记录在"长期借款"账户的贷方。这项经济业务的发生，企业应编制如下会计分录。

借：银行存款　　　　　　　　　　　　　　　　　　　　200 000
　　贷：长期借款　　　　　　　　　　　　　　　　　　　　200 000

2) 长期借款利息的账务处理

企业借入的用于生产经营活动的长期借款利息，按规定应通过"财务费用"账户核算。计算发生的银行借款利息时，企业的财务费用增加了，应记录在"财务费用"账户的借方；同时，企业长期借款利息的增加，也是企业负债的增加，应记录在"应付利息"账户的贷方。第一年年底，企业计算长期借款利息为 200 000×10%=20 000(元)。企业应编制如下会计分录。

借：财务费用　　　　　　　　　　　　　　　　　　　　20 000
　　贷：应付利息　　　　　　　　　　　　　　　　　　　　20 000

支付利息时：

借：应付利息　　　　　　　　　　　　　　　　　　　　20 000
　　贷：银行存款　　　　　　　　　　　　　　　　　　　　20 000

3) 到期归还本金和第二年利息的账务处理

企业用银行存款归还长期借款，引起企业资产和负债两个要素同时变化：一方面，企业资产因归还借款而减少了；另一方面，企业的负债也因借款的归还而减少了。长期借款的减少，应记录在"长期借款"账户的借方；银行存款的减少，应记录在"银行存款"账户的贷方。企业应编制如下会计分录。

借：长期借款　　　　　　　　　　　　　　　　　　　　200 000
　　财务费用　　　　　　　　　　　　　　　　　　　　　20 000
　　贷：银行存款　　　　　　　　　　　　　　　　　　　　220 000

4.2　生产准备过程的核算

生产准备是生产经营活动正常进行的前提和基础。企业在生产准备阶段的主要任务是进行固定资产的购建和原材料等材料物资的采购，所以，生产准备过程的会计核算主要包括固定资产增加的核算、材料采购的核算以及材料采购成本的确定。

4.2.1　生产准备业务核算账户的设置

(1) "在途物资"账户。"在途物资"属于资产类账户。核算企业采用实际成本(或进价)进行材料和商品等物资的日常核算、货款已经支付尚未验收入库的在途物资的采购成本。该账户的借方登记企业购入材料、商品实际采购成本，贷方登记验收入库的材料、商品的实际采购成本。期末该账户的余额在借方，表示企业尚未验收入库的在途材料、商品的实际成本。

(2) "原材料"账户。"原材料"属于资产类账户。核算企业库存的各种材料的实际成本(按计划价格核算是反映计划成本)。该账户的借方登记企业购入并验收入库的材料物资的成本，贷方登记发出材料的成本。期末该账户的余额在借方，表示企业库存材料的成本。该账户应按材料的保管地点(仓库)、品种、类别、规格等进行明细核算。

(3) "应付账款"账户。"应付账款"属于负债类账户。核算企业因购买材料、商品和接受劳务等经营活动应支付的款项。该账户的贷方登记企业因购买材料、商品或接受劳务等业务活动导致的应付款项的增加，借方反映应付未付款项的支付情况。期末该账户的余额在贷方,表示尚未支付的款项。该账户应按债权人设置明细账户,进行明细分类核算。

(4)"应付票据"账户。"应付票据"属于负债类账户。核算企业购买材料、商品、接受劳务供应等开出、承兑的商业汇票,包括银行承兑汇票和商业承兑汇票。企业开出、承兑商业汇票时记入该账户的贷方;商业汇票到期,企业支付票款时记入该账户的借方。期末该账户的余额在贷方,表示企业尚未到期的商业汇票的金额。该账户应按债权人设置明细账户,进行明细分类核算。

(5)"预付账款"账户。"预付账款"属于资产类账户。核算企业按照合同预付的款项(预付款项不多的企业,也可以不设该账户,将预付的款项直接计入"应付账款")。该账户的借方登记企业因购货而预付的款项或支付的在建工程价款,贷方登记验收入库的所购货物的价款或按进度进行结算的工程价款。期末该账户的余额一般在借方,表示企业预付的款项;如果出现贷方余额,表示企业尚未补付的款项。

(6)"固定资产"账户。"固定资产"属于资产类账户。核算企业持有的固定资产的历史成本。该账户的借方登记企业因购买、建造、融资租赁等而增加的固定资产的原价,贷方登记企业因报废、毁损等各种原因退出企业的固定资产的原价。该账户的余额在借方,表示企业固定资产的原价。

(7)"在建工程"账户。"在建工程"属于资产类账户。核算企业基建、更新改造等在建工程发生的支出。该账户的借方登记工程项目尚未达到可使用状态之前所发生的费用支出,比如领用工程物资、分配工程人员工资等;贷方登记工程项目完工时转入"固定资产"的金额。期末该账户的余额在借方,表示尚未完工的工程项目所发生的费用。该账户应按照工程项目设置明细账,进行明细分类核算。

(8)"应交税费——应交增值税"账户。增值税是对我国境内销售货物或者提供加工、修理修配劳务以及进口货物的单位和个人就其实现的增值额征收的一种税。增值税是价外税,由消费者负担。我国现行的增值税制度,将增值税的纳税人按照经营规模及会计核算的健全程度,分为一般纳税人和小规模纳税人。小规模纳税人是指年销售额在规定标准以下,并且会计核算不健全,不能按规定报送会计资料的增值税的纳税人。根据《增值税暂行条例实施细则》的规定,符合以下条件之一的属于小规模纳税人:①从事货物生产或提供应税劳务的纳税人,以及以从事货物生产或提供应税劳务为主,并兼营货物批发或零售的纳税人,年应征增值税销售额在 50 万元(含 50 万)以下的;②对上述规定以外的纳税人,年应税销售额在 80 万元(含 80 万元)以下的。小规模纳税人按销售额的3%的征收率计算纳税。

一般纳税人企业应纳增值税是根据当期销项税额减当期进项税额,其公式为:

$$应纳税额=当期销项税额-当期进项税额$$

$$销项税额=销售额\times税率$$

进项税额是从销售方取得的增值税发票或海关的完税凭证上注明的增值税额。当期的进项税额若抵扣不完,可以留待下期继续抵扣。

为了核算企业应交增值税的发生、抵扣、交纳、退税及转出等情况,应在"应交税费——应交增值税"明细账户内设置"进项税额""已交税金""销项税额""出口退税""进项税额转出"等专栏。

为了便于说明,本书对增值税的核算只涉及购进货物和销售货物两个环节,所举例题均为一般纳税人,税率为17%的基本税率。

4.2.2 材料采购业务的核算

材料采购是加工制造生产经营活动的起点，是企业生产准备过程中的一项重要业务内容。在这个过程中，企业用货币资金或承担债务的形式取得产品生产所需要的材料。材料采购过程包括支付购进材料价款、材料验收入库、材料实际成本的确定等业务内容，相应地，材料采购过程的会计核算要正确地反映由于支付购进材料价款、材料验收入库、归集和分配采购费用、计算和确定材料实际成本、偿还短期债务等所引起各项业务的实际情况。

1. 材料采购成本的计算

在材料采购过程中，企业除了支付材料的采购款以外，还需要发生许多项目的采购费用，这些费用也构成采购材料的成本，应该作为所采购材料的价值构成部分进行会计核算。

材料采购成本由买价和采购费用两部分组成。材料的买价是指供货单位的发票价格。采购费用主要包括以下内容。

(1) 运杂费。企业采购材料所发生的运杂费，包括运输费用、装卸费、保险费、仓储费等。企业一次采购一种材料或虽采购多种材料但所发生的运杂费用能够分清，则运杂费可根据发生的凭证直接计入该材料的采购成本；如果企业一次采购了两种或两种以上的材料而且发生的运杂费无法分清，则应该将采购过程中发生的运杂费在所采购的材料中进行分配，分别计入各种材料的采购成本。运杂费的分配，可以根据材料的性质不同，选择以重量、体积、买价等作为分配标准。

(2) 运输途中的合理损耗。在采购材料的运输途中所发生的合理损耗应该记入所购材料的成本。

(3) 入库前的挑选整理费用。入库前的挑选整理也是材料能够服务于企业不可缺少的环节，在这个环节中发生的各种费用和必要的损失，也要计入材料的采购成本。

(4) 税费。购入材料的过程中发生的相关税金和费用也是材料采购成本的组成部分，除了可以抵扣的增值税。

2. 材料采购过程的核算

【例 4-6】 201×年 4 月份，公司发生以下材料采购业务。

(1) 4 月 5 日向大华公司购入甲材料 50 吨，单价 1 000 元，货款和增值税款已经通过银行支付，材料尚未到达企业。

这项经济业务的发生，引起企业资产发生增减变化：一方面，企业购进材料已经支付货款，取得了材料的所有权，增加了资产，应在"在途物资"账户的借方登记，同时，"应交税费——应交增值税(进项税额)"也随价款一起支付，应在"应交税费——应交增值税(进项税额)"账户的借方登记；另一方面，企业用银行存款支付材料采购款及税金，使企业银行存款减少，应在"银行存款"账户的贷方登记。企业应编制如下会计分录。

借：在途物资——甲材料　　　　　　　　　　　　　　50 000
　　应交税费——应交增值税(进项税额)　　　　　　　8 500
　　贷：银行存款　　　　　　　　　　　　　　　　　　58 500

(2) 4 月 6 日，企业购进甲、乙两种材料，甲材料 30 吨，买价 30 000 元；乙材料 50 吨，买价 50 000 元；增值税率为 17%；采购中共发生运输费共计 1 600 元，以银行存款支付。两种材料已验收入库。

由于购入两种材料共发生运输费1 600元,应选择适当的分配标准,在两种材料之间进行分配。假定本次采购费用按材料重量比例进行分摊,则:

每吨材料应分摊的采购费用=采购费用/(甲材料重量+乙材料重量)
=1 600/(30+50)=20(元/吨)

甲材料应分摊采购费用=30×20=600(元)
乙材料应分摊采购费用=50×20=1 000(元)
甲材料实际成本=30 000+600=30 600(元)
乙材料实际成本=50 000+1 000=51 000(元)

编制会计分录如下。

借:原材料——甲材料　　　　　　　　　　　　　30 600
　　　　——乙材料　　　　　　　　　　　　　　51 000
　　应交税费——应交增值税(进项税额)　　　　　13 600
　　贷:银行存款　　　　　　　　　　　　　　　　　95 200

(3) 4月8日,从大华公司购进丙材料10吨,每吨600元,增值税额为1 020元,运费200元,材料已经运回,款项尚未支付。

这项经济业务的发生,引起企业资产和负债两个要素发生增减变化:一方面,作为企业资产的材料增加了6 000元,应在"原材料"账户的借方登记,同时,企业应交增值税(进项税额)随着购进业务的发生而发生,并随着价款一起支付,应在"应交税费——应交增值税(进项税额)"的借方登记;另一方面,企业因购进材料而尚未支付的价款形成企业负债,应在"应付账款"的贷方登记,对于这项经济业务的发生,企业应编制如下会计分录。

借:原材料——丙材料　　　　　　　　　　　　　6 200
　　应交税费——应交增值税(进项税额)　　　　　1 020
　　贷:应付账款——大华公司　　　　　　　　　　　7 220

(4) 4月10日,收到5日向大华公司购入甲材料50吨,并已验收入库。

借:原材料——甲材料　　　　　　　　　　　　　50 000
　　贷:在途物资——甲材料　　　　　　　　　　　　50 000

(5) 4月15日,从兴业公司购入丁材料10吨已入库,单价1 200元,增值税税额为2 040元,运杂费150元,公司已经开出为期6个月的商业承兑汇票。

这项经济业务的发生,引起企业资产和负债两个要素发生增减变化:一方面,作为企业资产的材料增加了12 000元,应在"原材料"账户的借方登记,同时,企业增值税(进项税额)随着购进材料业务的发生而发生,并随着价款一起支付,在"应交税费——应交增值税(进项税额)"账户的借方登记;另一方面,企业尚未支付的购进材料的价款,通过开出商业承兑汇票的方式形成企业负债,应在"应付票据"账户的贷方登记。企业应编制如下会计分录。

借:原材料——丁材料　　　　　　　　　　　　　12 150
　　应交税费——应交增值税(进项税额)　　　　　2 040
　　贷:应付票据——兴业公司(商业承兑汇票)　　　14 190

(6) 4月15日,以银行存款偿还前欠大华公司的材料款共20 000元。

这项经济业务的发生,引起企业资产和负债两个要素发生增减变化:一方面,企业的应付账款因为归还而减少,应在"应付账款"账户的借方登记;另一方面,企业以银行存款支付欠款,银行存款减少,应在"银行存款"账户的贷方登记。企业应编制如下会计分录。

```
借：应付账款——大华公司         20 000
    贷：银行存款                        20 000
```

(7) 4月15日，向华阳公司预付采购材料款60 000元。

该项经济业务的发生，引起企业资产发生变化：一方面，企业预付材料采购款，银行存款减少，应在"银行存款"账户的贷方登记；另一方面，企业由于预付款项给大华公司，形成了对大华公司的债权，在"预付账款"账户的借方登记。企业应编制如下会计分录。

```
借：预付账款——华阳公司         60 000
    贷：银行存款                        60 000
```

(8) 4月20日，收到华阳公司发来的甲材料50吨，每吨1 000元，增值税款8 500元。款项本月15日已预付。

该项经济业务的发生，引起企业资产的变化：一方面，收到大华公司发来的材料，形成了实际的采购业务，材料增加，在"原材料"账户的借方登记；另一方面，原先由于预付款形成的对大华公司的债权自然减少58 500元，在"预付账款"账户的贷方登记。企业应编制如下会计分录。

```
借：原材料——甲材料             50 000
    应交税费——应交增值税(进项税额)   8 500
    贷：预付账款——华阳公司              58 500
```

(9) 4月22日，收到华阳公司交回的余款1 500元。

该项经济业务的发生，引起资产的变化：一方面，收到回来的余款，银行存款增加，在"银行存款"账户的借方登记；另一方面，由于余款的退回，对于大华公司的债权已经消失，在"预付账款"账户的贷方登记。企业应编制如下会计分录。

```
借：银行存款                     1 500
    贷：预付账款——华阳公司              1 500
```

4.2.3 固定资产购进的核算

固定资产是指企业使用期限较长(一般认为超过1年)，单位价值较高的有形资产，如房屋、建筑物、机器设备、运输工具等。按照《企业会计准则》规定：固定资产应按取得时的成本入账。取得时的成本包括买价、进口关税、运输和保险等相关费用，以及为使固定资产达到预定可使用状态前发生的必要支出。

1. 购入不需要安装的固定资产

企业购置的不需要安装即可使用的固定资产，应按实际支付的买价、包装费、运输费、安装成本等作为入账价值。

【例4-7】 公司购入不需要安装的设备一台，价值100 000元，所支付的增值税17 000元，另支付运杂费、保险费1 000元，全部款项已通过银行存款支付。

企业购入不需要安装的设备，一方面，可按其购入时的实际成本直接计入"固定资产"账户，随着价款一起支付的增值税应计入在"应交税费——应交增值税(进项税额)"账户的借方登记；另一方面，支付购入设备款使银行存款减少了。这项经济业务的发生，企业应编制如下会计分录。

```
借：固定资产                    101 000
```

应交税费——应交增值税(进项税额)　　　　　　　　　　　　17 000
　　贷：银行存款　　　　　　　　　　　　　　　　　　　118 000

2. 购入需要安装的固定资产

企业购入需要安装的固定资产，应先通过"在建工程"账户进行核算，待在建工程达到可使用状态时再转入"固定资产"账户。

【例 4-8】 其他情况同例 4-7，假定购入的设备需要安装。

(1) 购入设备交付安装时。

借：在建工程　　　　　　　　　　　　　　　　　　　　101 000
　　应交税费——应交增值税(进项税额)　　　　　　　　　 17 000
　　贷：银行存款　　　　　　　　　　　　　　　　　　　118 000

(2) 以现金支付安装成本 1 500 元。

借：在建工程　　　　　　　　　　　　　　　　　　　　 1 500
　　贷：库存现金　　　　　　　　　　　　　　　　　　　 1 500

(3) 设备达到预定可使用状态，转入固定资产。

借：固定资产　　　　　　　　　　　　　　　　　　　　102 500
　　贷：在建工程　　　　　　　　　　　　　　　　　　　102 500

4.3　产品生产过程的核算

产品生产过程是制造企业经营活动的中心环节。在生产过程中，生产工人借助于劳动资料，对劳动对象进行加工，制成商品产品以备销售。在生产产品的同时，要发生物化劳动和活劳动的消耗，主要包括材料物资的耗费、固定资产的磨损、支付工人工资和产品制造过程中的其他耗费等。因此，产品的生产过程，也是生产耗费的过程。

企业一定时期内在生产经营过程中所发生的各种耗费，称为费用。费用按一定种类和数量的产品进行归集，就形成了产品的制造成本(或称产品生产成本)。费用按其是否计入产品成本可分为计入产品成本和不计入产品成本两大类。

计入产品成本的费用又可分为直接费用和间接费用。直接费用包括直接材料、直接人工和其他直接费用。直接材料是指企业直接用于产品生产，构成产品实体的原材料、主要材料、外购半成品及有助产品形成的辅助材料；直接人工是指支付给直接参加产品生产工人的工资以及为职工支付的其他费用。间接费用是指间接用于产品生产的各项费用，主要包括企业各生产车间为组织和管理生产而发生的各项间接费用，如车间管理人员工资、办公费、水电费、生产用固定资产的折旧费等。

不计入产品成本的费用是指企业在生产经营过程中，全厂为管理和组织生产的需要而发生的相应的费用。这些费用与产品的生产没有直接的关系，但属于企业生产经营活动所必需发生的，通常称其为期间费用，包括管理费用、财务费用、销售费用，这些费用的发生无法归属为哪种产品，事实上即便没有产品的生产活动，有些期间费用也是照常发生的，所以，在会计实务中将这些费用作为当期损益处理，而不计入产品的生产成本。

制造企业生产经营过程中发生的各种耗费如图 4.1 所示。

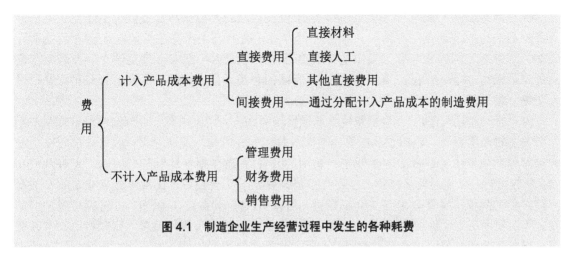

图 4.1 制造企业生产经营过程中发生的各种耗费

4.3.1 产品生产过程业务核算账户的设置

(1) "生产成本"账户。"生产成本"属于成本类账户,用来核算企业进行产品生产发生的各种生产成本,并据以确定产品的实际生产成本。该账户借方登记企业在产品生产过程中发生的各项生产费用;贷方登记完工产品的实际生产成本。期末借方余额,表示企业尚未生产完工的在产品的实际成本。该账户按产品的品种、类别设置生产成本明细账,进行明细分类核算。在"生产成本"明细分类账户的借方按构成产品成本的成本项目,分别设置专栏,进行产品成本的计算。

(2) "制造费用"账户。"制造费用"属于成本类账户,用来归集和分配企业生产车间为组织和管理生产而发生的各项间接费用,包括生产车间的管理人员的工资及福利费、机器设备及车间厂房等固定资产的折旧费、车间办公费、机器物料的消耗、劳动保护费、季节性和修理期间的停工损失以及其他不能直接计入产品生产成本的生产费用。该账户借方登记实际发生的各种间接费用;贷方登记分配转出应由各种产品负担的制造费用。该账户期末一般没有余额。"制造费用"账户应按车间设置明细账户,并按费用项目设置专栏,进行明细分类核算。

(3) "应付职工薪酬"账户。"应付职工薪酬"属于负债类账户,用来核算企业根据有关规定应该支付给职工的各种薪酬,包括工资、福利费、工会经费、职工教育经费、社会保险费、住房公积金等所有为职工支付的费用。该账户贷方登记企业应支付给职工的各种费用总额,借方登记企业实际支付的各种薪酬数额。该账户应按照"工资""职工福利""社会保险费""住房公积金""工会经费""职工教育经费"等设置明细账户,进行明细分类核算。

(4) "累计折旧"账户。企业的固定资产能够在一个较长的时期内为企业服务,其价值随着生产经营活动的进行逐渐转移,为生产产品而使用的固定资产的价值转移到所生产的产品中,形成产品价值的一部分;由于管理需要而使用的固定资产的价值转移到它所提供的服务中,构成期间费用的组成部分。由于固定资产在企业存续期间其实物形态相对固定,其价值的转移也是逐步进行的,因此,在会计实务中,固定资产的价值转移不通过"固定资产"账户核算,而是专门设置一个"累计折旧"账户来反映其由于使用磨损而转移的价值。"累计折旧"属于"固定资产"账户的调整账户,用来核算固定资产在使用过程中转移的价值。该账户的贷方记录固定资产折旧的累计增加数;借方记录固定资产减少时应冲销的累计折旧数;期末余额在贷方,表示企业现有的固定资产已计提的折旧数。

(5)"库存商品"账户。"库存商品"属于资产类账户,用来核算企业已生产完工并验收入库产品的增减变动及结存情况。该账户借方登记企业已生产完工并验收入库产品的实际成本;贷方登记因销售等原因发出的库存商品的实际成本;期末余额在借方,表示库存商品的实际成本。"库存商品"账户应按库存商品的种类、规格和品种设置明细分类账户,进行明细分类核算。

(6)"管理费用"账户。"管理费用"属于损益类账户,用来核算企业为组织和管理生产经营所发生的管理费用,包括企业在筹建期间内发生的开办费、董事会和行政管理部门在企业的经营管理中发生的或者应由企业统一负担的公司经费(包括行政管理部门职工工资及福利费、物料消耗、低值易耗品摊销、办公费和差旅费等)、工会经费、董事会费(包括董事会成员津贴、会议费和差旅费)、聘请中介机构费、咨询费(含顾问费)、诉讼费、业务招待费、房产税、车船使用税、土地使用税、印花税、技术转让费、矿产资源补偿费、研究费用、排污费等。该账户的借方登记企业管理费用的实际发生数,贷方登记期末转入"本年利润"的管理费用。期末转账后该账户应无余额。该账户应按照管理费用的组成设置明细账户,进行明细分类核算。

4.3.2 产品生产过程主要经济业务核算

1. 领用材料的核算

企业从仓库发出的材料,应根据不同的用途分别计入相应的成本、费用账户。直接为生产产品领用的材料,直接计入"生产成本"账户;生产车间为了组织和管理生产而耗用的材料,计入"制造费用"账户;企业管理部门领用的材料,计入"管理费用"账户。

【例4-9】 华泰公司201×年1月份材料耗用情况如表4-1所示。

表4-1 华泰公司201×年1月发出材料汇总表

单位:元

用 途	A材料			B材料			合 计
	数量/千克	单价/(千克/元)	金额	数量/千克	单价/(千克/元)	金额	
产品生产耗用							
甲产品耗用	6 000	10	60 000	4 000	20	80 000	140 000
乙产品耗用	2 000	10	20 000	3 000	20	60 000	80 000
生产车间管理部门耗用	400	10	4 000				4 000
厂部行政管理部门耗用				100	20	2 000	2 000
合 计	8 400		84 000	7 100		142 000	226 000

这项经济业务的发生,引起了企业资产和费用两个要素发生变化:一方面,材料的领用和消耗引起了材料的减少;另一方面,生产产品耗用材料和生产车间及厂部管理部门耗用材料,使企业的生产成本、制造费用、管理费用增加。材料的减少,应该登记在"原材料"账户的贷方;生产成本、制造费用、管理费用的增加,应该登记在"生产成本""制造费用"和"管理费用"账户的借方。企业应编制如下会计分录。

借:生产成本——甲产品   140 000
　　　　　　——乙产品   80 000

制造费用		4 000
管理费用		2 000
贷：原材料——A 材料		84 000
——B 材料		142 000

2. 支付职工薪酬

企业支付给职工的薪酬，应根据职工的具体工作岗位不同计入不同的成本、费用账户。生产工人的薪酬计入"生产成本"账户；车间管理人员的薪酬计入"制造费用"；企业行政管理部门人员的薪酬计入"管理费用"。

【例 4-10】 华泰公司月末分配本月职工工资及三费(福利费、工会经费、职工教育经费)，本月工资及三费分配如表 4-2 所示。

表 4-2　工资及三费分配表

单位：元

用　　途		工资费用	福利费 (工资的 14%)	工会经费 (工资的 2%)	职工教育经费 (工资的 2.5%)	合　计
基本生产车间 生产工人	甲产品	50 000	7 000	1 000	1 250	59 250
	乙产品	30 000	4 200	600	750	35 550
车间管理人员		8 000	1 120	160	200	9 480
行政管理人员		20 000	2 800	400	500	23 700
合　　计		108 000	15 120	2 160	2 700	127 980

这项经济业务的发生引起了企业负债和费用两个要素发生变化：一方面，企业职工工资的分配引起了应付职工薪酬的增加，应在"应付职工薪酬"账户的贷方登记；另一方面，生产工人薪酬费用属于直接费用，应记录在企业"生产成本"账户的借方，车间辅助人员薪酬属于间接费用，应记录在"制造费用"账户的借方；厂部行政管理人员薪酬属于期间费用，应记录在"管理费用"账户的借方。企业应编制如下会计分录。

借：生产成本——甲产品	59 250
——乙产品	35 550
制造费用	9 480
管理费用	23 700
贷：应付职工薪酬——工资、奖金、津贴和补贴	108 000
——职工福利费	15 120
——工会经费和职工教育经费(工会经费)	2 160
——工会经费和职工教育经费(职工教育经费)	2 700

【例 4-11】 华泰公司开出现金支票从银行提取现金 108 000 元，以备发放工资。

这项经济业务的发生，引起了企业资产的增减变化：一方面，企业要将从银行提取现金备发工资引起的资产类的库存现金增加；另一方面，引起资产类的银行存款减少。企业应编制如下会计分录。

借：库存现金	108 000
贷：银行存款	108 000

【例 4-12】 华泰公司以现金 108 000 元发放本月工资。

这项经济业务的发生,引起了企业资产和负债的变化:一方面,表示企业库存现金减少 108 000 元,记入"库存现金"账户的贷方;另一方面,表示应付职工薪酬的减少,记入"应付职工薪酬"的借方。企业应编制如下会计分录。

借:应付职工薪酬　　　　　　　　　　　　　　　　　　　　108 000
　　贷:库存现金　　　　　　　　　　　　　　　　　　　　　　108 000

3. 计提固定资产折旧的核算

【例 4-13】 华泰公司计提固定资产的折旧,其中生产车间使用的厂房、机器设备等固定资产折旧额为 8 000 元,公司行政管理部门使用的房屋等固定资产折旧为 3 000 元。

这项经济业务的发生引起了企业负债和费用两个要素发生变化:一方面,企业固定资产折旧的发生,使累计折旧增加了 11 000 元,应记入"累计折旧"账户的贷方;另一方面,企业生产车间计提的固定资产折旧 68 000 元属于生产费用,应记入"制造费用"账户的借方,公司行政管理部门固定资产计提的折旧 3 000 元,应记入"管理费用"账户的借方。企业应编制如下会计分录。

借:制造费用　　　　　　　　　　　　　　　　　　　　　　　8 000
　　管理费用　　　　　　　　　　　　　　　　　　　　　　　3 000
　　贷:累计折旧　　　　　　　　　　　　　　　　　　　　　　11 000

4. 支付其他费用的核算

【例 4-14】 华泰公司以银行存款 1 500 元支付了生产车间电费。

这项经济业务的发生引起了企业资产和费用两个要素发生增减变化:一方面,生产车间发生的费用,应记入"制造费用"账户的借方;另一方面,银行存款的减少,应记入"银行存款"账户的贷方。企业应编制如下会计分录。

借:制造费用　　　　　　　　　　　　　　　　　　　　　　　1 500
　　贷:银行存款　　　　　　　　　　　　　　　　　　　　　　1 500

5. 制造费用的归集分配

按照现行会计制度的规定,制造费用是构成产品生产成本的一项重要内容。企业对制造费用的分配应根据不同的情况,选择适当的分配标准,如生产工人的工时、机器工时、生产工人的工资等都可以作为制造费用的分配标准。

【例 4-15】 分配华泰公司本月发生的制造费用。汇总甲、乙两种产品发生的制造费用,并按生产工人工时的比例在甲、乙两种产品间分配(假设甲产品生产工人工时为 6 000 小时,乙产品生产工人工时为 4 000 小时)。

企业可以根据日常"制造费用"账户发生的情况编制"制造费用分配表"。

本月发生的制造费用总额为 22 980 元,这些制造费用的发生是企业为生产甲、乙两种产品所共同发生的,属于间接费用,可以按一定的分配方法,分配计入应该承担该项费用的产品成本当中。

制造费用应按以下步骤和方法计算分摊。

第一步:归集本月制造费用,如表 4-3 所示。

表 4-3 制造费用明细账

单位：元

201×年		凭证号数	摘要	借方(费用项目)					贷方	余额
月	日			材料费用	工资费用	折旧费用	水电费用	合计		
1		××	领用材料	4 000				4 000		4 000
		××	职工薪酬		9 480			9 480		13 480
		××	计提折旧			8 000		8 000		21 480
		××	支付水电费				1 500	1 500		22 980
		××	分配转出						22 980	0
			本月发生额及余额	4 000	9 480	8 000	1 500	22 980	22 980	0

第二步：分配本月制造费用，如表 4-4 所示。

表 4-4 制造费用分配表

产品名称	分配标准(生产工时)	制造费用	
		分配率	分配金额/元
甲产品	6 000		13 788
乙产品	4 000		9 192
合　计	10 000	2.298	22 980

分配率=费用总额/生产工时总额
=22 980/(6 000+4 000)=2.298(元/工时)

某种产品应负担的制造费用=生产该产品耗用的生产工时数×分配率

甲产品应负担的制造费用=6 000×2.298=13 788(元)

乙产品应负担的制造费用=22 980−13 788=9 192(元)

月末将企业本月发生的制造费用 22 980 元，分配计入甲、乙两种产品的生产成本中。其中，甲产品负担 13 788 元，乙产品负担 9 192 元。对于这一经济事项，企业应编制如下会计分录。

借：生产成本——甲产品　　　　　　　　　　　　　　13 788
　　　　　——乙产品　　　　　　　　　　　　　　　 9 192
　　贷：制造费用　　　　　　　　　　　　　　　　　22 980

6. 产品生产成本的计算

产品生产成本的计算，就是将企业在生产经营过程中各个阶段所发生的生产费用，按照一定的成本计算对象进行归集和分配，以确定各成本计算对象的实际总成本和单位成本的一种专门的会计核算方法。本月发生的生产成本并不一定就是本期完工产品的生产成本。在本月投产的情况下(即月初无在产品)，如果月末某种产品全部完工，则本月发生的生产成本就是本月完工产品的生产成本；如果月末一部分产品完工一部分未完工，即月末存在在产品，则需要采用一定的分配方法将本月发生的生产成本在完工产品和在产品之间进行分配。

【例 4-16】 假设华泰公司本月生产的甲产品全部完工，乙产品全部未完工，其成本计算如表 4-5 和表 4-6 所示。

表 4-5　生产成本明细账

产品名称：甲产品　　　　　　　　　　　　　　　　　　　　　　　　　　　单位：元

201×年		凭证号数	摘　要	借　方(成本项目)				贷方	余额
月	日			直接材料	直接人工	制造费用	合计		
1	略	略	领用材料	140 000			140 000		140 000
			职工薪酬		59 250		59 250		199 250
			分配的制造费用			13 788	13 788		213 038
			结转完工产品成本					213 038	0
			本月发生额及余额	140 000	59 250	13 788	213 038	213 038	0

表 4-6　生产成本明细账

产品名称：乙产品　　　　　　　　　　　　　　　　　　　　　　　　　　　单位：元

201×年		凭证号数	摘　要	借　方(成本项目)				贷方	余额
月	日			直接材料	直接人工	制造费用	合计		
1	略	略	领用材料	80 000			80 000		80 000
			职工薪酬		35 550		35 550		115 550
			分配的制造费用			9 192	9 192		124 742
			本月发生额及余额	80 000	35 550	9 192	124 742		124 742

在企业的日常会计核算中，已将产品生产过程中发生的各项直接材料、直接人工、制造费用分配记入甲、乙两种产品生产成本明细分类账户，通过生产费用的归集和分配，甲产品本月的生产成本为 213 038 元，乙产品本月的生产成本为 124 742 元。月末，企业将全部完工的甲产品生产成本结转到"库存商品"账户。乙产品全部未完工下月继续生产。企业编制如下会计分录。

　　借：库存商品——甲产品　　　　　　　　　　　　　　　213 038
　　　　贷：生产成本——甲产品　　　　　　　　　　　　　　213 038

4.4　产品销售过程的核算

销售过程是企业产品价值和生产目的得以实现的重要过程。在销售过程中，企业通过产品的销售，实现了产品资金向货币资金的转化，形成了企业的营业收入，使企业的生产成本得到了价值补偿，也为企业生产循环周转的持续进行提供了必要的保证。

企业在商品销售过程中，发生的会计核算业务主要有：取得营业收入的核算；支付发生的销售费用的核算，如包装费、装运费、广告费、展览费等；确定并结转已经销售商品的生产成本的核算；依法计算并交纳销售税金及附加的核算等。

4.4.1 产品销售过程核算的账户设置

为了正确核算企业产品销售过程中发生的各项经济业务，企业需要设置"主营业务收入""主营业务成本""销售费用""营业税金及附加""应收账款""应收票据""预收账款"等账户。根据借贷记账法的基本原理，全面反映企业销售过程中所发生的经济事项。

(1) "主营业务收入"账户。"主营业务收入"属于损益类账户，用来核算企业确认的销售商品、提供劳务等主营业务所取得的收入。该账户贷方登记企业销售商品或提供劳务实际收到或应收到的收入；借方登记企业发生的销售退回和期末结转到"本年利润"账户的收入。该账户期末结转后应无余额。该账户应按销售产品的类别和品种设置明细分类账户，进行明细分类核算。

(2) "主营业务成本"账户。"主营业务成本"属于损益类账户，用来核算企业确认销售商品、提供劳务等主营业务活动收入时应结转的成本。该账户借方登记企业发生的已销商品或提供劳务的实际成本；贷方登记企业发生应冲减的销售成本和期末结转到"本年利润"账户的成本。该账户期末结转后应无余额。该账户应按销售产品的类别和品种设置明细分类账户，进行明细分类核算。

(3) "销售费用"账户。"销售费用"属于损益类账户，用来核算企业商品销售过程中发生运输费、包装费、装卸费、广告费、展览费、商品维修费等以及专设销售机构的职工薪酬、业务费、折旧费等经营费用。该账户借方登记商品销售过程中发生的各种费用；贷方登记期末结转到"本年利润"账户的费用。该账户期末结转后应无余额。该账户应按费用项目设置明细分类账户，进行明细分类核算。

(4) "营业税金及附加"账户。"营业税金及附加"属于损益类账户，用来核算企业经营活动过程中发生的消费税、营业税、城市维护建设税、教育费附加以及资源税等。该账户借方登记按规定计算应由企业负担的营业税金及附加；贷方登记期末结转到"本年利润"账户的营业税金及附加。该账户期末结转后应无余额。该账户应按税金类别设置明细分类账户，进行明细分类核算。

(5) "应收账款"账户。"应收账款"属于资产类账户，用来核算企业因销售商品、提供劳务等经营活动应收取的款项。该账户的借方登记企业销售商品、提供劳务应该收取的收入、代垫的运杂费、包装费等；贷方登记收回的应收账款。期末余额若在借方，表示尚未收回的应收账款；期末余额若在贷方，则表示企业预收的账款。该账户应按债务人设置明细账户，进行明细分类核算。

(6) "应收票据"账户。"应收票据"属于资产类账户，用来核算企业因销售商品、提供劳务等而收到的商业汇票，包括银行承兑汇票和商业承兑汇票。该账户的借方登记企业因销售商品、提供劳务收到的商业汇票的票面金额；贷方登记到期兑现的汇票金额。期末余额在借方，表示尚未到期的商业汇票。该账户应按开出、承兑商业汇票的单位设置明细账户，进行明细分类核算。

(7) "预收账款"账户。"预收账款"属于负债类账户，用来核算企业按合同规定预收的款项。该账户的贷方登记企业向购货单位实际收取的款项；借方登记企业发出产品的实际数额和退还的余额。期末余额若在贷方，表示企业向购货单位预收款项；期末余额若在借方，表示企业应向购货单位收取的款项。该账户应按付款单位设置明细分类账户，进行明细分类核算。

4.4.2 产品销售过程主要经济业务核算

【例 4-17】 12 月 5 日,企业销售了甲产品 100 件,单价 1 000 元,共计 100 000 元。产品已经发出,货款及增值税税款(增值税税率为 17%)已通过银行收到。

该项经济业务的发生,一方面,企业的主营业务收入增加了 100 000 元,应记录在"主营业务收入"账户的贷方,同时,应随同价款一并收取的、由购货方承担的增值税销项税额增加了 17 000 元,应记录在"应交税费——应交增值税"账户的贷方;另一方面,企业因销售产品取得销售收入,作为企业资产的银行存款增加了 117 000 元,应记录在"银行存款"账户的借方。企业应编制如下会计分录。

　　借:银行存款　　　　　　　　　　　　　　　　　　　　117 000
　　　　贷:主营业务收入　　　　　　　　　　　　　　　　　　100 000
　　　　　　应交税费——应交增值税(销项税额)　　　　　　　　17 000

【例 4-18】 甲产品属于应税消费品,按税法规定应缴纳消费税,消费税税率为 10%。

提示:消费税是以特定消费品(如烟、酒、化妆品等)为对象所征收的一种税,与增值税不同,它属于价内税。在会计上应通过"营业税金及附加"科目核算。

该项经济业务的发生,引起了企业费用和负债的同时增加:一方面,企业计算应纳消费税,记入"营业税金及附加"账户的借方;另一方面,企业应交而未交的税金增加了,应记入"应交税费——应交消费税"账户的贷方。企业应编制如下会计分录。

　　借:营业税金及附加　　　　　　　　　　　　　　　　　　10 000
　　　　贷:应交税费——应交消费税　　　　　　　　　　　　　10 000

【例 4-19】 12 月 15 日,企业销售给天华集团乙产品 1 500 件,单价 100 元,价款 150 000 元以及增值税税额(增值税税率为 17%)尚未收到。

该项经济业务的发生,一方面使企业的主营业务收入增加了 150 000 元,应在"主营业务收入"账户的贷方登记,同时,应随同价款一并收取的、由购货方承担的增值税销项税额增加了 25 000 元(150 000×17%),应在"应交税费——应交增值税"账户的贷方登记;另一方面,企业因销售尚未收到的应收账款也增加了 175 000 元,应在"应收账款"账户的借方登记。企业应编制如下会计分录。

　　借:应收账款——天华集团　　　　　　　　　　　　　　175 000
　　　　贷:主营业务收入　　　　　　　　　　　　　　　　　　150 000
　　　　　　应交税费——应交增值税(销项税额)　　　　　　　　25 000

【例 4-20】 12 月 16 日,企业以银行存款支付本月销售甲产品的广告费 50 000 元。

该项经济业务的发生,引起企业资产和费用同时发生变化:一方面,企业的费用增加了 50 000 元,应在"销售费用"账户的借方登记;另一方面,企业的资产减少了 50 000 元,应在"银行存款"账户的贷方登记。企业应编制如下会计分录。

　　借:销售费用　　　　　　　　　　　　　　　　　　　　　50 000
　　　　贷:银行存款　　　　　　　　　　　　　　　　　　　　50 000

【例 4-21】 12 月 22 日,企业销售给环宇公司甲产品一批,价款 500 000 元,增值税额 85 000 元,收到对方开出并承兑的商业汇票,汇票期限为 3 个月。

该项经济业务的发生,一方面使企业的主营业务收入增加了 500 000 元,应在"主营业务收入"账户的贷方登记，同时，应随同价款一并收取的、由购货方承担的增值税销项税额增加了 85 000 元(500 000×17%)，应在"应交税费——应交增值税"账户的贷方登记；另一方面，企业因销售尚未收到的应收账款也增加了 585 000 元，应在"应收票据"账户的借方登记。企业应编制如下会计分录。

　　借：应收票据——环宇公司　　　　　　　　　　　　　585 000
　　　　贷：主营业务收入　　　　　　　　　　　　　　　　　500 000
　　　　　　应交税费——应交增值税(销项税额)　　　　　　　85 000

【例 4-22】 收到天华公司预付的购货款 200 000 元。

　　该项经济业务的发生，引起了资产和负债的变化：一方面企业因为收到一笔货款，银行存款增加，应在"银行存款"的借方登记；另一方面，因为尚未向天华公司出售商品，实际形成了对天华公司的负债，应在"预收账款"账户的贷方登记。企业应编制如下会计分录。

　　借：银行存款　　　　　　　　　　　　　　　　　　　200 000
　　　　贷：预收账款——天华公司　　　　　　　　　　　　　200 000

【例 4-23】 企业按照合同向天华公司发出甲产品，价款 220 000 元，增值税额 37 400 元。

　　该业务的发生引起了资产、负债、收入的变化，一方面，企业由于向天华公司发出商品，实现了销售收入 220 000 元，应在"主营业务收入"账户的贷方登记，随同销售收入产生的应交增值税在"应交税费——应交增值税(销项税额)"账户的贷方登记；由于发出的商品价值连同增值税的合计超过了天华公司原先预付的款项，实际形成了天华公司对企业的负债，但企业已经设置了"预收账款"账户，所以，新产生的应收款项仍在"预收账款"账户核算，登记在"预收账款"账户的借方。企业应编制如下的会计分录。

　　借：预收账款——天华公司　　　　　　　　　　　　　257 400
　　　　贷：主营业务收入　　　　　　　　　　　　　　　　　220 000
　　　　　　应交税费——应交增值税(销项税额)　　　　　　　37 400

【例 4-24】 收到天华公司补付的货款 57 400 元。

　　该项经济业务的发生，引起资产的变化：一方面由于天华公司补付货款，企业的银行存款增加，在"银行存款"账户的借方登记；另一方面，由于我们向天华公司的发货款超过其预付款形成的应收未收已经收回，在"预收账款"账户的贷方登记。企业应编制如下会计分录。

　　借：银行存款　　　　　　　　　　　　　　　　　　　　57 400
　　　　贷：预收账款——天华公司　　　　　　　　　　　　　　57 400

【例 4-25】 月末结转已销售甲、乙两种产品的实际销售成本。甲产品的销售成本为 300 000 元，乙产品的销售成本为 270 000 元。

　　该项经济业务的发生，引起企业成本和资产同时变化：一方面，企业产品销售出去意味着产品销售成本的增加，应记入"主营业务成本"账户的借方；另一方面，企业的库存商品因为销售而减少了，应记入"库存商品"账户的贷方。企业应编制如下会计分录。

　　借：主营业务成本　　　　　　　　　　　　　　　　　570 000
　　　　贷：库存商品——甲产品　　　　　　　　　　　　　　300 000
　　　　　　　　　　——乙产品　　　　　　　　　　　　　　270 000

4.5 利润形成和分配的核算

4.5.1 利润形成的核算

1. 利润的形成

利润是在企业生产经营活动过程中逐步形成的,是企业一定时期生产经营活动成果的最终体现,是所有收入与成本、费用配比后的净盈利或净亏损。利润相关计算公式如下。

1) 营业利润

营业利润=营业收入-营业成本-营业税金及附加-销售费用-管理费用-财务费用-资产减值损失+公允价值变动收益(-公允价值变动损失)+投资收益(-投资损失)

其中:营业收入是指企业经营业务所确认的收入总额,包括主营业务收入和其他业务收入。

营业成本是指企业经营业务所发生的实际成本总额,包括主营业务成本和其他业务成本。

资产减值损失是指企业计提各项资产减值准备所形成的损失。

公允价值变动收益(或损失)是指企业交易性金融资产等公允价值变动形成的应计入当期的利得(或损失)。

投资收益(或损失)是指企业以各种方式对外投资所取得的收益(或发生的损失)。

2) 利润总额

利润总额=营业利润+营业外收入-营业外支出

其中:营业外收入是指企业发生的与其日常经营活动无直接关系的各项收入。

营业外支出是指企业发生的与其日常经营活动无直接关系的各项损失。

3) 净利润

净利润=利润总额-所得税费用

其中:所得税费用是指企业确认的应从当期利润总额中扣除的所得税费用。

2. 利润核算应设置的账户

1) "本年利润"账户

"本年利润"属于所有者权益类账户,用来核算企业当期实现的净利润(或发生的净亏损)。贷方登记从有关收入类账户转入的数额;借方登记从费用类账户转入的数额;该账户的余额如果在贷方,表示本期累计实现的净利润;如果在借方,则表示本期累计发生的亏损总额。年末,"本年利润"账户余额应全部转入"利润分配"账户,结转后"本年利润"账户没有余额。

2) "投资收益"账户

"投资收益"属于损益类账户,用来核算企业对外投资取得的投资收益或发生的投资损失。其贷方登记企业对外投资取得的收入;借方登记企业对外投资发生的损失。期末如果是贷方余额,表示企业对外投资取得的收益;如果是借方余额,则表示企业对外投资发生的损失。期末,企业应将该账户贷方(或借方)余额结转到"本年利润"账户,结转后该账户没有余额。

3)"营业外收入"账户

"营业外收入"属于损益类账户,用来核算企业发生的各项营业外收入,主要包括非流动资产处置利得、盘盈利得、罚没利得、捐赠利得、确实无法支付而按规定程序经批准后转作营业外收入的应付款项等。其贷方登记企业发生的各项营业外收入;借方登记期末转入"本年利润"账户的金额。期末结转后本账户没有余额。

4)"营业外支出"账户

"营业外支出"属于损益类账户,用来核算企业发生的各项营业外支出,包括非流动资产处置损失、罚款支出、捐赠支出、非常损失等。该账户借方登记企业发生的各项营业外支出;贷方登记期末转入"本年利润"账户的金额。期末结转后本账户没有余额。

5)"所得税费用"账户

"所得税费用"属于损益类账户,用来核算企业确认的应从当期利润总额中扣除的所得税费用。其借方登记企业当期按会计准则规定应负担的所得税费用;贷方登记期末转入"本年利润"账户的所得税费用。期末结转后本账户没有余额。

3. 利润形成的核算举例

【例 4-26】 公司收到国债利息收入 20 000 元。

该经济业务的发生,引起企业资产和收入的变化:一方面企业收到一笔利息,银行存款增加,在"银行存款"账户的借方登记;另一方面,利息收入属于债权投资的投资收益,在"投资收益"账户的贷方登记。企业应编制如下会计分录。

借:银行存款 20 000
　　贷:投资收益 20 000

【例 4-27】 通过教育部门向希望工程捐款 80 000 元,款项已经通过银行付讫。

该项经济业务的发生,引起企业资产和支出发生增减变化:一方面,企业的支出增加了 80 000 元,应记录在"营业外支出"账户的借方;另一方面,企业的资产减少了 80 000 元,应记录在"银行存款"账户的贷方。企业应编制如下会计分录。

借:营业外支出 80 000
　　贷:银行存款 80 000

【例 4-28】 收到某企业因违约罚款 1 000 元,款项已通过银行收讫。

该项经济业务的发生,引起企业资产和收入发生同时增加:一方面,企业的资产增加了 1 000 元,应记入"银行存款"账户的借方;另一方面,企业的收入增加了 1 000 元,应记入"营业外收入"账户的贷方。企业应编制如下会计分录。

借:银行存款 1 000
　　贷:营业外收入 1 000

【例 4-29】公司 12 月份有关收入类和费用类账户的资料如表 4-7 所示。

表 4-7　公司 12 月份有关损益类账户余额情况表

单位：元

账户名称	借方余额	贷方余额
主营业务收入		3 000 000
营业外收入		120 000
投资收益		50 000
主营业务成本	1 000 000	
营业税金及附加	80 000	
销售费用	15 000	
管理费用	200 000	
财务费用	40 000	
营业外支出	100 000	

(1) 将本期所发生的各项收入转入"本年利润"账户。这项经济业务的发生，引起企业收入和所有者权益两个要素发生变化：一方面，收入的转出，应记录在收入类账户的借方，使原来的收入类账户借贷平衡，期末没有余额；另一方面，收入转入"本年利润"账户，应记录在"本年利润"账户的贷方。企业应编制如下会计分录。

借：主营业务收入　　　　　　　　　　　　3 000 000
　　营业外收入　　　　　　　　　　　　　　120 000
　　投资收益　　　　　　　　　　　　　　　 50 000
　　贷：本年利润　　　　　　　　　　　　　3 170 000

(2) 将本期所发生的各项支出结转到"本年利润"账户。这项经济业务的发生，引起企业费用和所有者权益两个要素发生变化：一方面，费用转出，应记录在费用类账户的贷方，使原来的费用类账户借贷平衡，期末没有余额；另一方面，费用转入"本年利润"账户，应记录在"本年利润"账户的借方。企业应编制如下会计分录。

借：本年利润　　　　　　　　　　　　　　1 435 000
　　贷：主营业务成本　　　　　　　　　　　1 000 000
　　　　营业税金及附加　　　　　　　　　　　80 000
　　　　销售费用　　　　　　　　　　　　　　15 000
　　　　管理费用　　　　　　　　　　　　　 200 000
　　　　财务费用　　　　　　　　　　　　　　40 000
　　　　营业外支出　　　　　　　　　　　　 100 000

(3) 计算利润总额。

利润总额=3 170 000－1 435 000＝1 735 000(元)

(4) 计算所得税。按 25%的税率计算企业所得税。

企业应纳所得税额=1 735 000×25%=433 750(元)

在计算企业所得税时，企业所得税费用增加了，应在"所得税费用"账户的借方反映，同时，企业应交税费增加了，应在"应交税费——应交所得税"账户的贷方反映。企业应编制如下会计分录。

借：所得税费用 433 750
　　贷：应交税费——应交所得税 433 750

(5) 将所得税费用结转到"本年利润"账户。企业将发生的所得税费用结转到"本年利润"账户时，使本年利润发生减少，记入"本年利润"账户的借方，同时所得税费用因为结转而减少，应在"所得税费用"账户的贷方反映。企业应编制如下会计分录。

借：本年利润 433 750
　　贷：所得税费用 433 750

(6) 计算净利润。

净利润=1 735 000-433 750=1 301 250(元)

【例4-30】 以银行存款支付所得税433 750元。

这项经济业务的发生，使企业资产和负债同时减少。企业缴纳所得税时，银行存款减少了，在"银行存款"账户的贷方反映，同时使企业的应交税费减少了，应在"应交税费——应交所得税"账户的借方反映。企业应编制如下会计分录。

借：应交税费——应交所得税 433 750
　　贷：银行存款 433 750

4.5.2 利润分配的核算

1. 利润分配核算的内容

企业实现的利润，应先按照国家规定的所得税率计算交纳所得税，纳税后所得，才能按照规定的利润分配顺序进行分配。企业的利润分配顺序如下。

(1) 计算企业可供分配的利润。

可供分配的利润=当期实现的净利润+期初未分配利润(或减去期初未弥补亏损)

(2) 利润分配的顺序：①提取盈余公积；②向投资者分配利润。

2. 利润分配核算的账户设置

(1) "利润分配"账户。"利润分配"属于所有者权益类账户，用来核算企业利润的分配(或亏损的弥补)和历年分配(或弥补)的情况。其借方登记企业已分配的利润，包括提取的盈余公积、应付现金股利或利润等内容；贷方登记年终从"本年利润"账户转入的本年实现的净利润。余额若在贷方，表示累积未分配的利润；余额若在借方，则表示累积未弥补的亏损。

(2) "盈余公积"账户。"盈余公积"属于所有者权益类账户，用来核算企业从净利润中提取的盈余公积。该账户贷方登记从本年实现的净利润中提取的盈余公积；借方记录盈余公积的使用情况，如弥补亏损、转增资本等。期末余额在贷方，表示盈余公积的结余数。

(3) "应付股利"账户。"应付股利"属于负债类账户，用来核算企业应该付给投资者的现金股利(股份制企业)或利润(非股份制企业)。该账户贷方登记企业计算的应该支付给投资者的股利(或利润)；借方登记企业实际已经支付的股利(或利润)。余额在贷方，表示尚未支付的利润。

3. 利润分配的核算举例

【例4-31】 企业将净利润1 301 250元结转"利润分配"账户。

企业年终将实现的利润从"本年利润"账户转入"利润分配"账户，利润的转出应在"本年利润"账户的借方反映，转入的净利润在"利润分配"账户的贷方反映。企业应编制如下会计分录。

借：本年利润 1 301 250
　　贷：利润分配——未分配利润 1 301 250

【例 4-32】 企业按净利润的 10%计算和提取法定盈余公积。

企业提取的法定盈余公积=1 301 250×10%=130 125(元)

企业从净利润中提取的法定盈余公积是企业利润分配的一项重要内容。提取法定盈余公积，增加了企业的盈余公积，应在"盈余公积"账户的贷方登记；同时，可供分配的利润因为法定盈余公积的提取而减少，应在"利润分配"账户的借方登记。企业应编制如下会计分录。

借：利润分配——提取法定盈余公积 130 125
　　贷：盈余公积——法定盈余公积 130 125

【例 4-33】 企业将净利润的 30%分配给投资者，但尚未支付。

应分配给投资者的利润=1 301 250×30%=390 375(元)

该项业务使负债和所有者权益发生增减变动：一方面，在计算应向投资者分配利润时，企业的负债增加了，应在"应付股利"账户的贷方登记；另一方面，企业因分配利润而使可供分配的利润减少了，应在"利润分配"账户的借方登记。企业应编制如下会计分录。

借：利润分配——应付现金利润 390 375
　　贷：应付股利 390 375

【例 4-34】 以银行存款支付投资者利润 390 375 元。

该项业务使资产和负债同时发生减少：一方面，企业以银行存款实际支付给投资者利润时，企业的资产减少了，应在"银行存款"账户的贷方登记；另一方面，企业因支付了投资者利润而使企业的负债也减少了，应在"应付股利"账户的借方登记。企业应编制如下会计分录。

借：应付股利 390 375
　　贷：银行存款 390 375

【例 4-35】 年终将有关利润分配明细账户转入"利润分配——未分配利润"明细账户。企业应编制如下会计分录。

借：利润分配——未分配利润 520 500
　　贷：利润分配——应付现金利润 390 375
　　　　利润分配——提取法定盈余公积 130 125

计算企业当年未分配利润(假定年初未分配利润为 120 000 元)。

未分配利润=年初未分配利润+本年实现净利润-本年分配的利润
=120 000+1 301 250-130 125-390 375=900 750(元)

未分配利润是企业实现的净利润经过提取盈余公积和向投资者分配利润后留在企业的、历年累积结存的利润，通常留待以后年度再进行分配。

知 识 巩 固

一、单项选择题

1. 采购员出差向企业预借的差旅费，应计入(　　)账户。
　　A．其他应收款　　B．管理费用　　C．材料采购　　D．制造费用

2．应付账款应按照( )设置明细账。
   A．债务人　　　　B．产品品种　　　　C．债权人　　　　D．材料名称
3．"生产成本"账户的贷方登记的是( )。
   A．完工入库产品的成本　　　　　　　B．为生产产品发生的费用
   C．销售的产品成本　　　　　　　　　D．期末转入"本年利润"的成本
4．下列项目中，不属于"营业外支出"列支的是( )。
   A．非常损失　　　　　　　　　　　　B．对外捐赠
   C．支付的赔偿金　　　　　　　　　　D．无法偿还的应付账款
5．下列费用中，不属于期间费用的是( )。
   A．管理费用　　　B．制造费用　　　C．销售费用　　　D．财务费用
6．下列各项中，不影响本期利润总额的项目是( )。
   A．主营业务成本　　　　　　　　　　B．主营业务收入
   C．所得税费用　　　　　　　　　　　D．营业外收入
7．"财务费用"账户核算的内容有( )。
   A．车间支付的水电费用　　　　　　　B．管理部门发生的办公费用
   C．企业借款支付的手续费　　　　　　D．销售机构人员的工资费用
8．( )应作为企业的期间费用，不应作为产品成本。
   A．直接用于产品生产的材料　　　　　B．直接从事产品生产的工人工资及福利费
   C．车间管理人员的工资及福利费　　　D．行政管理人员的工资及福利费
9．"本年利润"账户各月末余额反映的是( )。
   A．本月实现的利润总额　　　　　　　B．本月实现的净利润
   C．从年初至本月累计实现的利润总额　D．从年初至本月累计实现的净利润
10．企业对投资者以非现金资产投入的资本，应按照( )入账。
   A．实际收到的投资原值　　　　　　　B．投资双方确认的价值
   C．资产的市场价值　　　　　　　　　D．资产的账面价值

二、多项选择题

1．企业采购几种材料共同发生的运输费用，可以选择( )作为分配标准。
   A．材料的重量　　B．生产工时　　　C．材料的买价　　D．生产工人工资
2．计提固定资产折旧可能涉及的借方账户有( )。
   A．制造费用　　　B．管理费用　　　C．财务费用　　　D．销售费用
3．下列账户中，期末一般无余额的是( )。
   A．财务费用　　　B．制造费用　　　C．管理费用　　　D．主营业务收入
4．材料采购成本应包括的内容有( )。
   A．材料的买价　　　　　　　　　　　B．材料的增值税
   C．材料的运输费　　　　　　　　　　D．入库前材料的合理损耗
5．企业在销售产品过程中，可能使用的账户有( )。
   A．主营业务收入　B．本年利润　　　C．应收账款　　　D．应收票据
6．"营业税金及附加"账户核算的内容有( )。
   A．消费税　　　　B．营业税　　　　C．资源税　　　　D．教育费附加

7. 材料的采购费用包括采购材料发生的( )。
   A. 运输费　　　B. 装卸费　　　C. 保险费　　　D. 采购员差旅费
8. 产品的成本项目可分为( )等。
   A. 直接材料　　B. 直接人工　　C. 管理费用　　D. 制造费用
9. 营业利润是指营业收入减营业成本、营业税金及附加，再减去( )等后的差额。
   A. 销售费用　　B. 营业外支出　C. 管理费用　　D. 财务费用
10. 投资者可采用( )对企业进行投资。
    A. 货币资金　　B. 固定资产　　C. 原材料　　　D. 无形资产

技 能 操 练

实训题一

1. 目的：练习资金筹集业务的核算。
2. 资料：华东公司201×年10月发生下列经济业务。
   (1) 企业收到外商投资款800 000元，存入银行。
   (2) 因临时需要，向银行申请三个月借款500 000元，存入银行存款户。
   (3) 上述借款年利率6%，计算提取本月的借款利息。
   (4) 企业收到某公司投入机器设备一台，双方协商按账面原始价值125 000元入账。
   (5) 以银行存款偿还到期短期借款200 000元，利息3 000元(已预提2 000元)。
3. 要求：根据以上业务作出会计分录。

实训题二

1. 目的：练习生产准备过程的核算。
2. 资料：华东公司201×年10月发生下列经济业务。
   (1) 购入不需要安装的机器一台，买价30 000元，增值税5 100元，包装费500元，运杂费400元，全部款项已用银行存款支付。
   (2) 企业购入甲材料一批，价款100 000元，增值税进项税额17 000元，运杂费500元，材料已验收入库，款项用银行存款支付。
   (3) 企业以银行存款支付前欠供应单位的购料款70 400元。
   (4) 企业购入甲、乙两种材料，其中甲材料800千克，单价12元，乙材料700千克，单价10元，增值税率17%，两种材料共发生运杂费900元(按两种材料的重量分配运杂费)，价款和运杂费已经通过银行支付，材料尚未验收。
   (5) 以银行存款购入管理部门用办公用品1 500元。
   (6) 企业购入需要安装的机器设备一套，买价500 000元，增值税85 000元，购买过程中发生运输费用3 000元，均以银行存款支付；安装过程耗用企业原材料1 000元，应付人工费用2 000元；安装完毕交付使用。
   (7) 采购员张杰预借差旅费2 000元，以现金支付。
   (8) 以银行存款预付天华集团购料款90 000元。
   (9) 从银行提取现金43 000元以备发工资。

(10) 采购员张杰出差归来，报销差旅费 1 800 元，余款缴回现金。

3．要求：根据以上经济业务编制会计分录。

实训题三

1．目的：练习产品生产过程的核算。

2．资料：华东公司 201×年 10 月发生下列经济业务。

(1) 接银行通知，支付供电公司电费 15 000 元，其中，生产甲产品负担 6 000 元，乙产品负担 4 000 元，生产车间负担 2 000 元，管理部门负担 3 000 元。

(2) 根据发出材料汇总表(表 4-8)分配材料费用。

表 4-8　发出材料汇总表

项　目	A 材料		B 材料		C 材料		金额合计/元
	数量/千克	金额/元	数量/千克	金额/元	数量/千克	金额/元	
甲产品耗用	2 000	30 000	800	25 600	1 500	44 250	99 850
乙产品耗用	1 500	22 500	500	16 000	1 100	32 450	70 950
车间领用	400	6 000	100	3 200			9 200
管理部门耗用	600	9 000					9 000
合　计	4 500	67 500	1 400	44 800	2 500	76 700	189 000

(3) 以现金发放本月工资 43 000 元。

(4) 以银行存款支付车间办公用品费 2 240 元。

(5) 分配本月份职工工资 43 000 元，其中甲产品生产工人工资 15 000 元，乙产品生产工人工资 18 000 元，车间管理人员工资 4 000 元，行政管理人员工资 6 000 元。

(6) 按工资总额的 14%计提职工福利费。

(7) 以存款支付电话费 1 000 元，其中车间电话费 400 元，管理部门电话费 600 元。

(8) 计提本月固定资产折旧费 10 500 元，其中生产车间固定资产折旧费 8 000 元，行政管理部门固定资产折旧费 2 500 元。

(9) 计算本月发生的制造费用，并按生产工人的工资分配给甲乙两种产品。

(10) 本月甲产品 1 000 件全部完工，产品已经验收入库，乙产品尚未完工。

3．要求：根据以上业务作出会计分录。

实训题四

1．目的：练习产品销售过程的核算。

2．资料：华东公司 201×年 10 月发生下列经济业务。

(1) 销售给大华公司甲产品 100 件，单位售价 200 元，货款 20 000 元，增值税率为 17%，款项尚未收到。

(2) 以银行存款支付广告费 4 500 元。

(3) 收到大华公司归还的货款 15 000 元。

(4) 结转已售甲产品 100 件的生产成本，每件单位成本为 132 元。

(5) 收到胜通公司预付的购货款 100 000 元。

(6) 销售乙产品 200 件给天泰集团，单位售价 150 元，增值税率 17%，收到对方签发并承兑的商业汇票一张。

(7) 销售甲产品给胜通公司，货款 80 000 元，增值税 13 600 元，余款以银行存款退还。
(8) 根据本月应缴的增值税计提城市维护建设税 2 100 元，教育费附加 900 元。
(9) 支付产品销售展览费 2 000 元。
(10) 出售多余材料 1 000 元，增值税额 170 元，款已收到。该材料购入成本 800 元。
3．要求：根据以上业务作出会计分录。

实训题五

1．目的：练习经营成果的核算。
2．资料：华东公司 201×年 10 月发生下列经济业务。
(1) 月末，各损益类账户的本期发生额如下。

主营业务收入	158 000(贷方)
其他业务收入	10 000(贷方)
投资收益	5 000(贷方)
营业外收入	2 000(贷方)
主营业务成本	89 000(借方)
其他业务成本	4 500(借方)
营业税金及附加	800(借方)
销售费用	6 000(借方)
管理费用	2 000(借方)
财务费用	1 000(借方)
营业外支出	500(借方)

(2) 按应税所得的 25%计算企业应交的所得税费用，并转入本年利润。
(3) 按净利润的 20%计提盈余公积，30%分配给投资者利润。
3．要求：根据以上业务编制会计分录。

实训题六

1．目的：综合练习企业生产经营活动的核算。
2．资料：华东公司 201×年 12 月发生下列经济业务。
(1) 企业收到某公司作为投资投入的新设备一台，该设备所确认的价值为 4 800 元。
(2) 企业从银行取得三年期借款 50 000 元。
(3) 企业购入甲材料 10 吨，每吨 2 000 元，增值税 3 400 元，全部款项以银行存款支付，材料已验收入库。
(4) 以银行存款预付某公司购货款 75 000 元。
(5) 行政管理部门以现金购买办公用品一批，价值 2 600 元。
(6) 销售多余甲材料共计 3 000 元，增值税销项税额 510 元，款项已收，存入银行。
(7) 结转本月已销甲材料的成本 2 000 元。
(8) 王丰报销差旅费 800 元，上个月出差时预借差旅费 1 000 元，余款退回现金。
(9) 收到罚款收入 1 000 元，存入银行。
(10) 以银行存款支付广告费 20 000 元。
(11) 采购员李明预借差旅费 3 000 元。

(12) 销售 A 产品 30 件，每件售价 1 000 元，以库存现金代垫运费 160 元，增值税额 5 100 元，款尚未收到。

(13) 用银行存款支付罚款 5 000 元。

(14) 收到天泰偿付的前欠货款 18 000 元。

(15) 以银行存款支付本月电费 8 000 元，其中车间一般耗用 3 000 元，行政管理部门耗用 5 000 元。

(16) 计提本月固定资产折旧，其中生产车间 12 000 元，行政管理部门 15 000 元，共 27 000 元。

(17) 仓库转来材料发出汇总表如表 4-9 所示。

表 4-9 材料发出汇总表

单位：元

项目	甲材料	乙材料	丙材料	合计
A 产品领用	35 000	12 500		47 500
B 产品领用	29 000	23 000	16 000	68 000
车间耗用	3 000			3 000
行政部门耗用		2 000		2 000
合计	67 000	37 500	16 000	120 500

(18) 分配本月职工工资 37 000 元，其中，生产 A 产品的工人工资 12 000 元，B 产品的工人工资 16 000 元，车间管理人员工资 4 000 元，行政管理人员工资 5 000 元。

(19) 按工资总额的 14% 计提职工福利费。

(20) 以银行存款支付本季短期借款利息 3 900 元(已预提 2 400 元)。

(21) 归集本月发生的制造费用，按 A、B 两种产品的直接工资费用比例分配制造费用。

(22) 本月完工入库 A 产品 1 000 件。

(23) 结转本月已售 A 产品的生产成本。

(24) 结转损益类账户。

(25) 期末，计提并结转所得税费用。

(26) 年末，计提法定盈余公积 20 000 元。

(27) 经研究决定向投资者分配利润 50 000 元。

3．要求：根据以上业务编制会计分录。

项目 5　会计凭证

知识目标

1. 明确会计凭证的含义、作用和种类；
2. 掌握原始凭证的内容和填制要求；
3. 熟悉记账凭证的内容和填制要求。

能力目标

1. 能正确填制和审核原始凭证；
2. 能熟练填制和审核记账凭证；
3. 能够熟练进行会计凭证的传递和装订。

5.1　会计凭证概述

5.1.1　会计凭证的含义和作用

1. 会计凭证的含义

会计凭证是记录经济业务，明确经济责任的书面证明，是登记会计账簿的依据。

每个单位在经济活动过程中，都会发生各种各样的经济业务，如现金的收付、银行存款的存取、材料物资的领退、产品的入库和发出等。怎样证明经济业务已经发生、执行或完成，保证经济业务的会计核算资料真实可靠，明确经济活动中的经济责任，只有靠填制、取得和审核会计凭证来实现。

(1) 会计凭证是记录经济业务的书面证明。对于任何一项经济业务都要求取得或填制有关会计凭证，记录经济业务的内容、数量、金额等情况。

(2) 会计凭证是明确经济责任、具有法律效力的书面文件。经济业务发生后，都要求经办人员和主管人员在有关凭证上签名盖章，证明经济业务的真实性和正确性。

(3) 会计凭证是登记账簿的依据。会计凭证必须经过审核无误，确认经济业务的合法性后，才能作为登记账簿的依据。因此，正确填制和严格审核会计凭证是会计核算的一种专门方法。

2. 会计凭证的作用

会计凭证的填制和审核,既是会计核算的一种专门方法,又是会计核算的初始环节和基础工作,也是实施会计监督的一种重要手段,对落实单位岗位责任制也具有十分重要的作用。归纳起来,其作用可以归纳为以下3个方面。

(1) 可以记录经济业务的发生或完成情况,为会计核算提供原始依据。每一个会计主体发生的每一项经济业务,都需要按发生的时间、地点、内容和完成情况,正确及时地填制会计凭证,记录经济业务的真实情况。只有经过审核无误的会计凭证,才能作为记账的依据,才能保证会计记录的正确性,防止弄虚作假。会计凭证是所有会计资料中的基础资料,其他资料提供得是否及时、准确、可靠,都依赖于会计凭证。因此,正确填制会计凭证不仅具有核算和监督经济活动的作用,而且对保证整个会计资料的真实可靠,提高会计工作质量有着重要作用。

(2) 可以检查经济业务的真实性、合法性和合理性,为会计监督提供重要依据。每一个会计主体发生的各项经济业务,已经在会计凭证中作了详细记录,通过对会计凭证的审核,可以检查经济业务是否符合有关政策、法律、法规、制度,是否符合单位的经营目标、计划和要求,是否符合单位的财务收支计划和预算、定额的规定,有无铺张浪费和违法乱纪等行为,从而达到严肃财经纪律、加强经济管理、维护社会主义市场经济秩序的作用。

(3) 可以明确经济责任,为落实岗位责任制提供重要依据。由于每一项经济业务的发生,都要填制或取得合法的会计凭证,有关经办部门或人员都要在会计凭证上签章,这样就可以促使经办部门和人员对经济业务的真实性、合法性负责,增强责任感。同时,各经办部门和人员通过凭证的传递,还可以相互牵制,相互监督,发现问题便于分清责任、查找原因,使岗位责任制得到落实和加强。

5.1.2 会计凭证的种类

会计凭证按其填制程序和用途不同,可分为原始凭证和记账凭证两大类。

1. 原始凭证

原始凭证又称单据,是在经济业务发生时取得或填制的,用来记录经济业务、明确经济责任的书面证明。它是会计核算的原始依据,如发货单、收料单、领料单、工资结算单等。

在会计核算中,只有记录了经济业务的实际发生或完成情况,并在经济业务发生或完成时取得或填制的会计凭证,才能作为记账的原始依据。凡不能证明经济业务实际发生或完成情况的原始凭证,不能作为原始凭证据以记账,如购料申请单、购销合同、银行对账单等。

2. 记账凭证

记账凭证又称记账凭单或传票,它是由会计人员根据审核无误的原始凭证或原始凭证汇总表填制的、反映经济业务的内容、应借应贷会计科目及金额,并直接作为记账依据的会计凭证。在会计核算中,会计账簿不是直接根据原始凭证登记的,而是先根据原始凭证填制记账凭证,然后再根据记账凭证登记会计账簿。这是因为原始凭证的种类很多,格式和内容也很不统一,而且,原始凭证中只记录了经济业务的实际情况,并未标明应记入的会计账户名称和记账方向,直接根据原始凭证登记账簿很容易发生差错,而且一旦发生差错很不容易查找。所以,在记账前,应认真审核原始凭证,并根据审核无误的原始凭证,填制记账凭证,经审核无误后再据以记账。

会计凭证的上述分类如图5.1所示。

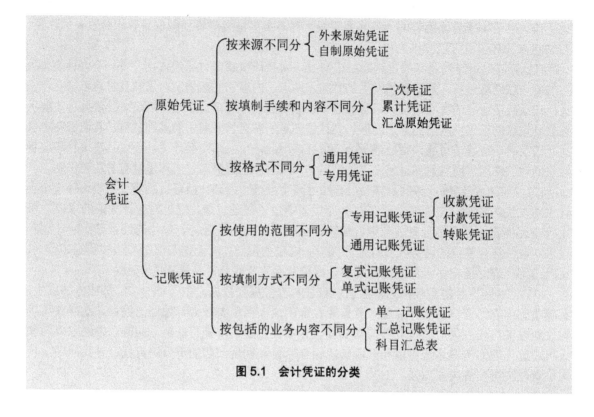

图 5.1 会计凭证的分类

5.2 原 始 凭 证

5.2.1 原始凭证的种类

1. 按来源不同分类

原始凭证按其来源不同，可分为外来原始凭证和自制原始凭证。

(1) 外来原始凭证。它是指经济业务发生或完成时，从其他单位或个人直接取得的原始凭证。如供货单位开具的发票、银行存款的收付款结算凭证、对外单位支付款项时取得的收据、职工出差取得的飞机票、火车票等。外来原始凭证的种类很多，其结构和格式也各式各样。如表 5-1 和表 5-3 所示。

表 5-1 发票

购货单位：		年 月 日		NO：	
品名规格	单位	数量	单价	金额	第二联 交购货单位
合 计					
人民币(大写)					
收款单位：(盖章)		开票人：		收款人：	

(2) 自制原始凭证。它是指经济业务发生或完成时,由本单位的经办人员根据经济业务的内容自行填制的原始凭证,如收料单、领料单、限额领料单、产品入库单、产品出库单、借款单、工资发放明细表等。自制原始凭证的种类和格式也是多种多样的,如表 5-2 和表 5-4 所示。

表 5-2 收料单

供货单位:　　　　　　　　　　　　　　　　　　　　　　　　　　　凭证编号:
发票编号:　　　　　　　　　　　年　月　日　　　　　　　　　　　　收料仓库

材料类别	材料编号	材料名称及规格	单位	数量		金额			
				应收	实收	单价	买价	运杂费	合计
备注									

保管员:　　　　　　　　　　　　　　　　　收料人:

2. 按填制手续和内容不同分类

原始凭证按其填制手续和内容不同,可分为一次凭证、累计凭证和汇总原始凭证。

(1) 一次凭证。它是指只记录一项经济业务或同时记录若干项同类经济业务,并在经济业务发生或完成时一次填制完成的原始凭证,如各种外来原始凭证、自制原始凭证中的收料单、领料单、工资结算单等,都是一次凭证。

(2) 累计凭证。它是指在一定时期内连续记录若干同类经济业务、需要多次填制完成的原始凭证。其特点是:在一张凭证上可以连续登记相同性质的经济业务,随时结出累计数及结余数,期末按实际发生额记账。使用累计凭证,可以简化核算手续,减少凭证数量,能对材料消耗、成本管理起事先控制作用,是企业进行计划管理的手段之一。具有代表性的累计凭证是"限额领料单",如表 5-5 所示。

(3) 汇总原始凭证。它是指在一定时期内将若干张反映同类经济业务的原始凭证汇总填制在一张凭证上的原始凭证,也称原始凭证汇总表。汇总原始凭证可以简化核算手续,提高核算工作效率,减少记账工作量。常见的汇总原始凭证有收料凭证汇总表、发料凭证汇总表、工资分配汇总表等。发料凭证汇总表如表 5-6 所示。

3. 按格式不同分类

原始凭证按格式不同,分为通用凭证和专用凭证。

(1) 通用凭证。它是指有关部门统一印刷、在一定范围内使用的具有统一格式和使用方法的原始凭证。通用凭证的使用范围,因制作部门不同而异。可以是某一地区、某一行业,也可以是全国通用。如某省(市)印制的发货票、收据等,在该省(市)通用;由人民银行制作的银行转账结算凭证等,在全国通用。

(2) 专用凭证。它是指由单位自行印刷,仅在本单位内部使用的原始凭证,如领料单、差旅费报销单、折旧计算表、工资费用分配表等。

5.2.2 原始凭证的基本内容

由于经济业务的种类和内容不同，经营管理的要求不同，原始凭证的格式和内容也千差万别。但无论是何种原始凭证，它们的功能是相同的，都是为了正确、完整、及时、有效地反映经济业务的本来面目，以便据以检查有关业务的真实性、合法性和合理性。因此，各种原始凭证必须具有一些共同的基本内容，这些基本内容也称为凭证要素。

原始凭证的基本内容包括以下几项。

(1) 原始凭证的名称，如"收料单""发料单""增值税专用发票"等。
(2) 填制凭证的日期及编号。
(3) 接受凭证单位的名称。
(4) 经济业务内容摘要。
(5) 经济业务的数量、单价和金额。
(6) 填制单位的签章。
(7) 经办人员的签名或盖章。

5.2.3 原始凭证的填制要求及填制方法

原始凭证是编制记账凭证的依据，是会计核算最基础的原始资料。要保证会计核算工作的质量，必须从保证凭证的质量做起，正确填制原始凭证。

1. 原始凭证的填制要求

1) 记录要真实

原始凭证所填列的经济业务的内容和数字等，必须根据实际情况填列，确保原始凭证所反映的经济业务真实可靠。从外单位取得的原始凭证如有遗失，应取得原签发单位盖有财务专用章的证明，并注明原始凭证的编号、金额和内容等，经单位负责人批准后，可代作原始凭证。对确实无法取得证明的，如飞机票、火车票、轮船票、汽车票等凭证，由当事人写出详细情况，经由主办单位负责人批准后，可代作原始凭证。

2) 内容要完整

原始凭证填制的内容必须完整齐全。凭证的填制日期、经济业务的内容、数量、金额都必须认真填写，不得遗漏和简略，有关人员的签章必须齐全。

3) 手续要完备

单位自制的原始凭证必须有经办部门和人员签名盖章；对外开出的原始凭证必须加盖本单位公章；从外单位取得的原始凭证，必须盖有填制单位的公章；从个人取得的原始凭证，必须有填制人员的签名和盖章等。

4) 书写要正确

原始凭证要按规定用蓝色或黑色墨水书写，字迹要工整、规范，不能潦草不清，不得使用未经国务院公布的简化字，填写发票必须使用碳素笔，属于需要套写的凭证，必须一次套写清楚。阿拉伯数字应当一个一个地写，不得连笔写。合计的小写金额前，必须加注币值符号，如"￥"。币值符号和阿拉伯数字之间不得留有空白。凡阿拉伯数字前写有币种符号的，数字后面不再写币种单位。所有以元为单位的阿拉伯数字，除表示单价等情况外，一律填写到角分；无角分的，角位和分位可写"00"或者符号"—"；有角无分的，分位应当写"0"，不得用符号"—"代替。大写金额有分的，后面不加"整"或"正"字，其余应一律在末尾加"整"或"正"字，大写金额前还应加注币值单位，如"人民币"字样，且币值单位和大写金额之间，以及各金额数字之间，不得留有空隙。

大写金额用汉字壹、贰、叁、肆、伍、陆、柒、捌、玖、拾、佰、仟、万、亿、元、角、分、零、整(正)等，一律用正楷或行书体书写，不得用一、二、三、四、五、六、七、八、九、十、百、千、0 等字样代替。

阿拉伯数字之间有"0"时，汉字大写金额要写"零"字。如"¥1 409.50"，应写成"人民币壹仟肆佰零玖元伍角整"。阿拉伯数字之间连续有几个"0"时，汉字大写金额中可以只写一个"零"字。如"¥6 007.14"，应写成"人民币陆仟零柒元壹角肆分"。阿拉伯金额数字万位或元位是"0"，或者数字中间连续有几个"0"，万位、元位也是"0"，但千位、角位不是"0"时，汉字大写金额可以只写一个"零"字，也可以不写"零"字。如"¥1 680.32"，应写成"人民币壹仟陆佰捌拾元零叁角贰分"，也可以写成"人民币壹仟陆佰捌拾元叁角贰分"；"¥107 000.50"，可以写成"人民币壹拾万柒仟元零伍角整"，也可以写成"人民币壹拾万零柒仟元伍角整"；"¥1 000.15"，可写成"人民币壹仟元零壹角伍分"，也可以写成"人民币壹仟元壹角伍分"；"¥1 000.00"，应写成"人民币壹仟元整"等。

5) 编号要连续

各种原始凭证要连续编号，以便查考。如果凭证已预先印好编号，如发票、支票等重要凭证，在写坏作废时，应加盖"作废"戳记，妥善保管，不得撕毁。

6) 纠错要规范

原始凭证填写如有错误，金额错误应重开，文字错误要使用正确的改错方法更正，不得涂改、刮擦、挖补或用褪色药水改写。更正处应当加盖开出单位的公章。

7) 填制要及时

各种原始凭证必须在经济业务发生时及时填写，并应按规定的程序及时送交财务会计部门，由财务会计部门加以审核并据以编制记账凭证。

2. 原始凭证的填制方法

原始凭证是由有关经办人员根据经济业务实际执行和完成情况直接填制的，以下通过实例介绍几种主要原始凭证的填制方法。

1) 外来原始凭证的填制方法

外来原始凭证是经济业务发生或完成时由经办人员从其他单位或个人处直接取得的原始凭证，如购货时取得的增值专用发票。

【例 5-1】 201×年 8 月 10 日天地公司购入 ϕ15mm 圆钢 5 000 千克，每千克单价 6 元，另按 17%的增值税率支付了增值税。购入商品时取得了供货方开出的增值税专用发票(表 5-3)。

表5-3 浙江省增值税专用发票

No.0063490

开票日期：201×年8月10日

购货单位	名称：天地公司 纳税人识别号：123456789 地址、电话：远兴路518号 86679899 开户行及账号：工行 6222345267	密码区	+2+2*1*7*<9+8+>50849/ /9-8399>226282*45*317 -4059/9/+0/573904*<70 8+5>*/<>>2-7*2<82>>+5	加密原本号：01 2200024140 03132868

货物或应税劳务名称	规格型号	单位	数量	单价	金额	税率	税额
圆钢	φ15mm	千克	5 000	6	30 000	17%	5 100
合计					¥30 000		¥5 100

价税合计(大写)	叁万伍仟壹佰元整	(小写)¥35 100.00

销货单位	名称：西北公司 纳税人识别号：12986734 地址、电话：西北路101号 88220033 开户行及账号：工行 129578	备注	西北公司 12986734 发票专用章

收款人：　　　　　复核：　　　　　开票人：刘红　　　　　销货单位(章)

2) 自制原始凭证的填制方法

(1) 一次凭证的填制方法。一次凭证的填制手续是在经济业务发生或完成时由经办人员一次填制完成的凭证，一般只用于记录一项经济业务或若干项同类性质的经济业务，如领料单。

【例5-2】 天地公司一车间201×年8月20日生产甲产品领用φ15mm圆钢1 000千克，每千克单价6元，由经办人填制领料单，如表5-4所示。

表5-4 天地公司领料单

领料部门：一车间　　　　　　　　　　　　　　　　　　　　　　　凭证编号：128
用途：生产甲产品　　　　　　　201×年8月20日　　　　　　　发料仓库：2#

材料类别	材料编号	材料名称及规格	计量单位	数量		单价/元	金额/元
钢材	01192	φ15mm	千克	请领	实发	6	6 000
				1 000	1 000		
备注：						合计	6 000

仓库保管员：(签章)　　　　　发料：(签章)　　　　　领料主管：(签章)

"领料单"一式三联，一联留领料部门(例如一车间)备查；一联留仓库，据以登记材料明细账或材料卡片；一联送交财会部门进行账务处理。

(2) 累计凭证的填制方法。累计凭证是在一定时期内，连续多次记载若干项不断重复发生的同类经济业务，直到期末，凭证填制手续才算完成，一般企业常见的累计凭证是"限额领料单"。

【例5-3】 天地公司二车间201×年8月份计划生产乙产品5 000件，每件消耗φ15mm圆钢0.2千克，全月限额领用1 000千克，每千克单价为6元。8月份计划部门下达限额领料单，二车间在该月内领用材料情况如表5-5所示。

表 5-5 天地公司限额领料单

领料单位：二车间　　　　　　　　名称：圆钢　　　　　　　　　　计划产量：5 000 件
用途：生产乙产品　　　　　　　　规格：φ15mm　　　　　　　　消耗定额：0.2 千克
材料编号：01192　　　　　　　　　单价：6 元　　　　　　　　　　计量单位：千克
领用限额：1 000 千克

201×年		请领数量	实发数量	累计实发数量	限额结余	领料负责人签章	收料人签章
月	日						
8	1	300	300	300	700		
8	10	300	300	600	400		
8	15	200	200	800	200	(略)	(略)
8	28	180	180	980	20		
累计实发金额(大写)：伍仟捌佰捌拾元整					¥5880.00		

供应部门(签章)　　　　　　生产计划部门负责人：(签章)　　　　　　仓库保管员(签章)

(3) 汇总原始凭证的填制方法。汇总原始凭证是把一定期间内反映同类经济业务的许多原始凭证，按照一定的管理要求汇总填制在一张凭证上，如发出材料汇总表。

【例 5-4】 天地公司 201×年 8 月份发出材料情况如表 5-6 所示。

表 5-6 天地公司发出材料汇总表

201×年 8 月　　　　　　　　　　　　　　　　　　　　　　　　　　　　单位：元

领料单位	耗用材料(应借科目)	甲材料	乙材料	发料合计
一车间	生产成本	20 000	5 000	25 000
	制造费用	5 000	1 000	6 000
二车间	生产成本	40 000	3 000	43 000
	制造费用	6 000	2 000	8 000
管理部门	管理费用	3 000	1 000	4 000
	合　　计	74 000	12 000	86 000

会计主管：(签章)　　　　记账：(签章)　　　　审核：(签章)　　　　填制：(签章)

"发出材料汇总表"是根据各部门到仓库领用材料时填制的"领料单"定期汇总编制的。

5.2.4 原始凭证的审核

为了如实反映经济业务的发生和完成情况，充分发挥会计的监督职能，保证会计信息的真实性、合理性、合法性、可靠性，会计机构和会计人员在填制记账凭证之前，必须对原始凭证进行严格审核。其审核的主要内容包括如下。

(1) 原始凭证真实性的审核。原始凭证作为会计信息的基本信息源，其真实性对会计信息的质量具有至关重要的影响。其真实性的审核包括凭证日期是否真实、业务内容是否真实、数据金额是否真实等。外来原始凭证，是否有填制单位公章和填制人员签章；自制原始凭证，是否有经办部门和经办人员的签名或盖章。对通用原始凭证，还应审查凭证本身的真实性，以防假冒。

(2) 原始凭证合法性的审核。审核原始凭证所记录的经济业务是否有违反国家法律法规的情况，是否履行了规定的凭证传递和审核程序，是否有贪污腐败行为。

(3) 原始凭证合理性的审核。审核原始凭证所记录的经济业务是否符合企业生产经营管理的需要，是否按计划、预算办事，是否符合成本开支范围，是否贯彻增产节约、增收节支的原则。

(4) 原始凭证完整性的审核。审核原始凭证所填制的内容、项目是否齐全，文字是否清楚，手续是否完备，有关人员是否签章等。

(5) 原始凭证正确性的审核。审核原始凭证各项金额的计算及填写是否正确，大小写金额是否相等，书写是否清楚等。

(6) 原始凭证及时性的审核。审核原始凭证的填制日期是否是经济业务的发生日期，特别是对时效性较强的原始凭证(如支票、银行汇票、银行本票等)，更应仔细验证其签发日期。

原始凭证的审核是一项严肃、细致、责任性和原则性都很强的工作，是正确进行会计核算的基础工作，也是实行会计监督的一个重要方面。经审核的原始凭证应根据不同情况处理：对于完全符合要求的原始凭证，应及时据以编制记账凭证入账；对于真实、合法、合理但内容不够完整、填写有错误的原始凭证，应退回有关经办人员，由其负责将有关凭证补充完整、更正错误或重开后，再办理正式会计手续；对于不真实、不合法、不合理的原始凭证，会计机构、会计人员有权不予受理，并向单位负责人报告。

5.3 记 账 凭 证

5.3.1 记账凭证的种类

1. 按使用范围分类

记账凭证按其使用的范围不同，可分为通用记账凭证和专用记账凭证。

(1) 通用记账凭证。它是指各类经济业务共同使用的、统一格式的记账凭证。其一般的格式如表 5-10 所示。

(2) 专用记账凭证。它是指专门记录某一类经济业务的记账凭证。专用记账凭证按其与货币资金收付有无关系分为收款凭证、付款凭证和转账凭证。

① 收款凭证。它是指用于记录现金和银行存款收款业务的记账凭证。它根据有关现金和银行存款收入业务的原始凭证填制，是登记现金日记账、银行存款日记账以及有关明细账和总账等账簿的依据，也是出纳人员收讫款项的依据，如表 5-7 所示。

② 付款凭证。它是指用于记录现金和银行存款付款业务的记账凭证。它根据有关现金和银行存款支付业务的原始凭证填制，是登记现金日记账、银行存款日记账以及有关明细账和总账等账簿的依据，也是出纳人员支付款项的依据，如表 5-8 所示。

③ 转账凭证。它是指用于记录不涉及现金和银行存款收付业务的记账凭证。它根据现金和银行存款收付业务以外的其他原始凭证填制，是登记有关明细账和总账等账簿的依据，如表 5-9 所示。

2. 按填制方法分类

记账凭证按其填制方法不同，可分为复式记账凭证和单式记账凭证。

(1) 复式记账凭证。它是将每一笔经济业务所涉及的全部科目及其发生额均在同一张记账凭证上反映的记账凭证。它是实际工作中应用最广的记账凭证。上述通用记账凭证、收款凭证、付款凭证和转账凭证都是复式记账凭证。复式记账凭证全面反映了经济业务的账户对应关系,有利于了解资金运动的来龙去脉,同时还可以检查会计分录的正确性,减少记账凭证的数量,便于查账。但其缺点是不便于对每一会计科目进行计算汇总。

(2) 单式记账凭证。它是指把一项经济业务所涉及的每个会计科目,分别填制记账凭证,每张记账凭证只填制一个会计科目的记账凭证。填列借方科目的称为借项凭证,填列贷方科目的称为贷项凭证。单式记账凭证采用分数编号法,每一业务编一总号,再按凭证张数编几个分号。单式记账凭证的内容单一,有利于汇总计算每个会计科目的发生额,可以减少登记总账的工作量;但缺点是制证工作量较大,不利于在一张凭证上反映经济业务的全貌,不便于查找记录差错。会计实务中很少使用这种记账凭证。

3. 按业务内容分类

记账凭证按其包括的业务内容不同,可分为单一记账凭证、汇总记账凭证和科目汇总表。

(1) 单一记账凭证。它是指在一张记账凭证上只包括一笔经济业务分录的记账凭证。前述专用记账凭证和通用记账凭证均为单一记账凭证。

(2) 汇总记账凭证。它是指根据单一记账凭证定期按照相同的会计科目汇总编制的记账凭证。汇总记账凭证经过汇总仍能明确地反映账户的对应关系,而且简化了凭证的归类整理工作,据以登记总账,简化了登账工作,但定期汇总增加了会计的工作量。汇总记账凭证又分为汇总收款凭证、汇总付款凭证和汇总转账凭证。

(3) 科目汇总表,又称记账凭证汇总表。它是指根据单一记账凭证定期整理、汇总各账户的借方发生额和贷方发生额,并据以登记总账的一种汇总性记账凭证。科目汇总表不能反映账户之间的对应关系,但能简化登记总账的工作。其格式如表5-11所示。

5.3.2 记账凭证的基本内容

记账凭证作为登记账簿的依据,因其反映的经济业务内容不同,各单位规模大小及其对会计核算的繁简要求不同,其格式也有所不同。但各种记账凭证必须满足会计核算的基本要求,必须具备以下基本内容(或称凭证要素)。

(1) 记账凭证的名称,如"收款凭证""付款凭证""转账凭证"或"记账凭证"。
(2) 填制凭证的日期及编号。
(3) 经济业务的内容摘要。
(4) 应借、应贷会计科目的名称(包括一级科目、二级科目和明细科目)和金额。
(5) 记账标记,即"过账"或"记账"栏。
(6) 所附原始凭证的张数。
(7) 有关人员签名或盖章。

5.3.3 记账凭证的填制要求及填制方法

填制记账凭证是会计核算工作的重要环节,是对原始凭证的整理和分类,是登记账簿的直接依据。为了保证记账凭证能够真实、正确、完整地反映经济业务,保证账簿记录的正确、完整,必须认真地填制记账凭证。

1. 记账凭证的填制要求

1) 如实填写记账凭证

会计人员必须根据原始凭证所记录的经济业务内容，如实填制记账凭证，不得填制与原始凭证所记录的经济业务内容不相符的记账凭证。

2) 正确填写日期

收款凭证和付款凭证因为要及时记入当天的日记账，因此收款凭证和付款凭证要以货币资金收付的实际日期填写；转账凭证一般按收到原始凭证的日期填写。

3) 简明扼要填写摘要

摘要是对经济业务的简要说明，对于登账、查账、查阅凭证都十分重要。填写时既要简明又要确切。

4) 正确填写会计分录

按规定填写会计科目的名称，对一级科目，二级科目或明细科目要填写齐全；账户的对应关系要填写正确；金额的登记方向和数字必须正确且符合书写规范，角分位不留空白，多余的金额栏应划斜线注销，合计金额第一位数字前要填写记账货币的符号。

5) 凭证编写规范有序

记账凭证按日期顺序编号，并在一个月内连续编号，以便核查，不得跳号、重号或错号。记账凭证的编号，要根据不同情况采用不同的编号方法。如果采用通用记账凭证格式，应按经济业务发生先后顺序编号；如果采用专用记账凭证格式，则按字号编号，即把不同类型的记账凭证用字号加以区别，再把同类的记账凭证用顺序号加以连接。如收款凭证应用"现(现金)收字第××号""银(银行存款)收字第××号"；付款凭证用"现付字第××号""银付字第××号"；转账凭证用"转字第××号"。对同类记账凭证，应按顺序对其连续编号。如果一笔经济业务需要填制两张或两张以上的记账凭证时，记账凭证的编号采用分数连续编号。如第 10 笔业务需编两张"银付"凭证，则编号分别是"银付字第 $10^{1/2}$""银付字第 $10^{2/2}$"；如第 60 笔业务需编三张转账凭证，则编号分别是"转字第 $60^{1/3}$""转字第 $60^{2/3}$""转字第 $60^{3/3}$"。

6) 记账凭证必须附有原始凭证

除结账和更正错误的记账凭证可以不附原始凭证外，其他记账凭证必须附有原始凭证，并在记账凭证上说明所附原始凭证的张数。如果根据同一张原始凭证编制两张或两张以上的记账凭证，可以把原始凭证附在一张主要的记账凭证后面，并在其他记账凭证上注明附有该原始凭证的记账凭证编号或者所附原始凭证复印件。

7) 项目齐全、责任明确

记账凭证填制完成后，应由责任人员签名或盖章，并按照内部控制制度，由有关人员进行复核、检查，以明确经济责任和检查其记录是否正确。

如果在填制记账凭证时发生错误，应当重新填制。已经登记入账的记账凭证，可以用红字填一张与原内容相同的记账凭证，在摘要栏内注明"注销某月某日凭证"字样，同时再用蓝字重新填写一张正确的记账凭证，注明"订正某月某日某号凭证"字样。如果会计科目及借贷方向没错，只是金额错误，也可以将正确数字与错误数字之间的差额，另编一张调整的记账凭证，调增金额用蓝字，调减金额用红字(具体内容见项目 6 会计账簿)。

2. 记账凭证的填制方法

1) 专用记账凭证的填制方法

专用记账凭证有收款凭证、付款凭证和转账凭证，由于它们反映的经济业务内容不同，其格式和填制方法也有所不同。在实际工作中，为了区分这三种凭证，往往用不同的颜色来显示。

(1) 收款凭证的填制。收款凭证是用来记录货币资金收入业务的凭证。它是由会计人员根据审核无误后的原始凭证收款后填制的。在借贷记账法下，收款凭证左上方的借方科目填写"库存现金"或"银行存款"；贷方科目栏，要根据经济业务的内容，填入与借方科目相对应的总账科目和明细科目，合计金额表示借方科目的金额。"记账"是指该凭证登记账簿的标记，防止经济业务重记或漏记。现举例说明收款凭证的格式及填制方法。

【例 5-5】天地公司 201×年 8 月 15 日销售甲商品 1 000 件，每件 200 元，增值税额 3 400 元，款项收到存入银行。

根据审核无误的原始凭证，填制收款凭证，如表 5-7 所示。

表 5-7 收款凭证

借方科目：银行存款　　　　　201×年 8 月 15 日　　　　　银收字第 8 号

摘要	贷方科目		金额								记账
	总账科目	明细科目	百	十	万	千	百	十	元	分	角
销售甲商品 1 000 件	主营业务收入	甲商品			2	0	0	0	0	0	0
	应交税费	应交增值税(销项税额)				3	4	0	0	0	0
合　计			¥		2	0	3	4	0	0	0

附件 2 张

会计主管(签章)　　　记账(签章)　　　出纳(签章)　　　审核(签章)　　　制单(签章)

按要求填写好收款凭证后，才能作为登记银行存款日记账、现金日记账及总账和明细账的依据。现金收款凭证也是出纳人员收入现金的依据，出纳人员在收取款项后，应在凭证上加盖"收讫"戳记。

(2) 付款凭证的填制。付款凭证是用来记录货币资金付出业务的凭证。它是由会计人员根据审核无误后的原始凭证付款后填制的。付款凭证的编制方法与收款凭证的基本相同，只是左上角由"借方科目"换为"贷方科目"，凭证中间的"贷方科目"换为"借方科目"。

现举例说明付款凭证的格式及填制方法。

【例 5-6】天地公司 201×年 8 月 16 日购进办公用品 2 000 元，当即交付使用，款项用银行存款付清。

根据审核无误的原始凭证，填制付款凭证，如表 5-8 所示。

表 5-8 付款凭证

贷方科目：银行存款　　　　　　　　　　201×年8月16日　　　　　　　　　银付字第10号

摘要	借方科目		金额									记账
	总账科目	明细科目	千	百	十	万	千	百	十	元	分	角	
购办公用品	管理费用	办公费					2	0	0	0	0	0	
合　计						¥	2	0	0	0	0	0	

附件 2 张

会计主管(章)　　　记账(签章)　　　出纳(签章)　　　审核(签章)　　　制单(签章)

付款凭证是登记现金日记账、银行存款日记账及总账和明细账的依据。现金付款凭证也是出纳人员支付现金的依据。出纳人员在支付款项后，应在凭证上加盖"付讫"戳记，避免重付或漏付款项。

对现金和银行存款之间相互划转的业务，为避免重复填制记账凭证，只按贷方科目填制一张付款凭证。如将现金存入银行，同时涉及银行存款的增加和现金的减少，但只填制现金付款凭证，不填制银行存款收款凭证；从银行提现金，同时涉及现金的增加和银行存款的减少，但只填制银行存款付款凭证，不填制现金收款凭证。

(3) 转账凭证的填制。转账凭证是用来记录与货币资金收付无关的经济业务的凭证。它是由会计人员根据不涉及现金和银行存款收付的有关转账业务原始凭证填制的。该凭证将经济业务中所涉及的全部会计科目，按照先借后贷的顺序记入"会计科目"栏中的"总账科目"和"明细科目"栏，并按应借、应贷方向分别记入"借方金额"或"贷方金额"栏。其他项目的填列与收付款凭证相同。现举例说明转账凭证的格式及填制方法。

【例 5-7】 201×年8月18日，一车间生产甲产品领用A材料6 300元。根据领料凭证，填制转账凭证，如表5-9所示。

表 5-9 转账凭证

　　　　　　　　　　　　　　　　　　201×年8月18日　　　　　　　　　转字第15号

摘要	会计科目		借方金额							贷方金额							记账
	总账科目	明细科目	十	万	千	百	十	元	角	分	十	万	千	百	十	元	角	分	
生产领用材料	生产成本	甲产品			6	3	0	0	0	0									
	原材料	A材料											6	3	0	0	0	0	
合　计					¥	6	3	0	0	0	0		¥	6	3	0	0	0	0	

附件 1 张

会计主管(签章)　　　记账(签章)　　　出纳(签章)　　　审核(签章)　　　制单(签章)

2) 通用记账凭证的填制

通用记账凭证是用于记录各种经济业务的记账凭证。

【例 5-8】 天地公司201×年8月5日收到环宇公司前欠货款5 000元，存入银行。根据审核无误的原始凭证，填制通用记账凭证，如表5-10所示。

表 5-10　记账凭证

201×年 8 月 15 日　　　　　　　　　　　　　　　　字第 10 号

摘　要	会计科目		借方金额	贷方金额	记账
	总账科目	明细科目			
收到前欠货款	银行存款		5 000		
	应收账款	环宇公司		5 000	
合　　计			¥5 000	¥5 000	

附件 1 张

会计主管：(签章)　　　　记账：(签章)　　　　审核：(签章)　　　　填制：(签章)

3) 科目汇总表的编制

科目汇总表又称记账凭证汇总表。实际工作中，如果经济业务发生频繁，记账凭证较多，直接根据记账凭证逐笔登记总分类账工作量就很大。为简化工作量，可以先根据记账凭证编制记账凭证汇总表，然后再据以登记总分类账。

编制时，先计算各个账户的本期借方发生额合计数与本期贷方发生额合计数；然后将每个账户借方、贷方发生额合计数分别填入科目汇总表中与有关科目相对应的"本期发生额"栏；最后将所有科目的本期借方发生额和本期贷方发生额分别合计。全部账户的借方发生额合计数和全部账户的贷方发生额合计数相等，可用以登记总账，其格式如表 5-11 所示。

表 5-11　科目汇总表

201×年 8 月 1 日至 10 日　　　　　　　　　　　　　　汇字第 22 号

会计科目	账户页数	本期发生额		记账凭证起讫号数
		借　方	贷　方	
库存现金		500		
银行存款		50 000	23 900	
应收账款			50 000	
原材料		20 000		
应交税费		3 400		
合　计		73 900	73 900	

5.3.4　记账凭证的审核

正确编制记账凭证是正确进行账务处理的前提，特别是收付款凭证是出纳人员收付款项的依据。因此，为了保证账簿记录的真实性，对于记账凭证，除了编制人员要认真负责，加强自审外，财会部门还应建立相互复核和专人审核制度，其审核的主要内容如下。

(1) 内容是否真实。审核记账凭证是否附有原始凭证；应附原始凭证是否齐全；记账凭证所填写的附件张数与所附原始凭证张数是否相符；记账凭证的内容与所附原始凭证的经济业务内容是否相符；记账凭证汇总表的内容与其所依据的记账凭证的内容是否一致等。

(2) 科目是否正确。审核记账凭证中所列应借、应贷的会计科目是否正确，对应关系是否清楚，所使用的会计科目是否符合国家统一的会计制度规定等。

(3) 金额是否正确。审核记账凭证所记录的金额与原始凭证的有关金额是否一致，计算是否正确,记账凭证汇总表的金额与记账凭证的金额合计是否相符等。

(4) 书写是否规范。审核记账凭证中的记录文字是否工整、数字是否清晰,差错是否按规定进行更正等。

(5) 项目是否齐全。审核记账凭证的各项目的填写是否齐全,日期、凭证号数、摘要、会计科目、金额、所附原始凭证张数及有关人员签章等有无遗漏。

实现会计电算化的单位,对于机制记账凭证应当符合记账凭证的一般要求。

5.4 会计凭证的传递和保管

5.4.1 会计凭证的传递

会计凭证的传递是指会计凭证从填制、审核、记账到装订成册、按册归档保管时为止,在有关部门和人员之间按规定的时间、程序传递和处理的过程。

会计凭证的传递过程,既是组织、协调经济活动的过程,又是传输会计数据的过程,它是企业经营管理的重要组成部分,对加强各部门的经济职责,充分发挥会计的监督作用是非常重要的。通过正确组织会计凭证的传递,可以将反映在会计凭证上的有关经济业务完成情况,及时传送到本单位内部各有关部门、有关环节,最后集中到财会部门。这样,在经济活动中发生的各项经济业务,本单位与各单位的经济联系,本单位内部各部门和个人之间的联系,都会通过会计凭证的传递组织起来,同时,又能及时、正确地反映各项经济业务的完成情况。通过正确组织会计凭证的传递,可以正确组织经济活动并实行会计监督。会计凭证的传递实际上可以起到一种互相牵制、互相监督的作用,它可以督促有关部门和个人,及时、正确地完成各项经济业务,按规定办理凭证手续,也有利于建立和加强岗位责任制,强化会计监督。

由于各部门发生的经济业务是多种多样的,不同的经济业务,管理要求也不同;又由于每项经济业务的经办部门和人员不同,办理业务的手续、时间和程序也不相同,因此,有必要为每种会计凭证规定科学合理的传递程序。在规定会计凭证的传递程序时,既要保证会计凭证经过必要的环节进行处理和审核,又要注意减少不必要的传递环节。一般应注意以下几个方面。

(1) 根据不同经济业务的特点,企业内部机构设置和人员分工的具体情况,以及管理上利用凭证资料的要求,具体规定各种凭证的联数和传递方式,使有关部门和人员既能按规定手续处理业务,又能充分利用凭证资料掌握情况,及时提供会计信息。

(2) 由于原始凭证和记账凭证涉及不同部门和经办人员,会计部门应根据本单位的具体情况,在调查研究的基础上,会同有关部门和经办人员共同协商制定会计凭证的传递程序,确定会计凭证在各个环节的停留时间,注意流程的合理性,避免不必要的环节,缩短传递时间。

(3) 会计凭证的传递,前后环节要紧密衔接,手续要齐备,以保证凭证传递的安全完整。会计凭证的传递和处理,应在会计报告期内完成。

5.4.2 会计凭证的保管

会计凭证的保管是指会计凭证记账后的整理、装订、归档和存查工作。会计凭证作为记账的依据，是重要的会计档案和经济资料。本单位及有关部门、单位，可能因各种原因需要查阅会计凭证，特别是发生贪污、盗窃、违法乱纪行为时，会计凭证还是依法处理的有效证据。因此，任何单位在完成经济业务手续和记账之后，必须将会计凭证按规定的立卷归档制度整理成会计档案资料，档案管理部门应按规定的保存年限妥善保管，不得丢失和任意销毁，并要保证便于查阅使用。其保管方法和要求如下。

(1) 会计凭证应及时传递，不得积压。记账凭证在未装订成册以前，应将所附原始凭证用回形针或大头针固定在记账凭证后面。凡使用记账凭证的会计人员都有责任保管好记账凭证及所附原始凭证，以保证凭证在传递过程中的安全完整。

(2) 会计凭证应定期装订成册，防止散失。会计部门在依据会计凭证记账以后，应定期(每天、每旬或每月)对各种会计凭证进行分类整理，将各种记账凭证按照编号顺序折叠整齐，连同所附的原始凭证一起加具封面、封底，装订成册，并在装订线上加贴封签，由装订人员在装订线封签处签名或盖章。

(3) 会计凭证封面应注明单位名称、凭证种类、凭证张数、起止号数、年度、月份、会计主管人员、装订人员等有关事项，会计主管人员和保管人员应在封面上签章。会计凭证封面一般格式如表 5-12 所示。

表 5-12 会计凭证封面

年 月 第 册	记 账 凭 证 封 面 年 月 日至 年 月 日 凭 证 第 × 号至第 × 号　共 × 张 附：原始凭证 × 张 第 册　 共 册 会计主管：　　　复核：　　　保管：

(4) 原始凭证较多时，可单独装订，但应在凭证封面注明所属记账凭证的日期、编号和种类，同时在所属的记账凭证上注明"附件另订"及原始凭证的名称和编号，以便查阅。对各种重要的原始凭证，如押金收据、提货单等，以及各种需要随时查阅和退回的单据，应另编目录，单独保管，并在有关的记账凭证和原始凭证上分别注明日期和编号。

(5) 原始凭证不得外借，其他单位如有特殊原因需要使用原始凭证时，经本单位负责人、会计主管人员批准后可以复制。向外单位提供的原始凭证复印件，应在专设的登记簿上进行登记，并由提供人员和收取人员共同签名、盖章。

(6) 每年装订成册的会计凭证，在年度终了时可暂由单位会计机构保管一年，期满后应当移交本单位档案机构统一保管；未设立档案机构的，应当在会计机构内部指定专人保管。出纳人员不得兼管会计档案。

(7) 会计凭证存档后，保管人员应严格遵守《会计档案管理办法》的规定，对其进行分类、存档和保管。

知 识 巩 固

一、单项选择题

1. 会计凭证按其( )不同,可以分为原始凭证和记账凭证。
   A. 填制的方式　　　　　　　　　B. 取得的来源
   C. 编制的程序和用途　　　　　　D. 反映经济业务的次数
2. 下列原始凭证中,属于企业自制原始凭证的是( )。
   A. 购货取得的增值税发票　　　　B. 出差取得的火车票
   C. 工资结算单　　　　　　　　　D. 住宿费发票
3. 发出材料汇总表是一种( )。
   A. 记账凭证　　B. 汇总凭证　　C. 明细账　　D. 累计凭证
4. 在会计实务中,专用记账凭证按其所反映的经济内容不同,可分为( )。
   A. 单式凭证和复式凭证　　　　　B. 通用凭证和专用凭证
   C. 收款凭证、付款凭证和转账凭证　D. 一次凭证、累计凭证和汇总凭证
5. 下列经济业务中,应填制转账凭证的是( )。
   A. 用银行存款偿还应付账款　　　B. 收回应收账款
   C. 用现金支付工资　　　　　　　D. 企业管理部门领用原材料
6. 不涉及货币收付的经济业务应编制的记账凭证是( )。
   A. 收款凭证　　B. 付款凭证　　C. 转账凭证　　D. 原始凭证
7. 会计人员审核原始凭证时发现其金额有差错,应由( )。
   A. 原制单人重开　B. 经办人更正　C. 会计人员更正　D. 审批人员更正
8. 工业企业的限额领料单是一种( )。
   A. 一次凭证　　B. 汇总原始凭证　C. 累计凭证　　D. 转账凭证
9. 从银行提取现金或把现金存入银行的经济业务,一般( )。
   A. 只填付款凭证,不填收款凭证　　B. 只填收款凭证,不填付款凭证
   C. 既填收款凭证,又填付款凭　　　D. 只填转账凭证,不填制收、付款凭证
10. 填制原始凭证时,"人民币捌仟元零伍角整"的小写金额规范的是( )。
    A. 8 000.5　　B. ¥8 000.5　　C. ¥8 000.50　　D. ¥8 000.5-

二、多项选择题

1. 材料收料单属于( )。
   A. 自制凭证　　B. 外来凭证　　C. 记账凭证　　D. 一次凭证
2. 下列属于原始凭证的有( )。
   A. 销货发票　　B. 转账凭证　　C. 工资结算单　D. 发料凭证汇总表
3. 下列原始凭证中,属于自制原始凭证的是( )。
   A. 发料单　　　B. 支票存根　　C. 实存账存对比表　D. 购货发票
4. 下列凭证不能作为记账依据的原始凭证是( )。
   A. 购料申请单　B. 购销合同　　C. 银行对账单　　D. 债权债务对账单

5. 下列原始凭证中，属于汇总原始凭证的有(　　)。
   A．限额领料单　　　　　　　　　B．差旅费报销单
   C．工资结算汇总表　　　　　　　D．发料凭证汇总表
6. 记账凭证按其适用经济业务范围的不同，可分为(　　)。
   A．单式记账凭证　　　　　　　　B．通用记账凭证
   C．专用记账凭证　　　　　　　　D．复式记账凭证
7. 收款凭证左上角的借方科目可能是(　　)科目。
   A．库存现金　　B．银行存款　　C．应付账款　　D．原材料
8. 按照会计档案的管理要求，会计主体的原始凭证(　　)。
   A．不得外借　　　　　　　　　　B．不得复制
   C．经批准后可以外借　　　　　　D．经批准后可以复制

三、判断题

1. 真实、正确的原始凭证是记账的原始依据。凡不能证明经济业务发生或完成的各种单证不能作为原始凭证据以入账。(　　)
2. 如果原始凭证金额有误，应当由出具单位重开或更正，并在更正处加盖出具单位印章。(　　)
3. 各种会计凭证的填制，都应由会计人员填写，非会计人员不得填写，以保证会计凭证填制的正确。(　　)
4. 对于遗失的原始凭证而又无法取得证明的，如火车票等，可由当事人写出详细情况，也可代作原始凭证。(　　)
5. 为了完整地反映一项经济业务的全貌，对于现金和银行存款之间相互划转的经济业务，应当既填制付款凭证，又填制收款凭证。(　　)
6. 收、付款的记账凭证可以不由出纳人员签名或盖章。(　　)
7. 除结账和更正错误的记账凭证可以不附原始凭证外，其他记账凭证必须附有原始凭证，并注明所附原始凭证的张数。(　　)
8. 记账凭证对经济业务的发生和完成有证明效力。(　　)
9. 填制记账凭证时，如果一项经济业务涉及的会计科目太多，虽然用了几张凭证，但只能编一个总号和若干分数号。(　　)
10. 为了充分发挥记账凭证的作用，一个会计主体可以同时使用通用记账凭证和专用记账凭证。(　　)

技 能 操 练

实训题一

1. 目的：练习编制收款凭证和付款凭证。
2. 资料：某企业201×年3月份发生以下经济业务。
(1) 1日，业务员王强暂借差旅费400元，以现金付讫(原始凭证1张)。
(2) 2日，从银行提取现金600元备用(原始凭证1张)。

(3) 3日，向银行借入期限为3个月的贷款100 000元，存入银行(原始凭证2张)。
(4) 4日，以银行存款偿付上月所欠东风公司材料款20 000元(原始凭证1张)。
(5) 4日，收到五星公司归还的上月所欠货款50 000元存入银行(原始凭证1张)。
(6) 6日，将现金600元送存银行(原始凭证1张)。
(7) 7日，以银行存款偿付上月所欠鸿发公司材料款40 000元(原始凭证1张)。
(8) 8日，以银行存款支付广告费10 000元(原始凭证1张)。
(9) 9日，销售产品，以现金支付所负担的运杂费300元(原始凭证1张)。
(10) 10日，收到正通公司归还的上月所欠货款40 000元，存入银行(原始凭证1张)。
(11) 15日，向银行借入期限为2年的贷款计1 000 000元，已收讫存入银行(原始凭证2张)。
(12) 18日，以现金购买办公用品400元(原始凭证2张)。
(13) 19日，从银行提取现金140 000元备发工资(原始凭证1张)。
(14) 19日，以现金140 000元发放职工工资(原始凭证1张)。
(15) 20日，收到大阳公司以现金归还的上月所欠货款4 000元(原始凭证1张)。
(16) 23日，以银行存款偿付上月所欠东方公司材料款100 000元(原始凭证1张)。
(17) 24日，以银行存款偿付上月所欠兴隆公司材料款20 000元(原始凭证1张)。
(18) 29日，收到大阳公司归还的上月所欠货款10 000元，存入银行(原始凭证1张)。
3. 要求：根据以上经济业务编制收款凭证和付款凭证。

实训题二

1. 目的：练习编制转账凭证。
2. 资料：某公司201×年1月份发生下列转账业务：
(1) 2日，生产车间和管理部门领用下列材料如表5-13所示(原始凭证1张)。

表5-13 生产车间和管理部门领用材料

用 途	甲种材料		乙种材料		合 计
	数量/千克	金额/元	数量/千克	金额/元	
生产A产品领用	12 000	9 600	8 000	6 000	15 600
车间一般耗用	1 000	800			800
厂部管理部门耗用			2 000	1 500	1 500
合 计		10 400		7 500	17 900

(2) 3日，售给天都公司A产品100件，每件80元，计货款8 000元，增值税1 360元，货款尚未收到(原始凭证2张)。
(3) 12日，售给长江公司A产品350件，每件售价800元，计货款28 000元，增值税4 760元，款项尚未收到(原始凭证2张)。
(4) 23日，由黄河公司购入的乙种材料已运到本厂，并验收入库，其实际采购成本为15 200元，款项20日已支付(原始凭证1张)。
(5) 26日，采购员赵杰报销差旅费170元(原预借170元)(原始凭证1张)。
(6) 27日，向黄河公司购进乙种材料25 000千克，每千克0.70元，增值税2 975元，签发期限为一个月的商业汇票一张，汇票交给黄河公司。材料尚未验收入库(原始凭证2张)。
(7) 31日，计提本月固定资产折旧4 000元，其中：车间应计提固定资产折旧额3 000元，管理部门应计提固定资产折旧额 1 000 元(原始凭证 1 张)。

(8) 31 日，结转本月应付职工工资 9 000 元，其中：生产 A 产品工人的工资 5 600 元，车间管理人员的工资 2 200 元，厂部管理人员的工资 1 200 元(原始凭证 1 张)。

(9) 31 日，预提本月应负担的银行借款利息 400 元(原始凭证 1 张)。

(10) 31 日，将本月发生的制造费用 6 700 元，转入"生产成本"账户(原始凭证 1 张)。

(11) 31 日，结转本月完工 A 产品的生产总成本 31 700 元(完工数量 1 000 件，单位成本 31.70 元)(原始凭证 1 张)。

(12) 31 日，结转本月销售发出 A 产品的生产成本 30 115 元(销售数量 950 件，单位成本 31.70 元)(原始凭证 1 张)。

(13) 31 日，将本月发生的"主营业务收入" 76 000 元、"营业外收入" 10 000 元转入"本年利润"账户(无原始凭证)。

(14) 31 日，将本月发生的"主营业务成本" 30 115 元、"销售费用" 1 900 元、"营业税金及附加" 3 800 元、"管理费用" 6 100 元、"财务费用" 400 元、"营业外支出" 385 元、"所得税费用" 18 865 元，转入"本年利润"账户(原始凭证 1 张)。

3．要求：根据以上经济业务资料，编制转账凭证。

实训题三

1．目的：练习填制通用记账凭证。

2．资料：实训题一和实训题二有关业务。

3．要求：根据上述经济业务，填制通用记账凭证。

综合实训

(综合实训可以在学习凭证、账簿、报表各项目后分别进行，也可以在学完所有的内容后一起进行)

1．目的：通过审核与填制原始凭证，了解各类经济业务所用的原始凭证的种类、格式及基本内容，熟悉原始凭证的要素，掌握填制与审核原始凭证的要求和方法；熟练掌握各种记账凭证的填制方法与审核的要求。

2．资料：根据项目 9 中综合实训资料。

3．要求：

(1) 根据所提供的资料，填制与审核原始凭证。

(2) 根据审核无误的原始凭证，编制记账凭证(可采用专用记账凭证，也可采用通用记账凭证)。

(3) 根据记账凭证编制科目汇总表。

项目 6 会计账簿

知识目标

1. 明确会计账簿的含义、作用和种类;
2. 掌握会计账簿的格式和登记规则;
3. 熟悉对账、结账、更换新账的内容和方法。

能力目标

1. 能熟练进行各种账簿的登记;
2. 能熟练进行错账的更正;
3. 能熟练进行对账、结账和更换新账具体操作。

6.1 会计账簿概述

6.1.1 会计账簿的含义和作用

1. 会计账簿的含义

会计账簿(简称账簿)是指按会计账户开设,由一定格式和相互联系的账页组成,用来序时地、分类地记录和反映各项经济业务的簿籍。

企业发生的各项经济业务,通过填制和审核原始凭证与记账凭证,已全部记录到会计凭证中。会计凭证提供的资料虽然比较具体、详细,但比较分散,且缺乏系统性。每张会计凭证只能反映个别经济业务的内容,不能全面、系统、连续地反映单位在一定时期内的全部经济业务,也不能反映其引起的资产和权益的增减变动情况和结果,不能为管理和决策提供有用的会计信息。因此,还需要把记账凭证所反映的经济业务内容进一步地继续加工和整理,将其在账户中进行分门别类地登记,这就需要设置会计账簿。

2. 会计账簿的作用

登记账簿是指以会计凭证为依据,在组成账簿的各个账户中,对经济业务进行全面、系统、连续的记录。设置和登记账簿是会计核算的专门方法之一,是编制会计报表的基础,是会计核算的重要环节。账簿的作用具体表现在以下几个方面。

(1) 账簿是积累会计核算资料的工具。通过设置和登记账簿,可以将分散在会计凭证上大量的核算资料,按其不同性质加以归类、整理和汇总,以便全面、系统和分类地提供企业资产、负债、所有者权益、收入、费用和利润等会计要素的增减变化情况,以利于监督企业各项财产物资的妥善保管和合理使用,为管理决策提供信息。

(2) 账簿记录是编制会计报表的主要依据。通过设置和登记账簿,在会计期末,就可以根据账簿提供的资料编制会计报表。因此会计报表中所反映的数据是否真实、正确,编制报送是否及时,都与账簿的登记有密切关系。

(3) 账簿资料是会计分析和会计检查的直接依据。利用账簿资料,可以考核企业各项计划的完成情况,使企业管理部门和其他有关部门了解本单位的经营业绩,进而对企业资金使用是否合理,费用开支是否符合标准,经济效益有无提高,利润的形成与分配是否规范,税金是否及时、足额上缴,市场竞争能力是否增强等作出分析和评价,以便调整经营决策,寻找改善企业经营管理和提高经济效益的途径和方法。

(4) 会计账簿是保证财产物资安全完整的重要手段。账簿中记录的财产物资的账面数可以通过实地盘点的方法,与实存数进行核对,来检查财产物资是否妥善保管,账实是否相符。这样既可以全面具体地掌握各项财产物资的变动情况,又有利于保护财产物资的安全。

需要指出的是:账簿和账户有着十分密切的联系。账户是根据会计科目开设的,账户存在于账簿之中,账簿中的每一页就是账户的存在形式和载体,没有账簿,账户就无法存在;然而,账簿只是一个外在形式,账户才是它的真实内涵。账簿序时、分类地记载经济业务,是在个别账户中完成的。因此,也可以说,账簿是由若干账页组成的一个整体,而开设于账页上的账户则是整体中的个别部分,所以账簿与账户的关系是形式和内容的关系。

6.1.2 会计账簿的种类

在账簿体系中,有各种不同功能和作用的账簿,它们各自独立,又相互补充,形成了一整套完整的账簿体系。但各单位的经济业务和经营管理的要求不同,所设置的账簿种类及其格式也多种多样,其用途、内容、登记方法也都各不相同。为了正确地了解和使用账户,应对会计账簿进行科学的分类。

1. 按账簿的用途分类

按账簿的用途不同,可以分为序时账簿、分类账簿和备查账簿三类。

(1) 序时账簿。序时账簿也称日记账,是按各项经济业务发生或完成时间的先后顺序,逐日、逐笔进行连续登记的账簿。序时账簿可以用来核算和监督某一类型经济业务或全部经济业务的发生或完成情况。日记账又按其记录的内容不同分为普通日记账和特种日记账。用来记录全部业务的日记账称为普通日记账;用来记录某一类型经济业务的日记账称为特种日记账,如记录现金收付业务及其结存情况的现金日记账,记录银行存款收付业务及其结存情况的银行存款日记账,以及专门记录转账业务的转账日记账。为了加强对货币资金的监督和管理,我国的大多数企业一般只设现金日记账和银行存款日记账,而不设转账日记账和普通日记账。

(2) 分类账簿。分类账簿是对全部经济业务按照会计要素的具体类别而设置的分类账户进行登记的账簿。分类账按照账户分类的层次分为总分类账和明细分类账。按照总分类账户分类登记经济业务的是总分类账簿,简称总账,总分类账提供总括的会计信息;按照明细分类账户分类登记经济业务的是明细分类账簿,简称明细账,明细分类账提供详细的会计信息。

明细账是对总账的补充和具体化,并受总分类账的控制和统驭。

在账簿组织中,分类账簿占有特别重要的地位。因为分类账簿可以分别反映和监督各项资产、负债、所有者权益、收入、费用和利润的增减变动情况及其结果。只有通过分类账簿,才能把数据按账户形成不同信息,满足编制会计报表的需要。

(3) 备查账簿。备查账簿也称辅助账簿、备查簿,是对某些序时账簿和分类账簿不记载的经济业务或记载不全的项目进行补充登记的账簿。例如:租入固定资产登记簿,是用来登记那些以经营租赁方式租入的固定资产,这些固定资产不属于本企业的财产,不能记入本企业的固定资产账户,只能在备查账中登记;应收票据贴现备查簿,是用来登记本企业已经贴现的应收票据,由于尚存在着票据付款人到期不能支付票据而使本企业产生连带责任的可能性,而应收票据已从账簿中转销,只能在备查簿中登记;此外还有受托加工材料登记簿、代管商品物资登记簿等。备查簿由各单位根据自身需要设置。

备查簿与序时账簿和分类账簿相比,有两点不同之处:一是登记依据不同,备查簿可能不需要会计凭证,而序时账簿和分类账簿必须有会计凭证;二是账簿的格式和登记方法不同,备查簿没有固定的格式,它的主要栏目不记录金额,注重用文字来记录经济业务的发生情况,而序时账簿和分类账簿有固定的格式和严格的登记方法。

2. 按账簿的外表形式分类

按账簿的外表形式不同,可分为订本式账簿、活页式账簿和卡片式账簿三种。

(1) 订本式账簿。它是指在启用之前就把编有顺序号的若干账页固定装订成册的账簿。应用订本,可以避免账页散失,防止随意抽换账页。但是,应用订本也有缺点,同一本账簿在同一时间内只能由一个人登记,不便于分工记账。同时,由于账页固定,不能根据需要增减,因而必须预先估计每一个账户需要的账页页数来预留空白账页,预留太多,造成浪费,预留太少,又影响连续登记。在实际工作中,订本式账簿主要适用于总分类账、现金日记账和银行存款日记账。

(2) 活页式账簿。它是指账页在账簿登记完毕之前并不固定装订在一起,而是装在活页夹中,当账簿登记完毕之后(通常是一个会计年度结束之后),才将账页予以装订,加具封面,并给各账页连续编号的账簿。采用活页式账簿,其优点是便于分工记账,可根据需要随时增减账页和对账户进行重新排列;其缺点是账页容易散失和被抽换。在日常使用过程中,为了防止账页散失,通常对活页式账簿进行可拆式装套。这种账簿主要适用于各种明细分类账。

(3) 卡片式账簿。它是指由许多分散的、具有一定格式的卡片组成的,存放在卡片箱中可随时取用的账簿。严格地说,卡片账也是一种活页账,只不过它不是装在活页夹中,而是装在卡片箱中。在我国,企业一般只对固定资产的核算采用卡片账形式。

3. 按账簿的账页格式分类

按账簿的账页格式不同,可分为三栏式、**数量金额式**、多栏式和横线登记式四种。

(1) 三栏式账簿。它是指设有借方、贷方、余额(或收入、付出、结余)三个基本金额栏目的账簿。实务中,日记账、总分类账及债权、债务明细账一般采用三栏式账簿。

(2) 数量金额式账簿。它是指在账簿的借方、贷方、余额三个栏目内,都分设数量、单价、金额三个小栏,以便全面记录反映经济业务的数量、单价和金额的账簿。实务中,原材料、库存商品等明细账一般采用数量金额式明细账。

(3) 多栏式账簿。它是指在账簿的两个基本栏目借方或贷方或借贷两方按需要分设若干专栏,详细反映该账户核算内容的账簿。专栏设置在借方还是设置在贷方,或是两方同时开设,设置多少专栏,都是根据需要确定。实务中,收入、成本、费用、本年利润等明细账一般采用多栏式账簿。

(4) 横线登记式账簿。横线登记式账簿也称平行式明细账,它的账页格式比较特别,是将前后密切相关的增减业务在同一个行次内的借贷方进行详细登记,以检查每笔经济业务完成及变动情况。实务中,"材料采购"等明细账一般采用这种格式的账簿。

上述账簿的分类如图 6.1 所示。

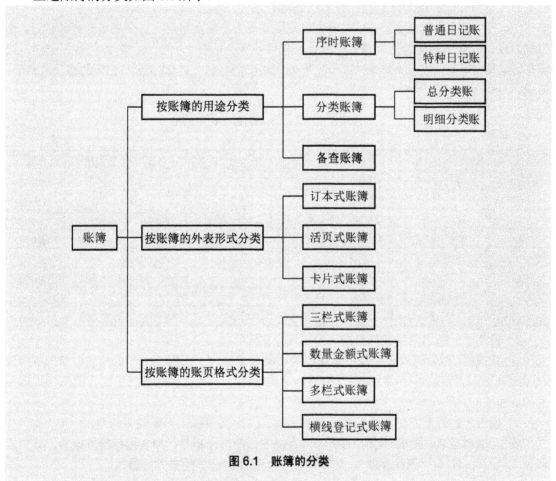

图 6.1 账簿的分类

6.2 会计账簿的格式和登记方法

6.2.1 序时账簿的格式和登记方法

序时账簿又称日记账,是按照经济业务发生或完成的时间先后顺序逐日逐笔进行登记的账簿。其设置的目的就是为了使经济业务的时间顺序清晰地反映在账簿记录中。日记账按其所核算和监督经济业务的范围,可分为特种日记账和普通日记账。特种日记账核算和监督某一类型经济业务的发生和完成情况,主要有现金日记账和银行存款日记账。普通日记账核算和监督全部经济业务的发生和完成情况。这些日记账的格式和登记方法如下。

1. 现金日记账

现金日记账是用来核算和监督库存现金每天收入、支出和结存情况的账簿。由出纳人员根据审核无误的现金收款凭证、付款凭证和与现金增加有关的银行存款付款凭证,按经济业务发生的时间先后顺序逐日逐笔进行登记。有外币现金收付业务的企业,还应按不同币种分别设置"现金日记账"进行核算。月终"现金日记账"余额应与"库存现金总账"余额核对相等。现金日记账的格式有三栏式和多栏式两种。

(1) 三栏式现金日记账。三栏式现金日记账设借方、贷方和余额三个基本的金额栏目,也可称为收入、支出和结余三个基本栏目。在摘要栏和金额栏之间插入"对方科目"一栏,以便在记账时标明现金收入的来源科目和现金支出的用途科目。三栏式现金日记账的格式如表6-1所示。

表6-1 现金日记账(三栏式)

单位:元

201×年		凭证		摘 要	对方科目	收入（借方）	支出（贷方）	结余（余额）
月	日	字	号					
6	1			期初结余				20 000
	1	现收	1	李强交回差旅费余款	其他应收款	1 000		21 000
	1	现付	1	购买办公用品	管理费用		5 000	16 000
	1	银付	1	提取现金	银行存款	2 000		18 000
				本日合计		3 000	5 000	18 000
				……				
	30			本月合计		70 000	78 000	12 000

① 日期栏:指记账凭证的日期,应与现金实际收付日期一致。

② 凭证栏:指登记入账的收付款凭证的种类和编号,如"现金收(付)款凭证",简写为"现收(付)";"银行存款收(付)款凭证",简写为"银收(付)"。凭证栏还应登记凭证的编号,以便于查账和核对。

③ 摘要栏:说明登记入账经济业务的内容,文字要简练,但要说明问题。

④ 对方科目栏:指现金收入的来源科目或支出的用途科目。如从银行提取现金,其来源科目(即对方科目)为"银行存款"。其作用在于了解经济业务的来龙去脉。

⑤ 收入、支出栏:指现金实际收付的金额。每日终了,应分别计算现金收入和付出的合计数,结出余额,同时将余额与出纳员的库存现金核对,即通常说的"日清"。如账款不符,则应查明原因,并记录备案。月终同样要计算现金收、付和结存的合计数,通常称为"月结"。

(2) 多栏式现金日记账。多栏式现金日记账是在三栏式现金日记账的借方(收入)和贷方(支出)下再按对方科目设置若干专栏,逐日逐笔登记现金收付业务的序时账。

多栏式现金日记账的设置有两种:一种是现金的收入对应科目和支出对应科目设在同一账页内,即收入、支出一本账,其格式和内容如表6-2所示;另一种是按现金的收入、支出分别设置两本账,即现金收入日记账和现金支出日记账,其格式和内容如表6-3和表6-4所示。

表 6-2 现金日记账

单位：元

201×年		凭证		摘要	借方对应科目			现金收入合计	贷方对应科目				现金支出合计	余额
月	日	字	号		银行存款	其他应收款	……		应付职工薪酬	其他应收款	管理费用	……		
6	1			期初余额										5 500
	6	现付	1	王一借差旅费						3 000			3 000	2 500
	9	银付	1	提现金	4 000			4 000						6 500
	10	现付	2	支付办公费							1 500		1 500	5 000
	10	现收	1	王一报账退回		800		800						5 800
	24	银付	2	提现备发工资	50 000			50 000						55 800
	30	现付	3	发放工资					50 000				50 000	5 800
				合计	54 000	800		54 800	50 000	3 000	1 500		54 500	5 800

表 6-3 现金收入日记账

单位：元

201×年		凭证		摘要	应贷科目			收入合计	支出合计	余额
月	日	字	号		银行存款	其他应收款	……			
6	1			期初余额						5 500
	9	银付	1	提现金	4 000			4 000		
	10	现收	1	王一报账退回		800		800		
	24	银付	2	提现金备发工资	50 000			50 000		
	30			本月合计	54 000	800		54 800	54 500	5 800

表 6-4 现金支出日记账

单位：元

201×年		凭证		摘要	应借科目				支出合计
月	日	字	号		应付职工薪酬	其他应收款	管理费用	……	
6	6	现付	1	王一预借差旅费		3 000			3 000
	10	现付	2	支付办公费			1 500		1 500
	30	现付	3	发放工资	50 000				50 000
	30			本月合计	50 000	3 000	1 500		54 500

现金收入日记账与现金支出日记账的登记方法与第一种基本相同，每日营业终了，根据现金支出业务日记账结计的支出合计数，一笔转入现金收入日记账的"支出合计"栏中并结出当日金额。如表 6-3 将现金支出日记账中的 54 500 元转入现金收入日记的本月现金支出栏内，计算出月末现金余额为 5 800 元(5 500+54 800-54 500)。

为了保证现金的安全和完整，无论是采用三栏式还是多栏式现金日记账，都必须使用订本式。

2. 银行存款日记账

银行存款日记账是用来核算和监督银行存款每日的收入、支出和结余情况的账簿。银行存款日记账应按企业在银行开立的账户和币种分别设置，每个银行账户设置一本日记账。由出纳人员根据审核无误的银行存款收款凭证、付款凭证和与银行存款增加有关的现金付款凭证，按经济业务发生的时间先后顺序逐日逐笔进行登记。每日营业终了时，计算出银行存款收入合计、支出合计及结余数，并定期与"银行对账单"逐笔进行核对。月末还要计算出本月收入、支出合计数并结出余额。月终"银行存款日记账"余额应与"银行存款总账"余额核对相符。

银行存款日记账的格式与现金日记账相同，可以采用三栏式，也可以采用多栏式；多栏式可以将收入和支出的核算在一本账上进行，也可以分设"银行存款收入日记账"和"银行存款支出日记账"。但不管是三栏式还是多栏式，都应在适当位置增加一栏"结算凭证"，以便记账时标明每笔业务的结算凭证种类及编号，便于与银行进行核对。银行存款日记账三栏式格式和内容如表 6-5 所示。

银行存款日记账的登记方法与现金日记账相同，不再重复。

表 6-5　银行存款日记账

单位：元

201×年		凭证		结算凭证		摘　要	对方科目	收入	支出	余额
月	日	字	号	种类	编号					
6	1					期初余额				200 000
	5	银付	1	支票	0151	支付购料款	原材料		50 000	150 000
	5	银收	4	托收	0251	收取销货款	主营业务收入	40 000		190 000
	5	现付	5			将现金存入银行	库存现金	5 000		195 000
	5					本日合计		45 000	50 000	195 000
						……				
	30					本月合计		556 000	406 000	350 000

3. 普通日记账

普通日记账是用来序时登记全部经济业务的账簿，又称为分录簿，一般只设借方和贷方两个金额栏，以满足编制会计分录的需要。其格式和内容如表 6-6 所示。

表 6-6　普通日记账

单位：元

201×年		凭证		摘　要	账户名称	过账	借方	贷方
月	日	字	号					
6	1	银付	1	购入钢材 1 000 千克	原材料		15 000	
					银行存款			15 000
				……				

普通日记账的登记方法是：由会计人员按照每天发生的经济业务的先后顺序，确定应借应贷的会计科目，编制会计分录，逐笔记入普通日记账的相应栏目，然后根据日记账上的数额逐日过入有关分类账。普通日记账在企业已很少采用。

6.2.2 分类账簿的格式和登记方法

各单位在组织会计核算工作时,为了满足管理所需要的会计信息,一方面要提供总括的会计核算资料,即要设置总账,进行总分类核算;另一方面还要提供详细的会计核算资料,即设置明细账,进行明细分类核算。

1. 总分类账的格式和登记方法

总分类账简称总账,是按照国家统一规定的一级会计科目开设的,分类汇总反映经济活动情况的账簿。总分类账能够全面、总括地反映经济活动情况及结果,对明细账起着统驭控制作用,为编制会计报表提供总括资料。

总分类账应该采用订本账,在一本或几本账簿中将全部总分类账户按会计科目表的编号顺序逐一开设,因此,对每个账户事先应按业务量的多少预留若干账页。由于总分类核算只进行货币量度的核算,因此,总分类账最常见的格式是三栏式。其格式和内容如表6-7所示。

表 6-7 总分类账

账户名称:银行存款　　　　　　　　　　　　　　　　　　　　　　　　　　　　　单位:元

201×年		凭证		摘 要	借方	贷方	借或贷	余额
月	日	字	号					
6	1			期初余额			借	200 000
	2	银付	1	提取现金		50 000	借	150 000
	5	银收	1	销售产品	125 000		借	275 000
	6	银收	2	收回前期货款	100 000		借	375 000
	8	银付	2	购买材料		150 000	借	225 000
				……				
	30			本月合计	980 000	870 000	借	310 000

总分类账的记账依据和登记方法取决于企业采用的账务处理程序。既可以根据记账凭证逐笔登记,也可以根据经过汇总的科目汇总表或汇总记账凭证等登记。具体登记方法将在以后有关项目中介绍。

2. 明细分类账的格式和登记方法

明细分类账简称明细账。它是根据某个总账科目所属的明细科目开设的账簿,用来分类、连续地记录有关资产、负债、所有者权益及收入、费用和利润的详细情况,提供会计核算的详细资料。它对总分类账起补充说明的作用,它所提供的资料也是编制会计报表的重要依据。

明细账的格式根据管理和提供会计信息的需要可以设置三栏式、数量金额式、多栏式和横线登记式四种。

1) 三栏式明细分类账

三栏式明细分类账的账页格式与三栏式总分类账相同,只设借方、贷方、余额三栏。它主要适用于只需要进行金额核算,不需要进行数量核算的经济业务,如"应收账款""应付款""长期借款""实收资本"等明细账。其格式和内容如表6-8所示。

表 6-8 应付账款明细账

明细科目：光华公司　　　　　　　　　　　　　　　　　　　　　　　　　　　　　　　单位：元

201×年		凭证		摘要	借方	贷方	借或贷	余额
月	日	字	号					
6	1			期初余额			贷	80 000
	10	银付	5	偿还前期欠款	80 000		平	0
	18	转	10	购料欠款		100 000	贷	100 000
	……							
	30			本月发生额及余额	250 000	260 000	贷	90 000

2) 数量金额式明细账

数量金额式明细账适用于既要进行金额核算又要进行数量核算的账户，如"原材料""库存商品"等存货类账户，其账页格式是在借方(收入)、贷方(发出)、余额(结存)三大栏下再分别设置数量、单价和金额三个专栏。为了满足提供会计信息的需要，在数量金额式账页的上端，还设了一些必要的项目，其格式和内容如表 6-9 所示。

表 6-9 原材料明细账

类别：

品名、规格：　　　　　　　　　　　　仓库：　　　　　　　　　　　　最高储备量：

计量单位：吨　　　　　　　　　　　　储备定额：　　　　　　　　　　最低储备量：

201×年		凭证		摘要	收入			发出			结存		
月	日	字	号		数量	单价	金额	数量	单价	金额	数量	单价	金额
6	1			期初余额							100	200	20 000
	6	转	6	购进	100	200	20 000				200	200	40 000
	6	转	18	购进	200	200	40 000				400	200	80 000
	20	转	30	领用				300	200	60 000	100	200	20 000
	……												
	30			本月发生额及余额	1 000		200 000	800		160 000	300	200	60 000

3) 多栏式明细账

多栏式明细账是在一张账页的借方或贷方或借贷双方设若干专栏，详细记录某一科目的核算内容。

多栏式明细账是根据经济业务的特点和提供会计信息的需要设置的，主要适用于收益类和成本费用类账户的明细核算。其格式按记录的内容不同，又可分借方多栏、贷方多栏或借贷方均多栏式明细账。

(1) 借方多栏式明细账。借方多栏式明细账是在账页的借方设置若干专栏、贷方不设专栏的明细账，主要适用于成本、费用类账户，如"生产成本""制造费用""销售费用""管理费用""营业外支出"等账户。这些账户的主要发生额在借方，因此在借方设置若干专栏提供详细的核算资料，其格式和内容如表 6-10 所示。

表 6-10　生产成本明细账

产品名称：甲产品　　　　　　　　　　　　　　　　　　　　　　　　计量单位：件
品种及规格：　　　　　　　　　　　　　　　　　　　　　　　　　　完工数量：200

201×年		凭证		摘要	借方				贷方	余额
月	日	字	号		直接材料	直接人工	制造费用	合计		
6	1			期初余额	40 000	25 000	15 000	80 000		80 000
	30	转	58	领用材料	12 000			12 000		92 000
	30	转	59	分配工资		26 000		26 000		118 000
	30	转	60	分配制造费用			10 000	10 000		128 000

(2) 贷方多栏式明细账。贷方多栏式明细账是在账页的贷方设置若干专栏，借方不设专栏的明细账，主要适用于收益类账户，如"主营业务收入""营业外收入"等账户。这些账户的主要发生额在贷方，因此在贷方设置若干专栏提供详细的核算资料。其格式和内容如表 6-11 所示。

表 6-11　主营业务收入明细账

单位：元

201×年		凭证		摘要	借方	贷方				余额
月	日	字	号			产品销售	劳务收入	……	合计	
6	2	银收	1	销售产品		30 000			30 000	30 000
	8	转	10	销售并安装产品		80 000	2 000		82 000	112 000
	20	转	25	销售产品		50 000			50 000	162 000
	30	转	52	结转本年利润	162 000					0

(3) 借方贷方多栏式明细账。借方贷方多栏式明细账是在账页的借方和贷方均分设若干专栏，主要适用于借方和贷方都需要设置若干栏目进行明细核算的经济业务，如"投资收益""本年利润"等账户，其格式和内容如表 6-12 所示。

表 6-12　本年利润明细账

单位：元

201×年		凭证		摘要	借方							贷方				借或贷	余额
月	日	字	号		主营业务成本	营业税金及附加	管理费用	销售费用	财务费用	……	合计	主营业务收入	营业外收入	……	合计		
1	31	转	38	结转本年利润	50 000	3 000	5 000	4 000	1 000		63 000	90 000	2 000		92 000	贷	29 000

4) 横线登记式明细账

横线登记式明细账是指在账户"借方"和"贷方"的同一行内，记录某一项经济业务从发生到结束的所有事项，如采购材料业务的付款和收料、备用金业务的借支和报销收回的情况等。该明细账一般适用于需要逐笔对照清算的经济业务。其特点是：应记借方的业务和应记贷方的业务不论时隔多久发生,在账户上都要记在同一行上。某项经济业务发生,如果先记入了"借方",当该项经济业务完成时,无论时隔多久,都要记入原记入"借方"所在行次的"贷方"栏内;同理,如果先记入了"贷方",当该项经济业务完成时,无论时隔多久,都要记入原记入"贷方"所在行次的"借方"栏内。当该项业务记录结清时,应在"结清"栏内加注结清符号"√",现以备用金借支和报销收回业务为例,说明横线登记式的格式和登记方法。

【例 6-1】某企业×年 5 月份发生下列有关业务:5 月 5 日职工王刚出差预借差旅费 2 000 元,5 月 10 日职工李明出差预借差旅费 1 200 元,5 月 18 日李明报销 1 100 元,退回 100 元,上述业务记账之后,有关备用金明细账的内容如表 6-13 所示。

表 6-13 备用金明细账

201×年		凭证		摘要	借方			201×年		凭证		摘要	贷方			结清
月	日	字	号		原借	补付	合计	月	日	字	号		报销	退回	合计	
5	5	记	2	王刚	2 000		2 000									
5	10	记	15	李明	1 200		1 200	5	18	记	23	报销	1 100	100	1 200	√

6.3 会计账簿的登记规则和错误更正

6.3.1 会计账簿的登记规则

登记会计账簿是会计核算的基本方法之一,账簿资料是重要的会计核算资料。为了保证会计核算的质量,完成会计工作任务,登记账簿除以审核无误的会计凭证为依据外,还必须严格遵守以下规则。

1. 账簿启用原则

为了保证账簿记录的合法性和真实性,明确经济责任,保证会计信息的完整,防止舞弊行为,启用账簿时应在扉页上填列"账簿启用和经管人员一览表"。其格式如表 6-14 所示。

表 6-14 账簿启用和经管人员一览表

单位名称:_____　　　　　　　　　　　　账簿名称:_____
账簿编号:_____　　　　　　　　　　　　账簿册数:_____
账簿页数:_____　　　　　　　　　　　　启用日期:_____
会计主管:_____　　　　　　　　　　　　记账人员:_____

移交日期			移交人		接管日期			接管人		会计主管	
年	月	日	姓名	签章	年	月	日	姓名	签章	姓名	签章

记账人员或者会计机构负责人、会计主管人员更换时,必须办理交接手续,注明交接日

期、交接人员及监交人员姓名，交接双方人员应签名或盖章。

启用订本式账簿，应当从第一页到最后一页顺序编定页数，不得跳页、缺号。使用活页式账页，应当按账户顺序编号，并须定期装订成册。装订后再按实际使用的账页顺序编定页码，另加目录，注明每个账户的名称和页次。

2. 账簿登记规则

为了保证账簿记录的正确性，在登记时应遵循以下规则。

(1) 准确完整。登记会计账簿时，应当将会计凭证日期、编号、经济业务内容摘要、金额和其他有关资料逐项记入账页内，做到数字准确、摘要清楚、登记及时、字迹工整。

(2) 注明记账符号。账簿登记完毕，应在记账凭证上签名或盖章，并在记账凭证的"记账"栏内注明所记账簿页数或者表示已经记账的符号"√"，表示已记账完毕，避免重记、漏记。

(3) 书写留空。登记会计账簿时，书写文字要清晰，数字要规范，排列要均匀，文字和数字上面要留适当的空格，不要写满，一般应占格距的二分之一。

(4) 记账使用蓝黑墨水。为了保持账簿记录的持久性，防止涂改，登记账簿时必须使用蓝黑墨水或碳素墨水并用钢笔书写，不得使用圆珠笔(银行复写账簿除外)和铅笔书写。

(5) 特殊记账使用红墨水。登记账簿时，特殊情况下可用红色墨水书写。可使用红色墨水记账的情况包括：按照红字冲账的记账凭证，冲销错误记录；在不设借贷等栏的多栏式账页中，登记减少数；在三栏式账户的余额栏前，如未标明余额方向的，在余额栏内登记负数余额；制度规定可以用红字登记的其他会计记录。总之，会计中的红字表示负数，除上述情况外，不得用红色墨水登记账簿。

(6) 按顺序连续登记。各种账簿必须按编写的页次顺序连续登记，不得跳行、隔页。如果发生跳行、隔页，应当将空行、空页用红色墨水画对角线注销，或注明"此行空白、此页空白"字样，并由记账人员签名或盖章。

(7) 过次承前。每一账页登记完毕时，应在本页最后一行结出本页发生额合计及余额，并在"摘要"栏内注明"过次页"或"转次页"；同时将本页的合计数和余额记入下一页第一行的有关栏内，并在"摘要"栏内注明"承前页"，然后再根据记账凭证继续记账。

对需要结计本月发生额的账户，结计"过次页"的本页合计数应当为自本月初起至本页末止发生的合计数；对需要结计本年累计发生额的账户，结计"过次页"的本页合计数应当为自年初起至本页末止的累计数；对既不需要结计本月发生数也不需要结计本年累计发生额的账户，可以只将每页末的余额结转次页。

(8) 结出余额。凡需要结出余额的账户，结出余额后，应当在"借或贷"栏内写明"借"或"贷"的字样，以表示余额的方向。没有余额的账户，应当在"借或贷"栏内写明"平"字，并在余额栏内用"0"表示。现金日记账和银行日记账必须逐日结出余额。

(9) 不得刮擦挖补。账簿记录发生错误，不得涂改、刮擦、挖补或用褪色药水消除字迹，不准重新抄写，而应根据错账的具体情况，采用规定的方法进行更正。

(10) 电算操作，定期打印。实行会计电算化的单位，总账和明细账应当定期打印。用计算机打印会计账簿必须连续编号，经审核无误后装订成册，并由记账人员和会计机构负责人、会计主管人员签字或盖章。发生收款和付款业务的，在输入收款凭证和付款凭证的当天，必须打印出现金日记账和银行存款日记账，并与库存现金核对无误。

6.3.2 错账的更正方法

在记账过程中,由于种种原因,可能会发生各种各样的错误,如数字颠倒、数字错位、科目记错等。如果发生了错账,应及时进行查找,并予以更正。

1. 错账的查找方法

1) 全面检查

全面检查就是对一定时期内的账目逐笔进行核对的检查方法。按照查错的顺序是否与记账程序的方向相同,可分为顺查法和逆查法两种。

(1) 顺查法。顺查法是按照记账的顺序,从原始凭证到记账凭证,再到账簿、报表顺次进行查找的方法。首先,检查记账凭证是否正确;其次,将记账凭证以及后面所附的原始凭证逐一与所登记的账簿进行核对;最后,核对有关账户的发生额和余额。这种方法的优点是:检查范围大,不易遗漏,各种原因出现的差错都可以找到。其缺点是:工作量大,费时费力。顺查法适用于错账较多,难以确定查找方向与重点范围的情况。

(2) 逆查法。逆查法是从发现错账的位置逆记账程序的方向从尾到头进行普遍检查的方法。逆查法的重点放在发现错账的部位,通过反方向的查找,一直查到错误的原因为止。这种方法能减少查找的工作量,实际工作中大都采用这种方法。

2) 局部检查

局部检查又称个别检查,是指针对错误的数字抽查相关账目的检查方法。局部检查的方法有差数法、尾数法、除二法、除九法等。

(1) 差数法。差数法是指按照错账的差数查找错账的方法。如果对账时发现差错数额正好等于某笔经济业务的发生额,则可能是重记或漏记了一方的数字。

(2) 尾数法。尾数法又称小数复查法,是指对于发生的元、角、分差错只查找尾数部分的一种检查方法。检查时,只查"元、角、分"三位数字,将账簿上的"元、角、分"三位数字重新计算一遍,如无效,可逐笔核对,仍只对"元、角、分"三位数。

(3) 除二法。除二法是指以差数除以 2 来查找错账的方法。如果在记账过程中将记账方向记反了,即借方记入贷方,贷方记入借方,就会使一方的合计数加大,而另一方的合计数减少,其差额刚好是记错方向的数字的 2 倍,而且差额必定是个偶数。如果用这个差数除以 2,得出的商数就有可能是账中记错方向的数字,然后在账簿中查找与这个商数相同的数字。

(4) 除九法。除九法是指以差数除以 9 来查找错账的方法。记账时,如果把数字的位置写错,或相邻两个数字顺序颠倒,就会出现借贷差数,把这个差数除以 9,若能除尽,就可能是数字"错位"或数字"颠倒"造成的,进一步查找,即可找到错误数字。

2. 错账的更正方法

保证账簿正确是会计人员的职责,但在日常繁杂的会计工作中又难免不出问题,如果账簿记录发生差错,不能刮擦、挖补、涂抹或用化学药水更改数字,应根据错误的不同性质,按规定办法进行更正。错账的更正方法一般有以下三种。

1) 划线更正法

划线更正法是指在错误的数字或文字上划红线来更正账户中书写错误或计算错误的一种错账更正方法。它主要适用于在结账前发现账簿记录有文字或数字错误而记账凭证没有错误的情况。更正时，应先在错误的全部数字或文字上划一条红线以示注销，然后在红线的上方填写正确的数字或文字，并由记账及相关人员在更正处盖章，以明确责任。在进行划线更正时，对于错误的数字应当全部划红线更正，不得只更正其中错误的数字；对于文字错误，可只划去错误的部分。更正错误后，必须保持原有错误的数字或文字清晰可辨，以便审查。

【例 6-2】 记账时笔误，将数字 9 740 误记为 9 470，做如下更正。

```
   9 740.00     李红
  ~~9 470.00~~   盖章
```

应将错误数字 9 470 全部用红线注销，然后在上方空白处写上正确的数字 9 740，而不能只更正 47 两个数字。

2) 红字更正法

红字更正法也称红字冲销法或红字订正法，是指在有错误的账户中，通过用红字登记来冲销原错误数据的一种更正方法。它适用于更正记账凭证中应借、应贷的会计科目发生错误或已记金额大于应记金额的错误而导致的账簿记录错误。

(1) 记账凭证用错会计科目的更正。记账后，发现记账凭证中应借、应贷会计科目有错误，从而导致账簿记录发生错误。更正时，先用红字填制一张与原错误凭证完全相同的记账凭证，并据以用红字金额登记入账，冲销原来的错误记录；然后再用蓝字填制一张正确的记账凭证，并据以登记入账。

【例 6-3】 某企业基本生产车间生产甲产品领用材料一批，计 17 000 元，填制记账凭证时，误作如下会计分录，并已登记入账。

a．借：制造费用　　　　　　　　　　　　　　　17 000
　　贷：原材料　　　　　　　　　　　　　　　　　　17 000

发现上述错误进行更正时，先红字填制一张和原错误记账凭证完全相同的记账凭证，并在摘要栏注明"注销某月某日某号凭证"，用红字金额登记入账，冲销原错误记录。

b．借：制造费用　　　　　　　　　　　　　　　|17 000|
　　贷：原材料　　　　　　　　　　　　　　　　　　|17 000|

(上述加框的数字表示红字，下同)

然后，再用蓝字填制一张正确的记账凭证，并在摘要栏注明"订正某月某日某号凭证"，登记入账。

c．借：生产成本　　　　　　　　　　　　　　　17 000
　　贷：原材料　　　　　　　　　　　　　　　　　　17 000

根据以上记账凭证记账后的账户记录如下。

借	原材料	贷	借	制造费用	贷	借	生产成本	贷
		a. 17 000	a. 17 000			a. 17 000		
		b. |17 000|	b. |17 000|				
		c. 17 000						

(2) 记账凭证已记金额大于应记金额错误的更正。记账后发现记账凭证中应借、应贷会计科目正确，但所填金额大于应记金额，也应采用"红字更正法"。更正时，按多记金额用红字

填制一张与原凭证应借、应贷科目完全相同的记账凭证，以冲销多记金额，并据以入账。

【例 6-4】 某企业收到甲单位前欠货款 2 000 元，存入银行。填制记账凭证时，误作如下会计分录，并已登记入账。

  a．借：银行存款   20 000
    贷：应收账款   20 000

发现上述错误进行更正时，按多记金额 18 000 元用红字填制一张和原记账凭证应借、应贷科目完全相同的记账凭证，并在摘要栏注明"冲销某月某日某号凭证"，登记入账，冲销原多记金额。

  b．借：银行存款   18 000
    贷：应收账款   18 000

根据以上记账凭证记账后的账户记录如下。

借	银行存款	贷	借	应收账款	贷
a. 20 000			a. 20 000		
b. 18 000			b. 18 000		

3）补充登记法

补充登记法又称蓝字补充法、补充更正法，是指在已记金额小于应记金额的账户中通过补充登记数据来更正错误的一种错账更正方法。它适用于更正由于记账凭证中应借、应贷科目正确，只是已记金额小于应记金额的错误而导致的账簿记录错误。更正时，按少记金额用蓝字填制一张和原来的记账凭证应借、应贷科目完全相同的记账凭证，并据以登记入账。

【例 6-5】 从银行提取现金 10 000 元备发工资。根据支票存根编制记账凭证时，误作如下会计分录，并登记入账。

  a．借：库存现金   1 000
    贷：银行存款   1 000

发现上述错误进行更正时，按少记金额 9 000 元用蓝字补填一张和原记账凭证应借、应贷科目完全相同的记账凭证，并登记入账，补记少记金额。

  b．借：库在现金   9 000
    贷：银行存款   9 000

根据上述记账凭证记账后的账户记录如下。

借	库存现金	贷	借	银行存款	贷
a. 1 000			a. 1 000		
b. 9 000			b. 9 000		

采用红字更正法和补充登记法，在填制更正的记账凭证时，日期为更正当天的时间，凭证字号为当天的连续编号。

6.4 对账和结账

6.4.1 对账

对账，就是核对账目。会计核算要求账簿登记清晰、准确，但在日常记账、算账、过账、结账的过程中，难免会发生差错，为了保证账簿记录的准确无误和编制会计报表数字的真实可靠，必须对账簿记录进行核对。建立定期对账制度，还能发现会计工作中的薄弱环节，有利于会计核算质量的不断提高。同时，通过对账，对加强单位内部控制，建立健全经济责任制，提高会计人员的业务素质等，都具有重要意义。对账的内容包括账证核对、账账核对、账实核对。

1. 账证核对

账证核对是指将各种账簿记录与记账凭证及所附原始凭证进行核对，核对账簿记录与原始凭证、记账凭证的时间、凭证字号、内容、金额是否一致，记账方向是否相符等。账证核对主要是在填制和审核记账凭证以及在日常的记账过程中进行的，能使错误得到及时地发现和更正。账证相符是保证账账、账实相符的前提和基础。

2. 账账核对

账账核对是指对各种账簿之间的有关记录进行核对。它是在账证核对的基础上，检查在记账过程中和在账户计算过程中是否发生了差错，以保证记账和有关计算的正确性。账账核对至少在每个月末进行一次。账账核对主要包括以下内容。

(1) 总账账户之间的核对。总账账户之间的核对是指总分类账中全部账户发生额和余额之间的核对。总分类账全部账户的期初借方余额合计数与贷方余额合计数、本期借方发生额合计数与本期贷方发生额合计数、期末借方余额合计数与期末贷方余额合计数，应分别对应相等。这种核对可通过编制"总分类账户本期发生额与余额核对表"（简称"试算平衡表"）来进行。其格式如表 6-15 所示。

表 6-15 总分类账户本期发生额与余额核对表

会计科目	期初余额		本期发生额		期末余额	
	借方	贷方	借方	贷方	借方	贷方
库存现金						
银行存款						
应收账款						
……						
合　计						

(2) 日记账与总账之间的核对。日记账与总账的核对是指库存现金日记账与库存现金总分类账、银行存款日记账与银行存款总分类账之间的核对。日记账的期初余额、本期发生额和期末余额应与总账相应项目的数据核对相符。

(3) 明细账与总账之间的核对。总账和明细账的核对是指各总分类账户与其所属明细分类账户之间的核对。各总分类账户的期初余额、本期发生额和期末余额应与其所属明细分类账户的期初余额合计、本期发生额合计和期末余额合计对应核对相符。这种核对,可以通过编制"总账与明细分类账户本期发生额和期末余额核对表"来进行。其格式如表 6-16 所示。

表 6-16 "原材料"明细分类账户本期发生额及余额表

201×年×月　　　　　　　　　　　　　　　　　　　　　　　　　　单位:元

明细账户	期初余额		本期发生额		期末余额	
	借方	贷方	借方	借方	贷方	借方
甲材料	60 000		30 000	70 000	20 000	
乙材料	20 000		100 000	80 000	40 000	
合计(总账)	80 000		130 000	150 000	60 000	

(4) 明细分类账之间的核对。这种核对是指会计部门有关实物资产的账簿记录与实物资产保管或使用部门的账、卡记录之间的核对。会计部门有关财产物资的明细分类账的期末结存数量和金额应与财产物资保管部门的明细分类账的期末结存数量和金额核对相符,与使用部门的账、卡结存数量核对相符。

3. 账实核对

账实核对是指账簿记录与各项财产物资和货币资产的实际结存数之间的核对。账实是否相符一般要通过财产清查来进行核对,核对的目的是为了保证账实相符。账实核对主要包括以下内容。

(1) 现金日记账的账面余额与实际库存现金数额核对相符。
(2) 银行存款日记账的账面余额与银行对账单的余额核对相符。
(3) 有关债权、债务明细账的账面余额与对方单位的账面记录核对相符。
(4) 各项财产物资明细账的账面结存数与财产物资实有数核对相符等。

6.4.2　结账

结账就是将一定时期内(月份、季度、年度)应记入账簿的经济业务全部登记入账后,计算并记录各个账户的本期发生额和期末余额。

期末是会计主体向信息使用者提供会计信息的法定时间。因此,各单位都必须按照会计制度的规定,在月末、季末、年末进行结账,计算、汇总本期的经营成果和资产、负债、所有者权益的变动情况,为提供相关信息做好准备。结账应当按照一定的工作程序和方法进行,主要内容如下。

(1) 首先应查明本期内日常发生的经济业务是否已全部登记入账,如果有漏记、未记的账项应及时补记。不能为赶编会计报表而提前结账,或把本期发生的经济业务延至下期登账,也不能先编报表后结账。

(2) 将本期所有的转账业务,编制记账凭证,记入有关账簿,以调整账簿记录。如对实行权责发生制的企业,应按权责发生制的要求确定本期的收入和费用。需由本期待摊和预提的,应按规定的标准计算出来应由本期摊配或预提的成本和费用;属于本期的预收收益和应收收益应确认计入本期收益;将本期所有损益类账户的发生额转入"本年利润"账户,以确定本期的经营成果等。

(3) 结算出资产、负债和所有者权益类账户的总账和明细账的本期发生额和期末余额。

(4) 在确认账簿记录正确无误时，进行结账工作。

① 对不需按月结计本月发生额的账户，每次记账以后，都要随时结出余额，每月最后一笔余额即为月末余额，也就是说，月末余额就是本月最后一笔经济业务记录的同一行内余额。月末结账时，只需要在最后一笔经济业务记录下面划通栏单红线，不需要再结计一次余额。

② 库存现金、银行存款日记账和需要按月结计发生额的收入、费用等明细账，每月结账时，要结出本月发生额和余额，在摘要栏内注明"本月合计"字样，再在下面通栏划单红线。

③ 需要结计本年累计发生额的某些明细账户，每月结账时，应在"本月合计"行下结出自年初起至本月末止的累计发生额，登记在月份发生额下面，在摘要栏内注明"本年累计"字样，并在下面通栏划单红线。12月末的"本年累计"就是全年累计发生额，全年累计发生额下通栏划双红线。

④ 总账账户平时只需结出月末余额。年终结账时，要将所有总账账户结出全年发生额和年末余额，摘要栏内要注明"本年合计"字样，并在合计数下划通栏双红线。

年度终了结账时，有余额的账户，要将其余额结转下年，并在摘要栏内注明"结转下年"字样；在下一会计年度新建有关会计账户的第一行余额栏内填写上年结转的余额，并在摘要栏内注明"上年结转"字样。

6.5 账簿的更换和保管

6.5.1 账簿的更换

账簿是企业重要的会计档案和历史资料。在每个会计年度开始，要及时更换旧账，启用新账，并将上年度的会计账簿归档保管。

日记账、总账和大部分明细账都要在每年年初更换新账。只有变动较小的部分明细账、固定资产明细账或固定资产卡片，可以跨年度使用，不必每年更换新账。

需要更换的各种账簿，在进行年终结账时，各账户的年末余额都要以同方向直接记入有关新账的账户中，并在新账第一行摘要栏注明"上年结转"或"年初余额"字样。新旧账簿有关账户之间的结转余额，无须编制记账凭证。

6.5.2 账簿的保管

各类会计账簿与会计凭证、会计报表一样，必须按照会计制度的规定妥善保管，做到既安全完整，又在需要时能及时查到。

1. 账簿的平时管理

(1) 各种账簿要分工明确，责任清楚，并指定专人负责，账簿的经管人员要负责日常的记账、对账和结账等全部工作，要对账簿的安全管理负责。

(2) 会计账簿记录着经济业务资料，是一种商业秘密，未经领导和负责人批准，非经管人员不得随意翻阅查看会计账簿。

(3) 会计账簿除需要与外单位核对外，一律不准携带外出，对携带外出的账簿，必须经领导和会计主管人员批准，并指定人员专门负责，以保证账簿记录完好无损。

2. 旧账归档保管

会计人员在年度终了，应将已更换的各种活页账簿、卡片账簿连同启用登记表一起装订成册，加上封面，统一编号，并由有关人员签章。旧账装订完毕后，应由本单位财务部门保管一年，期满后，由会计部门编造清册移交本单位档案管理部门，档案管理部门应按规定的保存年限妥善保管，不得丢失和任意销毁，并要保证便于查阅使用。

知 识 巩 固

一、单项选择题

1. 库存现金日记账应采用( )。
   A. 活页式账簿 B. 卡片式账簿
   C. 订本式账簿 D. 备查式账簿
2. 登记账簿的依据是( )。
   A. 经济业务 B. 审核无误的会计凭证
   C. 经济合同 D. 领导批示
3. 从账簿的用途看，"固定资产卡片"属于( )。
   A. 订本式账簿 B. 备查账簿 C. 序时账簿 D. 分类账簿
4. 银行存款日记账一般采用的格式是( )。
   A. 三栏式 B. 多栏式 C. 数量金额式 D. 两栏式
5. 按规定，记账时不能使用下列书写工具书写( )。
   A. 蓝黑墨水笔 B. 碳素墨水笔 C. 红色墨水笔 D. 圆珠笔和铅笔
6. 如果发现账簿记录中的数字或文字错误，属于记账笔误和计算错误，可采用下列方法进行更正( )。
   A. 划线更正法 B. 红字更正法 C. 补充登记法 D. 试算平衡法
7. 企业在记录管理费用时，通常所采用的明细账格式是( )。
   A. 多栏式 B. 卡片式 C. 数量金额式 D. 两栏式
8. 企业记账后发现会计人员编制的会计凭证中应计入"制造费用"科目的2 000元误记为20 000元，则应采用的错账更正方法是( )。
   A. 划线更正法 B. 红字更正法 C. 蓝字更正法 D. 补充登记法
9. 下列事项中，属于账实核对的是( )。
   A. 现金日记账与库存现金核对 B. 总分类账与明细分类账核对
   C. 原始凭证与记账凭证核对 D. 会计报表与会计账簿核对
10. 对于从银行提取现金的业务，登记现金日记账的依据是( )。
    A. 现金收款凭证 B. 现金付款凭证
    C. 银行存款收款凭证 D. 银行存款付款凭证

二、多项选择题

1. 账簿按其格式不同，可分为( )。
   A. 订本式账簿 B. 三栏式账簿 C. 多栏式账簿 D. 数量金额式账簿

2. 下列明细账，可采用数量金额式账簿的有( )。
   A. 原材料明细账　　　　　　　　B. 库存商品明细账
   C. 制造费用明细账　　　　　　　　D. 应收账款明细账
3. 下列账簿记录中，可以使用红色墨水的有( )。
   A. 结账　　　B. 改错　　　C. 冲账　　　D. 登记期初余额
4. 为保证账簿记录的正确性，需对有关账项进行核对，下列各项属于对账内容的是( )。
   A. 总分类账与明细账的核对　　　　B. 账簿与会计报表的核对
   C. 明细账簿之间的核对　　　　　　D. 账簿与会计凭证的核对
5. 因记账凭证错误而导致的账簿记录错误，可采用的更正方法有( )。
   A. 划线更正法　　B. 差数法　　C. 补充登记法　　D. 红字更正法
6. 对账的主要内容一般包括( )。
   A. 账证核对　　B. 账账核对　　C. 账实核对　　D. 账表核对
7. 各单位必须按照会计制度的规定，在下列时间进行结账( )。
   A. 旬末　　　B. 月末　　　C. 季末　　　D. 年末
8. 采用三栏式账户时，某个账户若期末无余额，则应( )。
   A. 在"借或贷"栏写"平"字　　　　B. 在"借或贷"栏写"0"字
   C. 在"余额"栏写"平"字　　　　　D. 在"余额"栏写"0"字
9. 记账时不得隔行、跳页登记，如果发生隔行、跳页时，不得随意涂改，而应采取的处理方法是( )。
   A. 应将空页、空行用红线对角划掉　　B. 应将账页撕下并装入档案保管
   C. 应加盖"作废"字样　　　　　　　D. 应按规定由相关人员签章
10. 年终必须更换的账簿有( )。
    A. 总账　　　　　　　　　　　　　B. 现金日记账
    C. 银行存款日记账　　　　　　　　D. 固定资产明细账

三、判断题

1. 设置和登记会计账簿是编制会计报表的基础，是连接会计凭证和会计报表的中间环节。( )
2. 总账与明细账可以采用订本账，也可以采用活页账。( )
3. 使用活页式账簿，应当从第一页开始，按账页顺序固定编号，并须定期装订成册。( )
4. 账簿记录发生错误，不得涂改、挖补、刮擦或用药水消除字迹，但经批准可以重新抄写。( )
5. 采用划线法更正时，对错误的文字和数字，可以只划错误的部分进行更正。( )
6. 登记账簿时要用蓝黑墨水、钢笔或蓝黑圆珠笔书写，不得使用铅笔书写。( )
7. 银行存款日记账既是序时账簿又是订本式账簿。( )
8. 备查账簿一定是根据记账凭证登记的。( )
9. 每天终了时，现金日记账必须结出余额，并与库存现金数核对相符。( )
10. 为了实现钱账分管原则，通常由出纳人员填制收款凭证和付款凭证，由会计人员登记现金日记账和银行存款日记账。( )

技 能 操 练

实训题一

1．目的：练习三栏式日记账的登记方法。

2．资料：

(1) 某公司9月初"库存现金"借方余额2 200元，"银行存款"借方余额40 000元。

(2) 该公司9月份发生部分经济业务如下。

① 2日，向银行借入为期6个月的流动资金借款10 000元，存入银行。

② 3日，向红星工厂购进甲材料60吨，单价400元，货款24 000元，增值税4 080元。款项用支票支付，材料验收入库。

③ 4日，以银行存款14 600元偿还前欠红光工厂货款。

④ 5日，销售A产品50吨，每吨售价1 000元，计价款50 000元，增值税8 500元。收到转账支票一张送存银行。

⑤ 6日，将多余现金1 000元，送存银行。

⑥ 7日，以银行存款缴纳上月应交增值税12 000元，城市维护建设税840元，教育费附加360元，所得税23 000元。

⑦ 8日，采购员李明预借差旅费400元，用现金支付。

⑧ 12日，收到东方公司偿付上月所欠货款40 000元，存入银行。

⑨ 14日，从银行提取现金20 000元备发工资。

⑩ 15日，以现金支付职工工资20 000元。

⑪ 18日，购进乙材料100吨，单价150元，计价款15 000元，增值税2 550元。款项以转账支票支付，材料验收入库。

⑫ 19日，以现金支付厂部办公设备修理费200元。

⑬ 22日，以银行存款支付基本生产车间机器修理费1 200元。

⑭ 23日，采购员张华报销差旅费400元，交回多余现金100元。

⑮ 24日，以银行存款支付前欠新华公司货款5 000元。

⑯ 26日，销售A产品30吨，每吨售价1 000元，计价款30 000元，增值税5 100元。款项收到存入银行。

⑰ 28日，采购员张华出差借支差旅费600元，以现金支付。

⑱ 29日，从银行提取现金800元备用。

3．要求：

(1) 根据以上资料填制记账凭证。

(2) 根据以上资料及填制的记账凭证，开设并登记现金日记账和银行存款日记账。

(3) 月末，结出本期发生额和期末余额。

实训题二

1．目的：练习分类账的登记方法。

2．资料：

(1) 某公司 20×7 年 3 月初，有关账户期初余额如下。

① 应交税费　　　　　　　　　　　　　　　　　　　30 415 元
　其中：应交增值税　　　　　　　　　　　　　　　18 700 元
　　　　应交所得税　　　　　　　　　　　　　　　　6 000 元
　　　　应交城市维护建设税　　　　　　　　　　　　4 000 元
　　　　应交教育费附加　　　　　　　　　　　　　　1 715 元
② 库存商品　　　　　　　　　　　　　　　　　　　200 000 元
　其中：A 产品　500 件　　　　　　　　　　总成本 80 000 元
　　　　B 产品　600 件　　　　　　　　　　总成本 72 000 元
　　　　C 产品　800 件　　　　　　　　　　总成本 48 000 元

(2) 该公司 3 月份发生的部分经济业务如下。

① 3 日，以银行存款缴付上月未交增值税、所得税、城市维护建设税和教育费附加(金额见期初余额)。

② 4 日，销售 A 产品 300 件，单位售价 200 元，计价款 60 000 元，增值税 10 200 元，款项已收存银行。

③ 7 日，售给新华公司 B 产品 400 件，单位售价 150 元，计价款 60 000 元，增值税 10 200 元，款项未收。

④ 10 日，售给兴昌公司 C 产品 500 件，单位售价 85 元，计价款 42 500 元，增值税 7 225 元，收到该公司签发的付款期为两个月的商业汇票一张，票面金额为 49 725 元。

⑤ 15 日，购进甲材料一批，计价款 150 000 元，增值税 25 500 元。款项以银行存款支付，材料已验收入库。

⑥ 18 日，销售 B 产品 300 件，单位售价 150 元，计价款 45 000 元，增值税 7 650 元，款项已收存银行。

⑦ 24 日，售给华联公司 C 产品 1 000 件，单位售价 90 元，计价款 90 000 元，增值税 15 300 元，款项尚未收到。

⑧ 26 日，购进乙材料一批，计价款 120 000 元，增值税 20 400 元。款项签发并承兑为期 3 个月的商业汇票一张交付对方，材料已验收入库。

⑨ 27 日，收到大华商场偿付上月所欠货款 46 800 元，已存入银行。

⑩ 27 日，以银行存款 58 500 元支付上月所欠东盛公司货款。

⑪ 28 日，售给振兴公司 A 产品 800 件，单位售价 210 元，计价款 168 000 元，增值税 28 560 元，收到该公司签发的付款期为两个月的商业汇票一张，票面金额为 196 560 元。

⑫ 29 日，售给昌盛公司 B 产品 100 件，单位售价 150 元，计价款 15 000 元，增值税 2 550 元，收到该公司开出的转账支票 17 550 元送存银行。

⑬ 30 日，售给大华商场 A 产品 200 件，单位售价 210 元，计价款 42 000 元，增值税 7 140 元。款项已收存银行。

⑭ 30 日，开出转账支票预付购料款，票面金额 50 000 元。

⑮ 30 日，以银行存款 30 000 元，预交本月应交所得税。

⑯ 30 日，结转本月完工产品成本 326 500 元，其中：A 产品 1 200 件，总成本 183 500 元；B 产品 700 件，总成本 86 600 元；C 产品 1 000 件，总成本 56 400 元。

⑰ 30 日，计算本月营业税金及附加(按应交增值税的 7%计提城市维护建设税，按 3%计

提教育费附加)。

⑱ 30 日，计算并结转本月商品销售成本。

商品销售成本=单位生产成本×销售数量

单位生产成本=(期初结存商品成本+本月入库商品成本)÷(期初结存商品数量+本月入库商品数量)

⑲ 30 日，将本月商品销售收入结转到"本年利润"账户。

⑳ 30 日，将本月商品销售成本、营业税金及附加结转到"本年利润"账户。

㉑ 30 日，计提本月应交所得税 76 500 元。

3. 要求：

(1) 根据以上经济业务编制记账凭证。

(2) 开设并逐笔登记"应交税费""库存商品""主营业务收入"总账，结出本月发生额合计数及月末余额。

(3) 开设并逐笔登记库存商品(数量金额式)、应交税费(简化三栏式)和主营业务收入明细账，结出本月发生额合计数及月末余额。

实训题三

1. 目的：练习错账更正方法。

2. 资料：某企业 201×年 2 月发生以下错账。

(1) 10 日，车间领用乙材料用于一般消耗，计 6 000 元。在填制"转字第 18 号"记账凭证时，编制了如下会计分录，并已据以登记入账。

借：生产成本　　　　　　　　　　　　　　　　　　　　6 000

　　贷：原材料　　　　　　　　　　　　　　　　　　　　　　6 000

(2) 12 日，验收材料一批，采购成本 5 300 元。填制的"转字第 22 号"凭证的会计分录如下。

借：原材料　　　　　　　　　　　　　　　　　　　　　5 300

　　贷：材料采购　　　　　　　　　　　　　　　　　　　　　5 300

记账员在登记"原材料"账户时，将记账凭证上的 5 300.00 元误记为了 5 800.00 元。

(3) 19 日，用现金 300 元购买厂部办公用品。在填写"现付字第 15 号"记账凭证时，编制的会计分录如下，并据以登记入账。

借：管理费用　　　　　　　　　　　　　　　　　　　　　30

　　贷：库存现金　　　　　　　　　　　　　　　　　　　　　30

(4) 24 日，用银行存款 5 000 元支付前欠货款。在填制"银付字第 24 号"记账凭证时，编制的会计分录如下，并据以登记入账。

借：应付账款　　　　　　　　　　　　　　　　　　　　50 000

　　贷：银行存款　　　　　　　　　　　　　　　　　　　　50 000

(5) 26 日，取得出租无形资产收入 9 000 元。在填制"银收字第 29 号"记账凭证时，编制的会计分录如下，并据以登记入账。

借：银行存款　　　　　　　　　　　　　　　　　　　　9 000

　　贷：应收账款　　　　　　　　　　　　　　　　　　　　9 000

(6) 28 日，从银行提取现金 300 元。在填制"银付字第 27 号"记账凭证时，编制的会计分录如下,并据以登记入账。

借:库存现金   800
　　贷:银行存款   800

3．要求:

(1) 说明以上错账的性质和应使用的更正方法。

(2) 对以上错账进行更正。

注:第一号转账更正凭证从第 91 号开始;现金付款更正凭证从 22 号开始;银行存款收款更正凭证从 38 号开始;银行存款付款更正凭证从 31 号开始。

综合实训

1．目的:通过登记账簿,熟悉各种总账和明细分类账的种类、格式及登记要求;能够正确运用更正错账的方法;掌握结账的具体操作方法;掌握编制试算平衡表的方法。

2．资料:根据项目 9 中综合实训资料。

3．要求:

(1) 根据记账凭证、科目汇总表,登记有关的明细账和总账。

(2) 根据账簿记录,若发现错账,按规定的更正方法予以更正。

(3) 月末,根据规定进行对账和结账,并编制试算平衡表。

项目 7 财产清查

 知识目标

1. 明确财产清查的含义、种类和作用；
2. 掌握财产清查的具体内容和财产物资盘存制度；
3. 熟悉财产清查具体方法和清查结果的处理程序。

 能力目标

1. 能正确填制各种财产物资的清查表格；
2. 能熟练开展各种财产物资的清查；
3. 能熟练进行财产物资清查结果的处理。

7.1 财产清查概述

7.1.1 财产清查的含义和作用

1. 财产清查的含义

财产清查是指通过对货币资金、实物资产和往来款项的盘点和核对，确定其实存数，查明账存数与实存数是否相符的一种专门核算方法。

为了保证会计信息的可靠性，在会计核算中要求首先应根据审核无误的原始凭证填制记账凭证，然后根据审核无误的记账凭证登记会计账簿，并及时进行账证核对和账账核对，以保证账证相符和账账相符。但是，账簿记录正确并不能完全保证会计信息的真实可靠，在实际工作中，往往会出现许多主客观因素，造成账面结存数与实际结存数并不一致，从而使根据账簿记录提供的会计信息并不真实、可靠。

例如，某些财产物资在保管过程中，受自然界各种原因的影响会发生自然损耗、毁损、质量变化等；因为人力不可抗因素造成的意外损失；因为计量工具的不准确造成"缺斤少两"或"溢余"；或者由于主观上管理制度不完善或工作人员责任心不强，造成的损坏、霉变、贪污、内部盗窃等，都会导致企事业单位各项财产物资的账面结存数与实际结存数产生差异，造成账实不符。因此，企事业单位为了确保会计核算资料的真实准确，为会计信息的使用者提供可靠的财务信息，就必须建立清查制度，通过定期或不定期的财产清查，保证账实相符。

2. 财产清查的作用

从前面的叙述我们可以知道,企业进行财产清查对其提供真实可靠的会计信息非常重要,同时,财产清查也有助于企业发挥会计监督职能的作用,帮助企业改善经营管理水平。具体来说,财产清查的作用可以概括为以下四个方面。

(1) 保证会计核算资料的可靠性,提高会计信息的质量。通过财产清查,企业可以确定各项财产物资的实际结存数,通过实际结存数与账面结存数的对比,确定盘盈或盘亏,并及时调整账簿纪录,做到账实相符,为单位的经营管理提供可靠的数据资料。

(2) 确保企业财产物资的安全、完整。通过财产清查,查明企业的各项财产物资在保管过程中,有无短缺、毁损、霉变、贪污、盗窃等现象,并及时查明原因,追究有关责任人员的经济和法律责任,保证财产物资的安全、完整。

(3) 促进财产物资的有效利用。通过财产清查,可以及时掌握企业各项财产物资的储备和利用情况,储备不足的及时供货,保证供给;反之则及时处理闲置积压的资产,调剂余缺,充分发挥财产物资的最佳效能,提高利用率,加速资金周转。

(4) 促进企业建立健全管理制度,提高企业的经营管理水平。通过财产清查,查明出现问题的主客观原因,尤其是管理上存在的漏洞,从而促进企业建立健全管理制度,并促使经办人员自觉遵守岗位责任,加强责任心的建设。

7.1.2 财产清查的种类

实际工作中,由于清查对象、范围、时间的不同,企事业单位进行财产清查的方法和手段也不尽相同。

1. 按财产清查的对象和范围划分

1) 全面清查

全面清查是指对全部资产和权益进行全面彻底的盘点和核对。全面清查的对象一般包括以下内容:①货币资金,包括库存现金和银行存款等;②财产物资,包括存放在企业的各种原材料、在产品、库存商品、固定资产等,属于本企业但尚在路途中的各种物资,以及委托其他单位代保管、代加工的各种物资等;③债权债务,包括各种往来结算款项、预算缴拨款项等。

由于全面清查具有清查范围广泛,涉及的内容繁多,清查所需的时间较长,动用的人力和物力较多等特点,因此企业并不经常进行全面清查,一般在下述情形下,才需要进行全面清查:①年终决算之前,进行全面清查以确保会计年度内的全部核算资料和财务报告的真实、准确、可靠;②单位撤销、合并、改组、改变隶属关系或采取新的经营方式之前,进行全面清查以明确各方的经济责任;③开展资产评估、清产核资等活动时,进行全面清查以确定财产物资的现时价值,检查账实相符的程度;④单位主要负责人调离工作时,为了明确其经济责任也需要进行全面清查。

2) 局部清查

局部清查是指企业根据需要对一部分资产或权益进行的盘点与核对。局部清查一般清查的内容较少,涉及的人员不多,但是针对性较强,因此不同的清查对象要求的清查时间各不相同。

(1) 库存现金由出纳在每天营业终了时清查,做到日清月结。

(2) 银行存款与银行借款每月同银行核对一次。

(3) 对于存货等流动性较大的物资，一般在年度内采取轮流或抽查盘点的方法。

(4) 对于贵重物资，每月进行清查至少一次。

(5) 债权债务等往来款项，应在年度内与有关单位至少核对1~2次。

局部清查除了对上述项目定期进行清查外，在有关资产或权益的责任人发生变动时也需要进行专题清查，以明确其经济责任，加强内部管理。

2. 按清查时间划分

1) 定期清查

定期清查是指根据管理制度的规定或预先计划安排的时间对资产、权益进行的清查。这种清查企业一般定于月末、季末、年末结账之前进行，根据经济活动的特点和管理的需要，其清查对象可以是全面清查，也可以是局部清查。通常情况下，为了保证会计核算资料的可靠性，企业一般于年末进行全面清查，月末或季末则进行局部清查。

2) 不定期清查

不定期清查是指根据实际情况组织的随机的、临时性的清查。不定期清查事先不规定好具体时间，而是根据实际情况的需要，随时进行全面或局部清查。例如，更换财产物资的保管人时，为了分清经济责任，对其所保管的财产物资进行的清查；财产物资发生自然灾害或意外损失时，为了查明损失情况而进行的清查；主管部门、财税机关、审计部门对本单位进行会计检查时，为了验证会计核算资料的可靠性而按检查要求和范围进行的清查；临时性的清产核资时所进行的清查；会计主体发生变化或隶属关系发生变动时进行的清查；等等。

7.1.3 财产清查前的准备工作

财产清查是一项既复杂又细致的工作，它涉及的面较广，影响的人员较多，工作量较大，而且其结果的好坏会影响会计信息的质量，因此，它不仅是财会部门的一项重要工作，而且是各个财产物资的保管部门的一项重要职责，为了做好企业的财产清查工作，我们必须协调各方面的力量，有计划、有组织地进行，即要求企业有关部门做好各方面的事前准备工作，包括组织准备和业务准备，使财产清查发挥应有的积极作用。

1. 组织准备

组织准备是指企业在进行财产清查前，尤其是全面清查前，应该成立专门的清查组织，制定科学合理的方法组织开展清查工作。因此，以全面清查为例，组织准备包含两方面的工作：一是在清查前成立由单位主要负责人或者总会计师领导的，由财会部门牵头的，由业务部门、生产部门、行政部门、仓库等有关部门参加的财产清查小组，具体负责财产清查的领导和组织工作。二是财产清查小组在财产清查前，应研究制订财产清查的详细计划，包括清查的目的、任务、范围、时间、路线、进度、具体项目的负责人等；在清查过程中，应做好具体组织、检查和督促工作，随时掌握清查情况，解决清查中出现的问题，协调好各部门的工作；在清查结束后，及时进行总结，并将清查结果和处理建议上报有关领导部门。

2. 业务准备

业务准备是指财会部门和财产物资的保管部门以及清查小组的成员等在财产清查前所作的准备工作。例如，财会部门在清查前，将有关账簿记录登记完整，并结出余额，保证账证相符、账账相符，为财产清查提供准确的账簿资料；财产物资的保管部门和使用部门在清查前，登记好所保管的财产物资的实物明细账，结出余额，同时还应将保管的物品整理好，以便实地盘点核对；财产物资的清查人员在财产清查前，应准备好必要的计量器具、有关登记表格账册等，以便清查时使用。

为了做好财产清查工作，各相关部门应积极配合，以保证财产清查工作科学、合理地开展，提高会计核算资料的质量，改善企业的经营管理水平。

7.2 财产清查的内容和方法

7.2.1 财产清查的内容

前面已经述及财产清查的内容非常广泛，它不仅包括各种实物资产的清查，而且包括各种债权债务等结算款项的查询函证；不仅包含存放在本企业的各种财产物资，而且也包含存放在其他企业或个人，但是所有权属于本企业的财产物资。为了明确经济责任，对于其他企业或个人存放在本企业的各种财产物资，也要进行清查。一般而言，以工业企业为例，财产清查主要包括以下内容。

(1) 货币资金。主要包括对库存现金和银行存款的清查。

(2) 各种实物资产。主要包括存货和固定资产，其中存货主要包括对原材料、周转材料、库存商品、自制半成品的清查；固定资产主要包括对厂房、机器设备、办公设备、汽车以及在建工程和工程物资等的清查。

(3) 债权债务等往来结算款项。主要包括对应收账款、其他应收款、预付账款、应付账款、其他应付款、预收账款等各种往来款项的清查。

(4) 其他。主要包括对委托加工物资和受托加工物资以及经营租入的固定资产和周转材料等的清查。

7.2.2 财产清查的盘存制度

盘存制度是指通过对实物的清查和核对，确定财产物资的实际结存情况的一种制度。财产清查的盘存制度也就是会计实务工作中财产物资的盘存制度，主要包括永续盘存制和实地盘存制两种。在不同的盘存制度下，企业各项财产物资在账簿中的记录方法是不相同的，因此其清查盘点的目的也不相同。

1. 永续盘存制

永续盘存制又称账面盘存制，它是指企业在日常经营活动中，必须根据会计凭证对各项财产物资的增加和减少在有关账簿中进行连续记录，并随时在账簿中结出各种财产物资的账面结存数额的一种盘存制度,也就是以账簿记录为依据来确认财产物资结存数的一种专门方法。

在永续盘存制下,期末账面结存数的计算公式如下。

期初结存数+本期增加数-本期减少数=期末结存数

采用永续盘存制的企业,日常核算中要求财产物资的增减变动都要有严密的手续,工作量较大,但能随时了解财产物资的账面结存数,及时掌握财产物资的占用情况及其动态。同时为了保证账实相符,企业还应及时组织对财产物资进行清查,查清实存数额,通过账存、实存的对比分析,确定盘盈或盘亏的数额,并及时查明原因,按规定程序进行账项调整,以保证财产物资的安全、完整,加强对企业财产物资的管理。

2. 实地盘存制

实地盘存制又称以存计耗制,它是指企业在日常经营活动中,只根据会计凭证对各项财产物资的增加数进行记录,并不登记财产物资的日常减少数,期末通过对财产物资的实地盘点,以实存数额作为期末账存数额,倒挤出本期的减少数额,并据此登记入账的一种盘存制度,也就是以期末实地盘点的结果为依据来确认财产物资结存数量的一种专门方法。

在实地盘存制下,本期减少数的计算公式如下。

期初结存数+本期增加数-期末结存数=本期减少数

采用实地盘存制的企业,由于平时在账簿记录中不要求登记财产物资的减少数,因此也就无法随时结算出账面余额,不利于企业及时掌握财产物资的占用情况及其动态,而且期末进行财产清查的目的是为了根据实际结存数确定账面结存数,从而倒挤出本期减少数,而不是为了查明账实是否相符。因此,这种盘存制度虽然核算工作量小,但是由于存在可能掩盖财产管理上存在的问题,企业一般只针对特殊存货如损耗大、数量不稳定的鲜活类商品采用。

7.2.3 财产清查的方法

为了保证财产清查工作的质量,提高工作效率,达到财产清查的目的,针对不同种类的清查对象,应采用不同的清查方法。

1. 货币资金的清查

货币资金的清查主要包括库存现金的清查和银行存款的清查。

1) 库存现金的清查

库存现金一般应采用实地盘点法进行清查。企业的库存现金一般由出纳人员保管,因此清点库存现金时,出纳人员必须在场,以明确责任。实地盘点确定库存现金的实际结存数额后,还应将其与"库存现金日记账"的账面结存数额进行核对,以确定库存现金长短款的数额。在对库存现金清查时还应注意一切收据、借据等均不得充抵库存现金,即不得"白条抵库";库存现金是否超过规定的限额;有无坐支库存现金的现象等。

库存现金实地清点结束后,应将清点和核对结果填入"库存现金盘点表",并由出纳人员和盘点人员共同签章。"库存现金盘点表"兼具盘存单和账存实存对比表的作用,既反映库存现金的实有数额,又反映其盘盈盘亏的情况,因此"库存现金盘点表"也是调整账簿记录的重要原始凭证。库存现金盘点表的一般格式如表7-1所示。

项目 7 财产清查

表 7-1　库存现金盘点表

年　　月　　日　　　　　　　　　　　　　　　　　编号：

账存金额	实存金额	盘　盈	盘　亏	备　注

盘点人：　　　　　　　　　　　　　　　　　　　　　出纳员：

在实际工作中，由于库存现金的收支业务很频繁，容易出错，因此出纳人员应在每日工作结束之前，对库存现金进行清点，将库存现金的实际盘点数额与"库存现金日记账"的当日结余数额进行核对，以检查当日工作是否准确，做到"日清月结"，确保每日账实相符。

2) 银行存款的清查

银行存款的清查，一般是采用与开户银行核对账目记录的方法进行的，即将本企业的银行存款日记账与开户银行的对账单逐笔进行核对，它与实物资产、库存现金的清查方法不相同。

企业在进行银行存款的清查之前，首先，应检查是否将本单位所发生的与银行存款有关的所有业务记入了"银行存款日记账"；然后，对账面记录进行检查复核，确保账簿记录的完整和准确；最后，将银行转来的"对账单"与"银行存款日记账"进行逐笔核对，以确定账实相符。

在实际工作中，企业的"银行存款日记账"的余额与开户银行转来的"对账单"的余额往往不一致。这不一致的原因有两类：一是企业和银行之间一方或者双方记账错误引起；二是存在未达账项。未达账项是指企业与银行之间对同一项经济业务，由于取得凭证的时间不同，导致记账时间不一致而发生的一方已经取得结算凭证并登记入账，而另一方由于尚未取得结算凭证而未入账的事项。

未达账项有以下 4 种情形。

(1) 企业已收，银行未收的款项。如企业存入银行的款项，企业已登记入账，增加了银行存款，但银行未收到通知，尚未入账的款项。

(2) 企业已付，银行未付的款项。如企业开出支票或其他付款凭证，企业已经登记入账，减少了银行存款，但银行未收到通知，尚未入账的款项。

(3) 银行已收，企业未收的款项。如银行代企业收进的款项，银行已登记入账，作为企业存款的增加，但企业由于尚未收到结算凭证而未入账。

(4) 银行已付，企业未付的款项。如银行代企业支付的款项，银行已登记入账，作为企业存款的减少，但企业由于尚未收到结算凭证而未入账。

未达账项的任何一种情形的出现，都会造成企业"银行存款日记账"的余额与开户银行转来的"对账单"的余额不相同。其中(1)、(4)两种未达账项会造成企业"银行存款日记账"的余额大于"银行对账单"的余额；(2)、(3)两种未达账项会造成企业"银行存款日记账"的余额小于"银行对账单"的余额。因此，企业在进行银行存款的清查时，如果双方账上没有错记、漏记或重记的业务，就应注意是否存在未达账项。如果发现未达账项，就需要编制"银行存款余额调节表"进行调整，再通过此表检验企业与开户银行的账面余额是否一致。

编制"银行存款余额调节表"的依据是开户银行送达的"对账单"与企业日记账的账面

余额及其与未达账项之间的关系，消除未达账项的影响后，双方的余额应该一致。因此，"银行存款余额调节表"的编制有两种方法。

第一种是补记式余额调节法，即将双方余额各自加减自己的未达账项，从而使双方余额一致的一种方法。调节公式如下。

银行存款日记账余额 + 银行已收企业未收款项 − 银行已付企业未付款项 = 银行对账单余额 + 企业已收银行未收款项 − 企业已付银行未付款项

现举例说明银行存款的清查方法和"银行存款余额调节表"的编制方法。

【例7-1】依瑞公司201×年3月份"银行存款日记账"和开户银行送达的"对账单"如表7-2和表7-3所示。

表7-2 银行存款日记账

单位：元

201×年		凭证编号	摘要	结算凭证		借方	贷方	余额
月	日			种类	号数			
3	1		期初余额					150 000
	5	收2	收回货款	托收	1102#	100 000		250 000
	9	付1	购买材料	电汇	5501#		46 800	203 200
	15	付2	购买办公用品	转支	502#		2 000	201 200
	18	付7	交纳保险	转支	503#		40 000	161 200
	24	付4	支付广告费	转支	504#		5 800	155 400
	27	付5	提现备用	现支	412#		2 000	153 400
	29	收4	销售产品	转支	1103#	93 600		247 000
3	31		本月合计			193 600	96 600	247 000

表7-3 银行对账单

户名：依瑞公司　　　　201×年3月31日　　　　账号：44030512456

201×年		交易	凭证种类号数	借方	贷方	余额	柜员号
月	日						
		承上页				150 000	
3	4	收回货款	托收1102		100 000	250 000	024
	9	付材料款	电汇5501	46 800		203 200	025
	17	付办公用品	转支502	2 000		201 200	024
	19	付保险费	转支503	40 000		161 200	023
	28	提取现金	现支412	2 000		159 200	024
	31	支付水电费	托收4689	3 000		156 200	024
	31	结算存款利息			400	156 600	024

该企业"银行存款日记账"期末余额为247 000元，银行对账单上的期末余额为156 600元，经逐笔核对，查明有以下几项未达账项。

(1) 公司签发转账支票504#支付广告费5 800元，由于持票人尚未到银行办理手续，银行尚未付款入账。

(2) 公司销售产品收到转账支票1103#计93 600元，已办理进账手续，但银行尚未办理手续，没有入账。

(3) 银行代公司支付水电费 3 000 元,已从公司存款账户划出,由于公司尚未收到有关单据,没有入账。

(4) 银行于月末结算存款的利息 400 元,已存入公司存款账户,但公司尚未收到有关凭证,没有入账。

根据上述资料及分析,编制"银行存款余额调节表",如表 7-4 所示。

表 7-4　银行存款余额调节表

201×年 3 月 31 日　　　　　　　　　　　　　　　　　　　　　　单位:元

项　目	金　额	项　目	金　额
企业银行存款日记账余额	247 000	银行对账单余额	156 600
加:银行已收,企业未收	400	加:企业已收,银行未收	93 600
减:银行已付,企业未付	3 000	减:企业已付,银行未付	5 800
调节后的存款余额	244 400	调节后的存款余额	244 400

第二种是剔除式余额调节法,即将未达账项从已入账的一方账面余额中剔除,从而使双方余额都不包含未达账项的一种方法。调节公式如下。

银行存款日记账余额 + 企业已付银行未付款项 − 企业已收银行未收款项 = 银行对账单余额 + 银行已付企业未付款项 − 银行已收企业未收款项

【例 7-2】　现将上例用剔除法编制"银行存款余额调节表",如表 7-5 所示。

表 7-5　银行存款余额调节表

201×年 3 月 31 日　　　　　　　　　　　　　　　　　　　　　　单位:元

项　目	金　额	项　目	金　额
企业银行存款日记账余额	247 000	银行对账单余额	156 600
加:企业已付,银行未付	5 800	加:银行已付,企业未付	3 000
减:企业已收,银行未收	93 600	减:银行已收,企业未收	400
调节后的存款余额	159 200	调节后的存款余额	159 200

无论采用哪种方法,其实质都是用来消除未达账项的影响,因此,如果调整后的银行存款余额相等,一般情况下可以说明双方的账面记录无误,即企业的银行存款账实相符。如果调整后的余额不一致,则说明双方账面记录有错误,需进一步核对账目,查找原因,并加以更正。用补记式余额调节法调整后的存款余额表明企业可以支用的银行存款的实有数额,但银行存款余额调节表不能作为企业调整账面记录的依据,只有待收到有关结算凭证后,才能进行账务处理。

2. 实物资产的清查

实物资产的清查是指对具有实物形态的各种资产进行的清查,主要包括对存货(如原材料、周转材料、库存商品等)和固定资产的清查。对实物资产进行清查应根据实物资产的品种、规格、型号等进行分类,分别从质量和数量两方面进行清查。在对实物资产的质量进行清查时可以根据资产的特点采用物理的或者化学的方法进行检验;在对实物资产的数量进行清查时,则由于各种实物资产的形态、体积、重量、存放方式不同,因此在清查中应采用不同的清查方法。

实物资产在清查中通常采用的方法有 3 种。

1) 实地盘点

实地盘点是指在实物资产的堆放现场通过逐一清点或使用计量器具确定出实物的实际结存数量的一种方法。这种方法计量准确,清查质量高,适用范围较广,对大多数的实物资产都可以采用此方法进行清查。

2) 技术推算盘点

技术推算盘点是指利用科学技术方法,譬如计尺、量方等,并结合有关数据,推算出实物资产的实际结存数量的一种方法。这种方法计量的结果并不十分精确,允许有一定的误差,主要适用于一些体积较大、笨重、不易搬动、大宗堆码等难以逐一清点的物资。

3) 抽样盘点

抽样盘点是指从总体中选取所需要的样本,再通过盘点样本的数量来推断出总体数量的一种方法。这种方法计量的结果也不十分准确,主要适用于一些价值小、数量多、重量比较均匀的实物资产的清查。

实物资产的清查并不仅仅只有上述 3 种方法,对于委托外单位加工、保管的物资,还可以采用查询核对法,即可以采用去函、去人调查,并与本企业的账存数进行核对的方法。

为了明确经济责任,在对实物资产进行盘点时,有关实物资产的保管或使用人员必须在场并参与盘点工作,但是保管人员或使用人员并不适宜单独承担该资产的清查工作,他们只有与清查小组成员一起清查,才能客观评价该资产的管理、保管和使用等工作情况。

盘点结束后,清查人员应及时对实物资产的清查结果进行记录,逐一如实地登记到"盘存单"上,并由盘点人员和保管、使用人员同时签章。"盘存单"是记录各项财产物资盘点结果的书面证明,是反映财产物资的实际结存数量的原始凭证。盘存单的一般格式如表 7-6 所示。

表 7-6 盘存单

财产类别:　　　　　存放地点:　　　　　编号:　　　　　年　月　日

编号	名称	规格型号	计量单位	数量	单价	金额	备注

盘点人员:　　　　　　　　　　　　　　　　　实物保管人:

盘存单在填制时应一式三份,一份由盘点人员留存备查,一份由实物保管人员保存,一份交财会部门与账面记录核对,因此"盘存单"内的编号、名称、规格型号、计量单位、单价、金额等各栏所填写的内容,应与对应账簿上的记载相同,以便核对。

财会部门在收到盘存单后,为了进一步查明实际盘点的结果是否与账面结存数一致,还应将盘存单与账面记录进行核对,并根据核对结果填制"账存实存对比表",通过分析确定实物资产的盘盈或盘亏情况。"账存实存对比表"可以揭示企业账面结存数与实际结存数之间的差异,因此,它既是企业用以调整有关账簿记录的原始凭证,又是企业分析产生差异的原因并明确有关人员的经济责任的依据。"账存实存对比表"的一般格式如表 7-7 所示。

项目7 财产清查

表7-7 账存实存对比表

财产类别：　　　　　　　　　　　　年　月　日　　　　　　　　　　编号：

编号	名称	规格型号	计量单位	单价	账存		实存		盘盈		盘亏	
					数量	金额	数量	金额	数量	金额	数量	金额
备注												

会计主管：　　　　　　　　　　复核：　　　　　　　　　　　制表：

3. 往来款项的清查

往来款项主要包括各种应收账款、应付账款、预收账款和预付账款。往来款项的清查主要采用"函证核对法"，即与经济往来单位或者个人通过信函来核对账目的方法。

往来款项在清查之前，首先应检查本单位各种往来款项账簿上的记录是否完整、计算是否准确。确定无误后，再按每一个经济往来单位或个人编制"往来款项对账单"(表7-8)送往各经济往来单位进行核对，往来单位或个人经过核对确认相符后，应在回联单上盖章退回，表示已核对；如果经过核对数字不相符，应在回联单上注明不相符的情况，或另抄对账单退回清查企业，以便进一步核对。清查企业收到回联单后，如果确系记录有误，应按照规定手续进行更正；对于有争议的款项，应及时采取措施，解决问题。

表7-8 往来款项对账单

××单位：

贵单位于×年×月×日到我公司购买了×产品×件，共计货款×××元，已付×××元，尚有×××元货款未支付，请核对后将回联单寄回。

此致

敬礼

　　　　　　　　　　　　　　　　　　　　　　　　　　　××公司(盖章)

　　　　　　　　　　　　　　　　　　　　　　　　　　　×年×月×日

沿此虚线裁开，请将以下回联单寄回！

往来款项对账单(回联)

××清查单位：

贵单位寄来的"往来款项对账单"已收到，经核对相符无误。

　　　　　　　　　　　　　　　　　　　　　　　　　　　××单位(盖章)

　　　　　　　　　　　　　　　　　　　　　　　　　　　×年×月×日

7.3 财产清查结果的处理

企业在财产清查的过程中如发现财产管理、会计核算等方面的问题,应认真分析研究,以国家的有关法规、制度为依据,严格按照规定的程序、方法和手续进行总结处理,以充分发挥财产清查的作用。

7.3.1 财产清查结果的处理程序

财产清查结果的处理主要按照以下 3 个步骤进行。

(1) 如实反映清查情况,核准财产清查中盘盈、盘亏的数据,查明原因,明确责任,并提出处理意见报主管部门。企业在财产清查中,如果发现账面结存数与实地盘点数不一致,必须核准盘盈或盘亏的数据,再查明造成差异的原因,明确责任人的经济责任,并提出科学合理的处理方案,及时上报有关部门审批处理。

(2) 清查后总结经验教训,完善财产管理制度。在财产清查之后,对于在清查中发现的问题,应及时总结经验教训,提出改进措施,健全财产管理制度,提高管理水平。对于保管完善的部门和个人,应予以奖励,推广介绍其经验;对于存在的问题,必须查明原因,明确责任,并提出改进的措施,进一步建立健全管理制度。例如,财产清查中发现的积压、滞销、霉变或不需要的物资,应迅速组织处理,或内部消化,或降价销售,尽量做到物尽其用,提高资金的周转率和使用效率。对于长期拖欠或有争议的往来款项,应指定专人负责查明原因,限期清查解决。

(3) 及时调整账簿记录,做到账实相符。对于在清查中发现的盘盈或者盘亏情况,企业还应根据"盘存单"或者"账存实存对比表",并按照规定的方法调整账簿记录,以做到账实相符。

7.3.2 财产清查结果的账务处理

对于财产清查中发现的账实不符情况,账务处理分两步进行。

(1) 报请批准前的账务处理。财产清查中发现的盘盈、盘亏,在报经有关领导审批之前,应根据财产盘盈、盘亏的数字,调整账面记录,以保证账存数与实存数完全一致。同时,根据企业的管理权限,将处理建议报股东大会或董事会,或经理(厂长)会议或类似机构批准。

(2) 批准后的账务处理。经批准后根据差异发生的原因和批准处理意见,转入相应的账户。

为了核算和监督各项财产物资的盘盈和盘亏情况,需设置"待处理财产损溢"账户。"待处理财产损溢"账户主要用于核算企业在清查财产过程中查明的各种财产盘盈、盘亏和毁损的价值。企业的财产盘盈盘亏,应查明原因并在期末结账前处理完毕,处理后本账户应无余额。该账户下设"待处理流动资产损溢"和"待处理固定资产损溢"两个明细账户。

借方	待处理财产损溢	贷方
①已发现但尚未处理的盘亏数额 ②经批准转销的盘盈数额		①已发现但尚未处理的盘盈数额 ②经批准转销的盘亏数额

1. 财产物资盘盈的账务处理

企业盘盈的库存现金、原材料、库存商品等，应借记"库存现金""原材料""库存商品"账户，贷记"待处理财产损溢"账户。经批准后处理时，借记"待处理财产损溢"账户，贷记"管理费用"等账户。

【例 7-3】 某企业在清查中发现库存现金溢余 100 元。
(1) 在报经批准前，根据清查结果，填制"库存现金盘点表"，并据此进行账务处理。
借：库存现金　　　　　　　　　　　　　　　　　　　　100
　　贷：待处理财产损溢——待处理流动资产损溢　　　　100
(2) 在批准后，根据处理意见，长款为出纳王红少付给供货商造成，应支付给供货商。
借：待处理财产损溢——待处理流动资产损溢　　　　　100
　　贷：其他应付款——××供货商　　　　　　　　　　100

【例 7-4】 企业在财产清查过程中，发现甲材料盘盈 50 公斤，单位成本 10 元。
(1) 在报经批准前，根据"账存实存对比表"进行账务处理。
借：原材料——甲材料　　　　　　　　　　　　　　　500
　　贷：待处理财产损溢——待处理流动资产损溢　　　500
(2) 在批准后，根据处理意见，盘盈的甲材料属于平时工作中计量不准造成，按规定可以冲减当期损益。
借：待处理财产损溢——待处理流动资产损溢　　　　　500
　　贷：管理费用　　　　　　　　　　　　　　　　　500

2. 财产物资盘亏的账务处理

企业盘亏的库存现金、原材料、库存商品、固定资产等，应借记"待处理财产损溢"账户，贷记"库存现金""原材料""库存商品""固定资产""累计折旧"账户。经批准后处理时：属于自然损耗产生的定额内合理损耗，转作"管理费用"账户；属于计量收发差错和管理不善等原因造成的应扣除残料价值、可收回的保险赔偿和过失人的赔偿(其他应收款)后，将净损失记入"管理费用"账户；属于自然灾害等非常原因造成的应先扣除残料价值、可以回收的保险赔偿和过失人的赔偿后，将净损失记入"营业外支出"。

【例 7-5】 某企业在财产清查中发现库存现金短缺 140 元。
(1) 根据清查结果，填制"库存现金盘点表"，并据此进行账务处理。
借：待处理财产损溢——待处理流动资产损溢　　　　　140
　　贷：库存现金　　　　　　　　　　　　　　　　　140
(2) 经查，短款为出纳王红工作失误造成，应由其赔偿。
借：其他应收款——王红　　　　　　　　　　　　　　140
　　贷：待处理财产损溢——待处理流动资产损溢　　　140

【例 7-6】 企业在财产清查过程中，发现 A 材料盘亏 100 千克，单位成本 10 元。
批准前的账务处理为：
借：待处理财产损溢——待处理流动资产损溢　　　　 1 000
　　贷：原材料——A 材料　　　　　　　　　　　　　1 000
经查，上述盘亏的 A 材料属于定额内自然损耗，属正常损失。

借：管理费用　　　　　　　　　　　　　　　　　　　　　1 000
　　　　贷：待处理财产损溢——待处理流动资产损溢　　　　　　　1 000
　如果上述盘亏的 A 材料是由于企业遭受台风造成，保险公司负责赔偿损失的 95%，其余由企业自己承担。会计处理如下。
　　借：其他应收款——应收保险赔款　　　　　　　　　　　　　950
　　　　营业外支出——非常损失　　　　　　　　　　　　　　　　50
　　　　贷：待处理财产损溢——待处理流动资产损溢　　　　　　　1 000

【例 7-7】　企业在财产清查过程中，发现设备缺少一台，账面原值为 5 000 元，已提折旧 2 700 元。批准前的账务处理如下。
　　借：待处理财产损溢——待处理固定资产损溢　　　　　　　　2 300
　　　　累计折旧　　　　　　　　　　　　　　　　　　　　　　2 700
　　　　贷：固定资产　　　　　　　　　　　　　　　　　　　　5 000
　将上述结果上报，经审核批准，可将净损失转为"营业外支出"。
　　借：营业外支出　　　　　　　　　　　　　　　　　　　　　2 300
　　　　贷：待处理财产损溢——待处理固定资产损溢　　　　　　　2 300

知 识 巩 固

一、单项选择题

1．财产清查按清查的时间划分，可划分为(　　)。
　　A．全面清查和局部清查　　　　　　B．定期清查和不定期清查
　　C．详细清查和一般清查　　　　　　D．内部清查和外部清查
2．财产物资的盘盈是指(　　)。
　　A．账存数大于实存数　　　　　　　B．实存数大于账存数
　　C．由于记账差错多记的金额　　　　D．由于记账差错少记的金额
3．库存现金主要采用(　　)进行清查。
　　A．实地盘点　　　　　　　　　　　B．技术推算盘点
　　C．抽样盘点　　　　　　　　　　　D．查询函证
4．企业银行存款日记账与银行对账单的核对，属于(　　)。
　　A．账实核对　　　　　　　　　　　B．账证核对
　　C．账账核对　　　　　　　　　　　D．账表核对
5．在记账无误的情况下，银行对账单与企业银行存款日记账账面余额不一致是因为(　　)造成的。
　　A．应付账款　　　　　　　　　　　B．未达账项
　　C．坏账损失　　　　　　　　　　　D．应收账款
6．采用实地盘存制，平时对财产物资(　　)。
　　A．只登记收入数，不登记发出数　　B．只登记发出数，不登记收入数
　　C．先登记收入数，后登记发出数　　D．先登记发出数，后登记收入数

7. 在采用永续盘存制时，财产清查的目的是检查(　　)。
   A．账证是否相符   B．账账是否相符
   C．期末结存数   D．账实是否相符
8. 出纳员每日营业终了对库存现金进行清查属于(　　)。
   A．局部清查和不定期清查   B．全面清查和不定期清查
   C．局部清查和定期清查   D．全面清查和定期清查
9. 产生未达账项的原因是(　　)。
   A．双方结账时间不一致   B．双方记账时间不一致
   C．双方对账时间不一致   D．双方记账金额不一致
10. 因计量器具不准确造成的材料盘亏，应在(　　)账户列支。
   A．其他应收款   B．管理费用
   C．营业外支出   D．生产成本

二、多项选择题

1. 财产物资的盘存制度有(　　)。
   A．权责发生制   B．收付实现制
   C．永续盘存制   D．实地盘存制
2. 以下(　　)情形，一般进行全面清查。
   A．年终   B．季终
   C．月终   D．单位撤销、合并或改变隶属关系
3. 月末企业银行存款日记账与银行对账单不一致，造成企业账面存款余额大于银行对账单存款余额的原因有(　　)。
   A．企业已收款入账，而银行尚未入账
   B．企业已付款入账，而银行尚未入账
   C．银行已收款入账，而企业尚未入账
   D．银行已付款入账，而企业尚未入账
4. 不定期清查，一般在(　　)时进行。
   A．年终   B．财产保管员变动
   C．自然灾害造成部分财产损失   D．企业财产被盗
5. 在财产清查中可以作为原始凭证调整账簿记录的有(　　)。
   A．账存实存对比表   B．库存现金盘点报告表
   C．银行存款余额调节表   D．财产清查进度表

三、判断题

1. 未达账项是造成企业银行存款日记账余额与银行对账单余额不等的唯一原因。(　　)
2. 月末企业应根据"银行存款余额调节表"中未达账项的数据进行账项调整，使企业银行存款账的余额与调节后的余额一致。(　　)
3. 采用实地盘存制的企业，期末不需要对财产物资进行实地盘点。(　　)
4. 从财产清查的对象和范围看，年终决算前对企业财产物资所进行的清查一般属于全面清查。(　　)
5. 全面清查是定期进行的，局部清查是不定期进行的。(　　)

技 能 操 练

实训题一

1. 目的：练习银行存款的清查方法和银行存款余额调节表的编制。
2. 资料：孔明机械厂201×年2月份的银行送达的对账单(表7-9)和银行存款日记账(表7-10)上的记录如下。

表7-9　中国建设银行湖州市支行对账单

单位名称：孔明机械厂　　　　　　　　　　　　　　　　　　　　　　　　账号：4765670222

201×年		交　易	凭证号数	借方	贷方	余额	柜员号
月	日						
		承上页				100 000	
2	4	取得短期贷款	3503#		100 000	200 000	024
	9	付采购款	6502#	3 510		196 490	025
	15	提取现金	506#	2 000		194 490	024
	19	付保险费	5004#	2 000		192 490	023
	22	代收销货款	6408#		32 500	224 990	024
	26	支付水电费	5407#	1 000		223 990	024
	28	结算存款利息	301#		930	224 920	024
	28	提取现金	507#	38 000		186 920	022

表7-10　银行存款日记账

单位：元

201×年		凭证编号	摘　要	结算凭证		借方	贷方	余额
月	日			种类	号数			
2	1		期初余额					100 000
	5	收1	取得短期贷款	转存	3503#	100 000		200 000
	9	付2	购买方钢	电汇	6502#		3 510	196 490
	15	收3	收取销货款	转支	502#	16 800		213 290
	15	付4	提取现金	现支	506#		2 000	211 290
	18	付6	交纳保险	转支	5004#		2 000	209 290
	21	付7	支付广告费	转支	504#		500	208 790
	23	收5	收取销货款	托收	6408#	32 500		241 290
	27	付8	交纳税金	转账	1103#		4 950	236 340
	28	付9	提取现金	现支	507#		38 000	198 340
2	28		本月合计			149 300	50 960	198 340

3. 要求：查明未达账项并编制银行存款余额调节表。

实训题二

1. 目的：练习财产清查结果的账务处理。

2．资料：

(1) 某企业201×年期末清查时发现以下问题：

① 甲材料盘盈100千克，每千克4元；

② A商品盘亏100件，每件生产成本7元；

③ 盘亏设备一台，账面原价4 000元，已提折旧3 000元；

④ 库存现金盘亏200元；

⑤ 乙材料盘亏200千克，每千克1元。

(2) 上述事项经核查，原因如下：

① 甲材料盘盈属于收发过程中计量不准造成；

② A商品盘亏是由于仓库被盗造成，由企业自己承担；

③ 设备盘亏属于自然灾害造成，由保险公司赔偿80%，其余企业承担；

④ 库存现金盘亏属于出纳员多支付工资造成，由其向职工葛望追回；

⑤ 乙材料盘亏200千克，其中50千克属于自然损耗，另150千克属于仓库保管员王力疏忽造成，由其负责赔偿。

3．要求：进行相关账务处理。

项目 8 财务报告

知识目标

1. 明确财务报表的含义、作用和种类；
2. 熟悉资产负债表、利润表的基本内容和编制要求；
3. 了解现金流量表的概念、作用和内容。

能力目标

1. 能熟练编制资产负债表；
2. 能熟练编制利润表。

8.1 财务报告概述

财务报告是指企业对外提供的反映企业某一特定日期的财务状况和某一会计期间的经营成果、现金流量等会计信息的文件。财务报告包括财务报表和其他应当在财务报告中披露的相关信息和资料。

8.1.1 财务报表的含义和作用

1. 财务报表的含义

财务报表是指在日常会计核算资料的基础上，按照规定的格式、方法和内容定期编制的，综合反映企业某一特定日期财务状况和某一会计期间经营成果、现金流量的书面文件。财务报表至少应当包括资产负债表、利润表、现金流量表、所有者权益(股东权益)变动表、附注。

2. 财务报表的作用

财务报表是财务报告的主要组成部分，它所提供的会计信息具有重要作用，主要体现在以下几个方面。

(1) 有利于经营管理人员了解本单位各项任务指标的完成情况，评价管理人员的经营业绩，以便及时发现问题，调整经营方向，制定措施改善经营管理水平，提高经济效益，为经济预测和决策提供依据。

(2) 有利于投资者、债权人和其他有关各方掌握企业的财务状况、经营成果和现金流量情况，进而分析企业的盈利能力、偿债能力、投资收益、发展前景等，为他们投资、贷款和贸易提供决策依据。

(3) 有利于财政、税务、工商、审计等部门监督企业经营管理。通过财务报表可以检查、监督各企业是否遵守国家的各项法律、法规和制度，有无偷税漏税的行为。

(4) 有利于国家经济管理部门了解国民经济的运行状况。通过对各单位提供的财务报表资料进行汇总和分析，了解和掌握各行业、各地区的经济发展情况，以便宏观调控经济运行，优化资源配置，保证国民经济稳定持续发展。

8.1.2 财务报表的种类

财务报表可以按照不同的标准进行分类。

(1) 按反映内容不同，可以分为静态报表和动态报表。静态报表是指综合反映企业某一特定日期资产、负债、所有者权益的报表，如资产负债表。动态报表是指综合反映企业某一会计期间的经营成果、现金流量等的报表，如利润表、现金流量表、所有者权益(股东权益)变动表。

(2) 按服务对象不同，可以分为对外报表和对内报表。对外报表是企业必须定期编制、定期向上级主管部门、投资者、财税部门等报送或按规定向社会公布的财务报表。这是一种主要的，定期规范化的财务报表。它要求有统一的报表格式、指标体系和编制时间等，资产负债表、利润表和现金流量表等均属于对外报表。对内报表是企业根据其内部经营管理的需要而编制的，供其内部管理人员使用的会计报表。它不要求统一的格式，没有统一的指标体系，如成本报表属于内部报表。

(3) 按编报期间不同，可以分为中期财务报表和年度财务报表。中期财务报表是以短于一个完整会计年度的报告期间为基础编制的财务报表，包括月报、季报、半年报等。狭义的中期财务报表仅指半年度财务报表。年度财务报表是全面反映企业整个会计年度的经营成果、现金流量情况及年末财务状况的财务报表。企业每年年底必须编制并报送年度财务报表。

(4) 按编报单位不同，可以分为基层财务报表和汇总财务报表。基层财务报表由独立核算的基层单位编制的财务报表，是用以反映本单位财务状况、经营成果、现金流量的报表。汇总报表是指上级主管部门将本身的财务报表与其所属单位报送的基层报表汇总编制而成的财务报表。

(5) 按编报主体不同，可以分为个别财务报表和合并财务报表。个别财务报表是指企业在自身会计核算基础上对账簿记录进行加工而编制的财务报表，它主要用以反映企业自身的财务状况、经营成果和现金流量情况。合并财务报表是以母公司和子公司组成的企业集团为会计主体，以母公司和所属子公司单独编制的个别财务报表为基础，由母公司编制的综合反映企业集团经营成果、财务状况及其现金流量情况的财务报表。

8.1.3 财务报表的编制要求

1. 数字真实

财务报表中的各项数据必须真实可靠，如实地反映企业的财务状况、经营成果和现金流量，这是对会计信息质量的基本要求。

2. 内容完整

财务报表应当反映企业经济活动的全貌，全面反映企业的财务状况和经营成果，才能满足各方面对会计信息的需要。凡是国家要求提供的财务报表，各企业必须全部编制并报送，不得漏编和漏报。凡是国家统一要求披露的信息，都必须披露。

3. 计算准确

日常的会计核算以及编制财务报表，涉及大量的数字计算，只有准确的计算，才能保证数字的真实可靠。这就要求编制财务报表必须以核对无误后的账簿记录和其他有关资料为依据，不能使用估计或推算的数据，更不能以任何方式弄虚作假，玩数字游戏或隐瞒谎报。

4. 报送及时

及时性是信息的重要特征，财务报表信息只有及时地传递给信息使用者，才能为使用者的决策提供依据。否则，即使是真实可靠和内容完整的财务报告，由于编制和报送不及时，对报告使用者来说，也会大大降低会计信息的使用价值。

5. 手续完备

企业对外提供的财务报表应加具封面、装订成册、加盖公章。财务报表封面上应当注明：企业名称、企业统一代码、组织形式、地址、报表所属年度或者月份、报出日期，并由企业负责人和主管会计工作的负责人、会计机构负责人(会计主管人员)签名并盖章；设置总会计师的企业，还应当由总会计师签名并盖章。

由于编制财务报表的直接依据是会计账簿，所有报表的数据都来源于会计账簿，因此为保证财务报表数据的正确性，编制报表之前必须做好对账和结账工作，做到账证相符、账账相符、账实相符，以保证报表数据的真实准确。

8.2 资产负债表

8.2.1 资产负债表的含义和作用

1. 资产负债表的含义

资产负债表是指反映企业在某一特定日期财务状况的会计报表，属于静态报表。它是根据"资产=负债+所有者权益"的会计恒等式，按照一定的分类标准和一定的顺序，把企业某一特定日期的全部资产、负债和所有者权益各项予以适当分类、汇总、排列后编制而成的。

2. 资产负债表的作用

(1) 提供了企业所掌握的经济资源及其分布，可以据此分析资产结构是否合理。

(2) 反映了企业所承担的各项债务及其分布，可以据此分析企业的各种偿债能力。

(3) 提供了投资者享有的权益分布情况，可以据此分析企业对负债的保障程度。

(4) 可以评估企业的财务风险，考察企业的资本保值和增值情况，可以预测企业未来的财务状况和发展前景。

8.2.2 资产负债表的结构

资产负债表由表头和表体两部分组成。表头部分包括表名、编制单位名称、编制报表日期及编表使用的货币计量单位。表体是资产负债表的最重要部分，其格式有报告式和账户式两种。报告式资产负债表，是将资产负债表的项目自上而下排列，首先列示资产的数额，然后列示负债的数额，最后再列示所有者权益的数额。账户式资产负债表，是将资产负债表分为左方和右方，左方列示全部资产的分布及存在形态，右方列示负债和所有者权益各项目，反映全部负债和所有者权益的内容及构成情况。资产各项目的合计等于负债和所有者权益各项目的合计。在我国，资产负债表采用账户式结构。账户式资产负债表可以反映资产、负债和所有者权益之间的内在关系，并达到左方和右方平衡。此外，为了使报表使用者通过比较不同时点资产负债表的数据，掌握企业财务状况的变动情况及发展趋势，企业需要提供比较资产负债表，因此资产负债表还就各项目再分为"年初余额"和"期末余额"两栏分别填列。资产负债表的具体格式如表8-2所示。

资产负债表的左方资产项目是按资产的流动性大小排列，流动性大的资产如"货币资金""应收票据"等排在前面，流动性小的资产如"长期股权投资""固定资产"等排在后面。右方负债和所有者权益项目按要求清偿时间的先后顺序排列，如"短期借款""应付票据""应付账款"等需要在1年以内或者长于1年的一个正常营业周期内偿还的流动负债排在前面，"长期借款"等在1年以上才需偿还的非流动负债排在中间，在企业清算之前不需要偿还的所有者权益项目排在后面。

8.2.3 资产负债表的编制方法

资产负债表是一种静态报表，所以在编制时应根据有关账户的期末余额填列。

资产负债表"年初数"栏内各项数字，应根据上年末资产负债表"期末数"栏内所列数字填列。如果本年度资产负债表规定的各个项目的名称和内容同上年度不相一致，应对上年年末资产负债表各项目的名称和数字按照本年度的规定进行调整，填入本表"年初数"栏内。

资产负债表的"期末数"各项目应根据会计账簿的记录填列。大多数项目可以直接根据账户余额填列，少数项目则要根据余额进行分析、计算后才能填列。其编制填列方法一般有以下几种情况。

(1) 根据总分类账户余额直接填列。资产负债表中所列示的项目内容与总分类账户所反映的内容一致时，可以根据总分类账户余额直接填列。如"以公允价值计量且其变动计入当期损益的金融资产""短期借款""应付票据""应付职工薪酬"等项目。

(2) 根据总分类账户余额计算填列。如"货币资金"项目，应根据"库存现金""银行存款""其他货币资金"账户的期末余额的合计数填列；"存货"项目，应根据"在途物资""原材料""材料采购""材料成本差异""库存商品""发出商品""周转材料""委托加工物资""生产成本"等总分类账户的余额合计数填列；"未分配利润"项目，应根据"本年利润""利润分配"总分类账户的余额合计数填列。

(3) 根据明细分类账账户余额计算填列。如"应收账款"项目，应根据"应收账款"和"预收账款"两个账户所属明细账户的期末借方余额计算填列；"预收账款"项目，应根据"应收账款"和"预收账款"两个账户所属明细账户的期末贷方余额计算填列。"应付账款"和"预付账款"项目同理。

(4) 根据总账账户和明细分类账户余额分析计算填列。如"长期借款"项目，需要根据"长期借款"总分类账户余额扣除"长期借款"账户所属的明细分类账户中将在1年内到期的长期借款金额后的金额填列。

(5) 根据有关账户余额减去其备抵账户余额后的净额填列。如"应收账款""存货""长期股权投资""在建工程"等项目，应根据"应收账款""存货""长期股权投资""在建工程"等账户的期末余额减去"坏账准备""存货跌价准备""长期股权投资减值准备""在建工程减值准备"等账户余额后的净额填列。"固定资产"项目，应根据"固定资产"账户的期末余额减去"累计折旧""固定资产减值准备"账户余额后的净额填列；"无形资产"项目，应根据"无形资产"账户的期末余额，减去"累计摊销""无形资产减值准备"账户余额后的净额填列。

8.2.4 资产负债表编制实例

【例 8-1】 新兴有限公司 201×年 3 月 31 日有关账户的余额如表 8-1 所示。

表 8-1 账户余额表

201×年 3 月 31 日　　　　　　　　　　　　　　　　　　　　单位：元

账户名称	借方余额	贷方余额	账户名称	借方余额	贷方余额
库存现金	2 000		短期借款		117 000
银行存款	74 500		应付票据		60 000
交易性金融资产	60 000		应付账款		57 000
应收票据	40 000		——A 单位	3 600	
应收账款	78 000		——B 单位		60 600
——甲单位	84 000		预收账款		12 000
——乙单位		6 000	——C 单位	2 700	
其他应收款	34 300		——D 单位		14 700
原材料	140 000		其他应付款		2 500
库存商品	120 000		应付职工薪酬		12 400
生产成本	45 000		应交税费		4 500
长期股权投资	48 000		应付利息		4 600
固定资产	1 100 000		应付股利		25 000
累计折旧		476 000	长期借款		515 000
在建工程	168 000		应付债券		40 000
无形资产	230 000		长期应付款		30 000
			实收资本		600 000
			资本公积		90 000
			盈余公积		70 000
			本年利润		50 000
			利润分配	26 200	

其中：长期借款中有一年内到期的长期借款 100 000 元。

根据以上资料，编制该企业 201×年 3 月 31 日的资产负债表如表 8-2 所示。

表 8-2 资产负债表

会企 01 表

编制单位：新兴有限公司　　　　201×年 3 月 31 日　　　　　　　　单位：元

资产	年初数	期末数	负债及所有者权益(或股东权益)	年初数	期末数
流动资产：	(略)		流动负债：	(略)	
货币资金		76 500	短期借款		117 000
以公允价值计量且其变动计入当期损益的金融资产		60 000	以公允价值计量且其变动计入当期损益的金融负债		
应收票据		40 000	应付票据		60 000
应收账款		86 700	应付账款		60 600
预付款项		3 600	预收款项		20 700
应收利息			应付职工薪酬		12 400
应收股利			应交税费		4 500
其他应收款		34 300	应付利息		4 600
存货		305 000	应付股利		25 000
一年内到期的非流动资产			其他应付款		2 500
其他流动资产			一年内到期的非流动负债		100 000
流动资产合计		606 100	其他流动负债		
非流动资产：			流动负债合计		407 300
可供出售金融资产			非流动负债		
持有至到期投资			长期借款		415 000
长期应收款			应付债券		40 000
长期股权投资		48 000	长期应付款		30 000
投资性房地产			专项应付款		
固定资产		624 000	预计负债		
在建工程		168 000	递延所得税负债		
工程物资			其他非流动负债		
固定资产清理			非流动负债合计		485 000
生产性生物资产			负债合计		892 300
油气资产			所有者权益(或股东权益)		
无形资产		230 000	实收资本(或股本)		600 000
开发支出			资本公积		90 000
商誉			减：库存股		
长期待摊费用			其他综合收益		
递延所得税资产			盈余公积		70 000
其他非流动资产			未分配利润		23 800
非流动资产合计		1 070 000	所有者权益(或股东权益)合计		783 800
资产合计		1 676 100	负债和所有者权益(或股东权益)总计		1 676 100

8.3 利 润 表

8.3.1 利润表的含义和作用

1. 利润表的含义

利润表是反映企业在某一会计期间经营成果的报表，属于动态报表。它把一定期间的收入与其同一会计期间相关的费用进行配比，以计算出企业一定时期的净利润(或净亏损)。

2. 利润表的作用

(1) 利润表的列报充分反映了企业经营业绩的主要来源和构成，有助于使用者判断净利润的质量及其风险，以及预测净利润的持续性，从而做出正确的决策。

(2) 利润表可以反映企业一定会计期间的收入实现情况、费用耗费情况和净利润的实现情况，可以揭示各构成要素对净利润的影响程度，有助于判断资本的保值、增值情况，因此也常常作为评述管理者业绩的主要依据。

(3) 将利润表的信息与资产负债表的信息相结合，还可以提供进行财务分析的基本资料，如将净利润与资产总额进行比较，计算出资产收益率等，可以帮助报表使用者正确评价企业的盈利能力和水平，预测企业未来的盈利趋势。

(4) 利润表也是投资者分配利润和税务机关课征所得税的重要依据。

8.3.2 利润表的结构

常见的利润表结构主要有单步式和多步式两种。单步式利润表是将本期所有的收入加在一起，然后将所有的成本费用加在一起，通过收入类合计减去费用类合计，一次计算求出本期的净利润(或亏损)。多步式利润表是按企业最终利润形成的几个主要环节，分层次、分步骤揭示企业利润的计算过程。目前我国企业的利润表采用多步式结构，即通过对当期的收入、费用、支出项目按性质加以归类，按利润形成的主要环节列示中间性利润指标，分步计算当期净损益。此外，为了使报表使用者通过比较不同期间利润的实现情况，判断企业经营成果的未来发展趋势，企业需要提供比较利润表，因此利润表还就各项目再分为"上期金额"和"本期金额"两栏分别填列。利润表具体格式如表 8-4 所示。

8.3.3 利润表的编制方法

利润表是一种动态报表，所以在编制时应根据有关账户的发生额填列。企业利润表的主要编制步骤和内容如下。

第一步，以营业收入为基础，减去营业成本，营业税金及附加、销售费用、管理费用、财务费用、资产减值损失，加上公允价值变动收益(减去公允价值变动损失)和投资收益(减去投资损失)，计算出营业利润。

第二步，以营业利润为基础，加上营业外收入，减去营业外支出，计算出利润总额。

第三步，以利润总额为基础，减去所得税费用，计算出净利润(或亏损)。

普通股或潜在普通股已公开交易的企业，以及正处于公开发行普通股或潜在普通股过程中的企业,还应当在利润表中列示每股收益信息。

利润表各项目均需填列"本期金额"和"上期金额"两栏。"本期金额"栏内各期数字,除"基本每股收益"和"稀释每股收益"项目外,应当按照相关账户的发生额分析填列。"营业收入"项目,应根据"主营业务收入""其他业务收入"账户的发生额分析计算填列;"营业成本"项目,应根据"主营业务成本""其他业务成本"账户的发生额分析计算填列。"营业利润""利润总额""净利润"项目根据本表中相关项目计算填列。其他项目均按照各损益类账户的发生额分析填列。

利润表中"上期金额"栏内各项目,应根据上年该期利润表的"本期金额"数字填列。如果上年该期利润表规定的各个项目的名称和内容同本期不相一致,应对上年该期利润表各项目的名称和数字按本期的规定进行调整后,再填入"上期金额"栏。

8.3.4 利润表编制实例

【例 8-2】 新兴有限公司 201×年 3 月 31 日有关账户的发生额如表 8-3 所示。

表 8-3 账户发生额表

单位:元

账户名称	借方发生额	贷方发生额
主营业务收入		1 500 000
其他业务收入		10 000
投资收益		20 000
营业外收入		5 000
主营业务成本	1 200 000	
营业税金及附加	70 000	
其他业务成本	5 000	
销售费用	8 000	
管理费用	12 000	
财务费用	5 000	
营业外支出	2 000	
所得税费用	76 890	

根据上述资料,编制利润表如表 8-4 所示。

表 8-4 利润表

会企 02 表

编制单位:新兴有限公司　　　　201×年 3 月　　　　单位:元

项　　目	本期金额	上期金额
一、营业收入	1 510 000	(略)
减:营业成本	1 205 000	
营业税金及附加	70 000	
销售费用	8 000	
管理费用	12 000	
财务费用	5 000	
资产减值损失		

续表

项目	本期金额	上期金额
加：公允价值变动收益(损失以"-"号填列)		
投资收益(亏损以"-"号填列)	20 000	
其中：对联营企业和合营企业的投资收益		
二、营业利润(亏损以"-"号填列)	230 000	
加：营业外收入	5 000	
减：营业外支出	2 000	
其中：非流动资产处置损失		
三、利润总额(亏损总额以"-"号填列)	233 000	
减：所得税费用	76 890	
四、净利润(净亏损以"-"号填列)	174 750	
五、其他综合收益的税后净额		
(一) 以后不能重分类进损益的其他综合收益		
(二) 以后将重分类进损益的其他综合收益		
六、综合收益总额		
七、每股收益		
(一) 基本每股收益		
(二) 稀释每股收益		

8.4 现金流量表

8.4.1 现金流量表的含义和作用

1. 现金流量表的含义

现金流量表是指反映企业在一定会计期间现金和现金等价物流入和流出的报表，属于动态报表。现金流量表是按照收付实现制原则编制的，将权责发生制下的盈利信息调整为收付实现制下的现金流量信息，便于信息使用者了解企业净利润的质量。

2. 有关现金流量的术语

(1) 现金流量：是指一定会计期间内企业现金和现金等价物流入和流出的数量。

(2) 现金：这里的现金与前述会计核算所讲的库存现金不同，其范围要广泛得多，是指企业库存现金以及可以随时用于支付的存款。具体包括库存现金、银行存款、其他货币资金(如外埠存款等)，不能随时用于支付的存款不属于现金。

(3) 现金等价物：是指企业持有的期限短、流动性强、易于变现为已知金额现金、价值变动风险很小的投资。期限短，一般是指从购买日起3个月内到期。现金等价物通常包括三个月内到期的债券投资等。权益性投资变现的金额通常不确定，因而不属于现金等价物。企业应当根据具体情况，确定现金等价物的范围，一经确定不得随意变更。

3. 现金流量表的作用

能够提供企业在一定期间现金流量的信息，为报表使用者了解和评价企业获取现金及现金等价物的能力,预测企业未来现金流量提供资料依据;现金流量表能够说明企业在一定期间现金流入或流出的原因、现金净增加额及来源方向,用以分析企业的支付能力、偿债能力和周转能力;通过现金流量表,可以分析企业未来获取现金的能力,透视企业投资理财活动对经营成果和财务状况的影响,有助于对企业的整体财务状况做出客观评价。

8.4.2 现金流量表的结构

我国企业现金流量表采用报告式结构,分类反映经营活动产生的现金流量、投资活动产生的现金流量和筹资活动产生的现金流量,最后汇总反映企业某一期间现金及现金等价物的净增加额。现金流量表格式如表 8-5 所示。

表 8-5　现金流量表

会企 03 表

编制单位:　　　　　　　　　　　年　　月　　　　　　　　　　　单位:元

项　目	本期金额	上期金额
一、经营活动产生的现金流量		
销售商品、提供劳务收到的现金		
收到的税费返还		
收到的其他与经营活动有关的现金		
经营活动现金流入小计		
购买商品、接受劳务支付的现金		
支付给职工以及为职工支付的现金		
支付的各项税费		
支付的其他与经营活动有关的现金		
经营活动现金流出小计		
经营活动产生的现金流量净额		
二、投资活动产生的现金流量		
收回投资收到的现金		
取得投资收益收到的现金		
处置固定资产、无形资产和其他长期资产收回的现金净额		
处置子公司及其他营业单位收到的现金净额		
收到其他与投资活动有关的现金		
投资活动现金流入小计		
购建固定资产、无形资产和其他长期资产所支付的现金		
投资支付的现金		
取得子公司及其他营业单位支付的现金净额		
支付的其他与投资活动有关的现金		
投资活动现金流出小计		
投资活动产生的现金流量净额		
三、筹资活动产生的现金流量		
吸收投资所收到的现金		
取得借款收到的现金		
收到其他与筹资活动有关的现金		

155

续表

项　目	本期金额	上期金额
筹资活动现金流入小计		
偿还债务支付的现金		
分配股利、利润或偿付利息支付的现金		
支付其他与筹资活动有关的现金		
筹资活动现金流出小计		
筹资活动产生的现金流量净额		
四、汇率变动对现金及现金等价物的影响		
五、现金及现金等价物净增加额		
加：期初现金及现金等价物余额		
六、期末现金及现金等价物余额		

1. 经营活动产生的现金流量

经营活动，是指企业投资活动和筹资活动以外的所有交易和事项。各类企业由于行业特点不同，对经营活动的认定存在一定差异。如对于商品流通企业而言，经营活动主要包括销售商品或提供劳务、购买商品或接受劳务、支付工资、支付管理费用、缴纳各项税费等。

经营活动现金流入包括销售商品及提供劳务收到的现金、收到的税费返还、收到的其他与经营活动有关的现金；经营活动的现金流出包括购买商品及接受劳务支付的现金、支付给职工以及为职工支付的现金、支付的各项税费、支付的其他与经营活动有关的现金。

2. 投资活动产生的现金流量

投资活动，是指企业长期资产的购建和不包括在现金等价物范围内的投资及其处置活动，既包括金融资产投资，又包括长期资产的购建与处置。长期资产是指固定资产、无形资产、在建工程、其他资产等持有期限在一年或一个营业周期以上的资产。不同企业由于行业特点不同，对投资活动的认定也存在差异，如购买股票的行为，对于工商企业而言属于投资活动，对于证券公司而言则属于经营活动。

投资活动的现金流入包括收回投资收到的现金、取得投资收益收到的现金、处置固定资产和无形资产及其他长期资产收回的现金净额、收到的其他与投资活动有关的现金；投资活动的现金流出包括购建固定资产和无形资产及其他长期资产支付的现金、投资所支付的现金、支付的其他与投资活动有关的现金。

3. 筹资活动产生的现金流量

筹资活动，是指导致企业资本及债务规模及结构发生变化的活动。资本包括实收资本(股本)和资本溢价(股本溢价)，如发行股票或接受投入资本、分派现金股利。债务指对外举债，主要包括取得和偿还银行借款、发行和偿还公司债券等。通常情况下偿还应付账款、应付票据等商业应付款属于经营活动，不属于筹资活动。

筹资活动的现金流入包括吸收投资收到的现金、取得借款收到的现金、收到的其他与筹资活动有关的现金；筹资活动的现金流出包括偿还债务支付的现金、分配股利或利润及偿付利息支付的现金、支付的其他与筹资活动有关的现金。

8.4.3 现金流量表的编制

编制现金流量表时，经营活动现金流量的编制方法有两种，即直接法和间接法。我国会计准则规定，现金流量表中经营活动的现金流量应当采用直接法列报。直接法是指通过现金流入和现金流出的主要类别，反映来自企业经营活动的现金流量。采用直接法编制经营活动的现金流量时，一般以利润表中的营业收入为起算点，调整与经营活动有关项目的增减变动，然后计算出经营活动的现金流量。采用直接法具体编制现金流量表时，可以采用工作底稿法或T型账户法，也可以根据有关科目记录分析填列。间接法是指以本期净利润为起算点，调整不涉及现金的收入和费用、投资收益、营业外收支及应收应付等项目的增减变动，据此计算并列示经营活动的现金流量。

知 识 巩 固

一、单项选择题

1. 财务报表编制的直接依据是（ ）。
   A. 原始凭证 B. 记账凭证
   C. 科目汇总表 D. 会计账簿
2. 按报表所提供会计信息的时间不同，报表可分为（ ）。
   A. 中期报表和年度报表 B. 对内报表和对外报表
   C. 动态报表和静态报表 D. 个别报表和合并报表
3. 利润表是反映企业一定期间（ ）的报表。
   A. 现金流入与流出 B. 资产、负债及所有者权益变动情况
   C. 经营成果 D. 利润分配
4. 企业未设置预收账款账户，期末"应收账款"账户所属的明细账户借方余额合计为200 000元，贷方余额合计为30 000元，坏账准备余额为50 000元，则资产负债表中应收账款应填（ ）元。
   A. 120 000 B. 180 000 C. 150 000 D. 200 000
5. 我国企业的利润表一般采用（ ）。
   A. 单步式 B. 多步式 C. 账户式 D. 报告式
6. 资产负债表的未分配利润项目根据（ ）的余额填列。
   A. 本年利润 B. 利润分配
   C. 盈余公积 D. 本年利润和利润分配
7. 我国现金流量表应当采用（ ）填列。
   A. 直接法 B. 间接法
   C. 直接法或间接法 D. 以上都不对
8. 编制现金流量表的会计基础是（ ）。
   A. 收付实现制 B. 权责发生制
   C. 收付实现制为主，权责发生制为辅 D. 权责发生制为主，收付实现制为辅

二、多项选择题

1. 资产负债表属于(   )。
   A. 对内报表　　B. 静态报表　　C. 对外报表　　D. 动态报表
2. 财务报表的使用者包括(   )
   A. 债权人　　　　　　　　　　B. 投资者
   C. 国家经济管理机关　　　　　D. 企业内部管理者
3. 资产负债表中的存货包括(   )。
   A. 原材料　　B. 库存商品　　C. 材料成本差异　　D. 生产成本
4. 利润表的作用主要有(   )。
   A. 反映企业的经营成果　　　　B. 评价企业的盈利能力
   C. 反映企业的财产状况　　　　D. 课征所得税的重要依据
5. 现金流量表中的现金是指(   )。
   A. 库存现金　　　　　　　　　B. 可随时支付的银行存款
   C. 现金等价物　　　　　　　　D. 定期存款

三、判断题

1. 利润表中各项目是根据有关账户的期末余额分析填列的。（   ）
2. 如果本年度资产负债表规定的各个项目的名称和内容同上年度不相一致，应对上年年末资产负债表各项目的名称和数字按照本年度的规定进行调整，填入本年的"年初数"栏内。（   ）
3. 企业对外提供的财务报表由企业负责人和主管会计工作负责人签名并盖章。（   ）
4. 为保证财务报表报送的及时性，可以先编制财务报表，后进行对账和结账。（   ）
5. 购建固定资产所发生的现金流出属于经营活动所产生的现金流量。（   ）

技 能 操 练

实训题一

1. 目的：练习资产负债表基本的编制方法。
2. 资料：宏达有限公司201×年8月31日，账户的期末余额如表8-6所示。

表8-6　账户的期末余额

单位：元

总账	明细账户	借方余额	贷方余额	总账	明细账户	借方余额	贷方余额
现金		6 500		短期借款			300 000
银行存款		535 000		应付账款	A公司		30 000
应收账款	甲公司	15 000			B公司	11 000	
	乙公司		12 000	预收账款	C公司		13 000
预付账款	丙公司	10 000			D公司		20 000
	丁公司		18 000	应付职工薪酬			23 000

续表

总账	明细账户	借方余额	贷方余额	总账	明细账户	借方余额	贷方余额
材料采购		32 000		应交税费		12 500	
其他应收款		15 000		其他应付款			20 000
坏账准备			1 000	实收资本			500 000
原材料		63 000		盈余公积			9 000
生产成本		8 000		本年利润			120 000
库存商品		18 000		利润分配		30 000	
固定资产		300 000					
累计折旧			16 000				

3. 要求：根据所给资料编制资产负债表(表 8-7)。

表 8-7 资产负债表

会企 01 表

编制单位： 　　　　　　　　　年　月　日　　　　　　　　　　单位：元

资产	年初数	期末数	负债及所有者权益(或股东权益)	年初数	期末数
流动资产：			流动负债：		
货币资金			短期借款		
以公允价值计量且其变动计入当期损益的金融资产			以公允价值计量且其变动计入当期损益的金融负债		
应收票据			应付票据		
应收账款			应付账款		
预付款项			预收款项		
应收利息			应付职工薪酬		
应收股利			应交税费		
其他应收款			应付利息		
存货			应付股利		
一年内到期的非流动资产			其他应付款		
其他流动资产			一年内到期的非流动负债		
流动资产合计			其他流动负债		
非流动资产：			流动负债合计		
可供出售金融资产			非流动负债：		
持有至到期投资			长期借款		
长期应收款			应付债券		
长期股权投资			长期应付款		
固定资产			预计负债		
固定资产清理			非流动负债合计		
生产性生物资产			负债合计		
有形资产			所有者权益(或股东权益)		
无形资产			实收资本(或股本)		
开发支出			资本公积		
商誉			减：库存股		

续表

资　产	年初数	期末数	负债及所有者权益(或股东权益)	年初数	期末数
长期待摊费用			盈余公积		
其他非流动资产			未分配利润		
非流动资产合计			所有者权益(或股东权益)合计		
资产合计			负债和所有者权益(或股东权益)总计		

实训题二

1. 目的：练习利润表的基本编制方法。
2. 资料：某企业201×年1月份各有关损益类账户发生额资料如表8-8所示。

表8-8　各有关损益类账户发生额

单位：元

主营业务收入	125 000(贷)
其他业务收入	15 000(贷)
投资收益	10 000(贷)
营业外收入	5 000(贷)
主营业务成本	75 000(借)
营业税金及附加	3 000(借)
其他业务成本	12 000(借)
销售费用	8 000(借)
管理费用	20 000(借)
财务费用	1 000(借)
营业外支出	8 000(借)
所得税费用	9 000(借)

3. 要求：根据所给资料编制利润表(表8-9)。

表8-9　利润表

会企02表

编制单位：　　　　　　　　　　年　　月　　　　　　　　　单位：元

项　目	本期金额	上期金额
一、营业收入		
减：营业成本		
营业税金及附加		
销售费用		
管理费用		
财务费用		
资产减值损失		
加：公允价值变动收益(损失以"-"号填列)		
投资收益(亏损以"-"号填列)		
其中：对联营企业和合营企业的投资收益		

续表

项 目	本期金额	上期金额
二、营业利润(亏损以"-"号填列)		
加：营业外收入		
减：营业外支出		
其中：非流动资产处置损失		
三、利润总额(亏损总额以"-"号填列)		
减：所得税费用		
四、净利润(净亏损以"-"号填列)		

综合实训

1．目的：通过编制会计报表，熟悉资产负债表、利润表的具体编制方法，掌握净利润的计算方法。

2．资料：根据项目9中综合实训资料。

3．要求：根据资料编制资产负债表和利润表。

项目 9 会计实务操作

知识目标

1. 明确各种会计核算程序基本内容、优缺点和适用范围;
2. 掌握各种会计核算程序的步骤。

能力目标

1. 能运用记账凭证会计核算程序进行综合实训;
2. 能熟练运用科目汇总表会计核算程序进行综合实训。

9.1 会计核算程序

9.1.1 会计核算程序概述

1. 会计核算程序的概念

会计核算程序也称会计账务处理程序,是指在会计核算中,账簿组织、记账程序和会计报表有机结合的形式。账簿组织是指会计凭证和账簿的种类、格式及凭证与账簿之间的相互关系;记账程序是指由原始凭证到编制记账凭证、登记各种账簿、编制会计报表的整个会计工作程序和方法。

2. 会计核算程序的选择

由于各个单位的规模、业务性质、管理要求等不同,因而在会计凭证和账簿的设置上、记账的程序和方法上也有所区别,因此在实际工作中便形成了各种不同的会计核算程序。而科学合理地选择会计核算程序,对于正确组织会计核算工作,保证会计工作质量,提高会计核算效率,具有重要意义。因此为了把会计核算工作科学地组织起来,各单位都应根据国家统一会计制度的要求,结合本单位具体条件和经济业务特点,科学合理地选择适合于本单位的会计核算程序。

(1) 会计核算程序要与本单位经济活动的性质、规模和业务的繁简等相适应,以保证会计核算的顺利进行。

(2) 会计核算程序要在能够正确、及时、完整、系统地提供财务信息,保证会计工作质量的前提下,力求简化核算手续,提高会计核算工作的效率。

目前我国采用的会计核算程序主要有：记账凭证核算程序、科目汇总表核算程序、汇总记账凭证核算程序、多栏式日记账核算程序和日记总账核算程序等。各种会计核算程序的主要区别在于登记总分类账的依据和方法不同。

9.1.2 记账凭证核算程序

1. 记账凭证核算程序的特点

记账凭证核算程序的主要特点就是直接根据记账凭证逐笔登记总分类账。记账凭证核算程序是会计核算中最基本的一种账务处理程序，其他各种核算程序基本上是在记账凭证核算程序的基础上发展演变而形成的。

采用记账凭证核算程序，一般设置现金日记账、银行存款日记账、总分类账和明细分类账。现金、银行存款日记账和总分类账均可用三栏式；明细分类账可根据需要采用三栏式、数量金额式、多栏式；记账凭证可采用通用格式，也可采用收款凭证、付款凭证和转账凭证。

2. 记账凭证核算程序的记账程序

记账凭证核算程序的记账程序如图 9.1 所示。

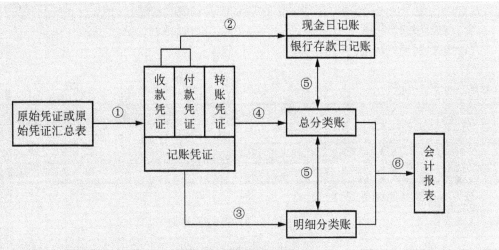

图 9.1　记账凭证核算程序的记账程序

注：① 根据原始凭证或原始凭证汇总表填制记账凭证；
② 根据收款凭证、付款凭证逐笔登记现金日记账、银行存款日记账；
③ 根据记账凭证和原始凭证(或原始凭证汇总表)逐笔登记各种明细分类账；
④ 根据记账凭证逐笔登记总分类账；
⑤ 月末，现金、银行存款日记账和明细分类账分别与总分类账相核对；
⑥ 月末，根据总分类账和明细分类账的资料编制会计报表。

3. 记账凭证核算程序的优缺点和适用范围

记账凭证核算程序的优点是：简单明了，易于理解和掌握，总分类账的记录可详细反映经济业务的情况，便于利用账簿资料为经济管理服务。其缺点是：由于总分类账直接根据记账凭证逐笔登记，所以在业务量较大时，登记总分类账的工作量较大，也不便于会计分工。因此，记账凭证核算程序一般只适用于规模小、经济业务量少、会计凭证不多的单位。

4. 记账凭证核算程序的具体应用

四化工厂采用记账凭证核算程序进行会计核算。该厂201×年7月31日总分类账和有关明细分类账的余额如下。

1) 总分类账余额(表9-1)

表9-1 总分类账余额

单位：元

账户名称	借方金额	账户名称	贷方金额
库存现金	5 000	短期借款	60 000
银行存款	250 000	应付账款	15 000
交易性金融资产	200 000	应交税费	3 500
应收账款	8 900	应付利息	4 500
原材料	144 000	长期借款	250 000
库存商品	110 000	累计折旧	50 000
预付账款	30 000	实收资本	3 277 900
固定资产	3 000 000	盈余公积	87 000
合计	3 747 900	合计	3 747 900

2) 有关明细账余额

(1) 原材料明细账(表9-2)。

表9-2 原材料明细账

单位：元

品名	单位	数量	单价	金额
甲材料	千克	10 400	10	104 000
乙材料	千克	8 000	5	40 000
合计				144 000

(2) 库存商品明细账(表9-3)。

表9-3 库存商品明细账

单位：元

品名	单位	数量	单价	金额
A产品	件	500	100	50 000
B产品	件	800	75	600 00
合计				110 000

(3) 应收账款明细账。

五星工厂　　　　　　　　　　　　　　　　　5 000元
前进工厂　　　　　　　　　　　　　　　　　3 900元

(4) 应付账款明细账。

大华公司　　　　　　　　　　　　　　　　　6 000元
新力公司　　　　　　　　　　　　　　　　　9 000元

3) 该公司8月份发生的经济业务

(1) 1日，厂部购买办公用品700元，以现金支付。

(2) 1日，购买机器设备一台，买价30 000元，运杂费200元，均以银行存款支付。

(3) 1日，收到源发公司投入资金30 000元，存入银行。

(4) 2日，从新力公司购进甲材料10 000千克，单价10元，计100 000元，专用发票列明增值税17 000元，款项以银行存款支付，材料尚未到达企业。

(5) 2日，从大华公司购进乙材料2 500千克，单价5元，计12 500元，专用发票列明增值税2 125元，材料尚未到达企业，款项尚未支付。

(6) 3日，向工商银行借入为期6个月的借款150 000元，存入银行。

(7) 3日，2日从新华公司和大华公司购买的材料，验收入库。

(8) 3日，出售废旧报纸800元，收到现金。

(9) 3日，向五星工厂销售A产品150件，单位售价150元，计22 500元，专用发票列明增值税为3 825元，账款全部收到存入银行。

(10) 4日，向前进工厂销售B产品750件，单位售价120元，计90 000元，专用发票列明增值税为15 300元，账款尚未收到。

(11) 4日，出租包装物收取押金500元，收到转账支票一张，款项存入银行。

(12) 6日，以银行存款支付上月应交增值税2 000元，应交所得税1 500元。

(13) 6日，开出支票支付前欠大华公司的购料款14 625元。

(14) 8日，仓库发出材料供有关部门使用。其中生产A产品耗用甲材料4 000千克，单价10元，计40 000元；乙材料3 000千克，单价5元，计15 000元。生产B产品耗用甲材料3 000千克，单价10元，计30 000元；乙材料2 000千克，单价5元，计10 000元。车间一般耗用乙材料1 600千克，单价5元，计8 000元；行政管理部门领用甲材料500千克，单价10元，计5 000元。

(15) 8日，职工李红预借差旅费2 000元，付现金。

(16) 9日，分配结转本月职工工资140 000元，其中生产A产品工人工资60 000元，生产B产品工人工资40 000元，车间管理人员工资23 500元，行政管理部门人员工资16 500元。

(17) 9日，从银行提取现金140 000元，备发工资。

(18) 9日，以现金140 000元，发放本月职工工资。

(19) 10日，根据以往经验，按工作总额的14%计提福利费。

(20) 11日，前进工厂交来前欠货款3 900元，存入银行。

(21) 12日，以银行存款2500元预付甲材料的购货款。

(22) 13日，新力公司前来核对快递费，本周共计3 000元，要求月底支付。

(23) 14日，以银行存款1 560元，支付销售A产品广告费。

(24) 15日，向五星工厂销售A产品200件，单价150元，计30 000元，专用发票列明增值税为5 100元，账款全部收到存入银行。

(25) 18日，职工李红回来报销差旅费1 700元，余款退回现金。

(26) 24日，以现金2 000元，捐赠给某福利单位。

(27) 26日，计提本月固定资产折旧费，其中车间计提折旧费3 210元，管理部门计提折旧费1 300元。

(28) 28日，以现金支付职工困难补助费425元。

(29) 28日，结转本月发生的制造费用(按工人工资比例分配)。

(30) 30日，本月生产的A产品1 462件，B产品1 344件全部完工，结转其实际生产成本。

(31) 31 日，预提本月银行短期借款利息 1 500 元。
(32) 31 日，接银行通知本季度实际借款利息 6 000 元已扣除。
(33) 31 日，结转已销 A、B 产品的实际生产成本。
(34) 31 日，按本月应交增值税的 7%计算应交城市维护建设税，按 3%计算教育费附加。
(35) 31 日，结转本月销售收入等。
(36) 31 日，结转本月销售成本、费用和销售税金及附加等。
(37) 31 日，按本月实现利润的 25%计算本月应交所得税。
(38) 31 日，月末将"所得税费用"转入"本年利润"。
(39) 31 日，按税后利润的 10%计算提取法定盈余公积。
(40) 31 日，按税后利润的 50%，计算应付投资者利润。

4) 根据 8 月份发生的经济业务编制相应的记账凭证

(1) 付款凭证(表 9-4)。

表 9-4　付款凭证

贷方科目：库存现金　　　　　　　　201×年 8 月 1 日　　　　　　　　现付字第 1 号

摘　　要	借方科目		账页	金　　额
	总账科目	明细科目		
购买办公用品	管理费用	办公费		700
合　　计				700

(2) 付款凭证(表 9-5)。

表 9-5　付款凭证

贷方科目：银行存款　　　　　　　　201×年 8 月 1 日　　　　　　　　银付字第 1 号

摘　　要	借方科目		账页	金　　额
	总账科目	明细科目		
购买机器一台	固定资产			30 200
合　　计				30 200

(3) 收款凭证(表 9-6)。

表 9-6　收款凭证

借方科目：银行存款　　　　　　　　201×年 8 月 1 日　　　　　　　　银收字第 1 号

摘　　要	贷方科目		账页	金　　额
	总账科目	明细科目		
收到投入货币资金	实收资本	源发公司		30 000
合　　计				30 000

(4) 付款凭证(表9-7)。

表9-7 付款凭证

贷方科目：银行存款　　　　　　　　　201×年8月2日　　　　　　　　　银付字第2号

摘　要	借方科目		账页	金　额
	总账科目	明细科目		
购入材料一批	在途物资	甲材料		100 000
	应交税费	应交增值税(进)		17 000
合　计				117 000

(5) 转账凭证(表9-8)。

表9-8 转账凭证

201×年8月2日　　　　　　　　　　　　　　　　　　　　　　转字第1号

摘　要	总账科目	明细科目	账页	借方金额	贷方金额
购入材料一批	在途物资	乙材料		12 500	
	应交税费	应交增值税(进)		2 125	
	应付账款	大华公司			14 625
合　计				14 625	14 625

(6) 收款凭证(表9-9)。

表9-9 收款凭证

借方科目：银行存款　　　　　　　　　201×年8月3日　　　　　　　　　银收字第2号

摘　要	贷方科目		账页	金　额
	总账科目	明细科目		
借入短期借款	短期借款			150 000
合　计				150 000

(7) 转账凭证(表9-10)。

表9-10 转账凭证

201×年8月3日　　　　　　　　　　　　　　　　　　　　　　转字第2号

摘　要	总账科目	明细科目	账页	借方金额	贷方金额
材料验收入库	原材料	甲材料		100 000	
		乙材料		12 500	
	在途物资	甲材料			100 000
		乙材料			12 500
合　计				112 500	112 500

(8) 收款凭证(表9-11)。

表9-11　收款凭证

借方科目：库存现金　　　　　　　　201×年8月3日　　　　　　　　现收字第1号

摘　要	贷方科目		账页	金　额
	总账科目	明细科目		
出售废旧报纸	管理费用			800
合　计				800

(9) 收款凭证(表9-12)。

表9-12　收款凭证

借方科目：银行存款　　　　　　　　201×年8月3日　　　　　　　　银收字第3号

摘　要	贷方科目		账页	金　额
	总账科目	明细科目		
销售产品一批	主营业务收入			22 500
	应交税费	应交增值税(销)		3 825
合　计				26 325

(10) 转账凭证(表9-13)。

表9-13　转账凭证

201×年8月4日　　　　　　　　　　　　　　　　　　　　　　　　　转字第3号

摘　要	总账科目	明细科目	账页	借方金额	贷方金额
销售产品，款未收	应收账款	前进工厂		105 300	
	主营业务收入				90 000
	应交税费	应交增值税(销)			15 300
合　计				105 300	105 300

(11) 收款凭证(表9-14)。

表9-14　收款凭证

借方科目：银行存款　　　　　　　　201×年8月4日　　　　　　　　银收字第4号

摘　要	贷方科目		账页	金　额
	总账科目	明细科目		
收取包装物押金	其他应付款			500
合　计				500

(12) 付款凭证(表9-15)。

表9-15　付款凭证

贷方科目：银行存款　　　　　　　　201×年8月6日　　　　　　　　银付字第3号

摘　要	借方科目		账页	金　额
	总账科目	明细科目		
上交上月税金	应交税费	未交增值税		2 000
		应交所得税		1 500
合　计				3 500

(13) 付款凭证(表9-16)。

表9-16　付款凭证

贷方科目：银行存款　　　　　　　　201×年8月6日　　　　　　　　银付字第4号

摘　要	借方科目		账页	金　额
	总账科目	明细科目		
支付前欠购料款	应付账款	大华公司		14 625
合　计				14 625

(14) 转账凭证(表9-17)。

表9-17　转账凭证

　　　　　　　　　　　　　　　　　　201×年8月8日　　　　　　　　转字第4号

摘　要	总账科目	明细科目	账页	借方金额	贷方金额
有关部门领料	生产成本	A产品		55 000	
		B产品		40 000	
	制造费用			8 000	
	管理费用			5 000	
	原材料	甲材料			75 000
		乙材料			33 000
合　计				108 000	108 000

(15) 付款凭证(表9-18)。

表9-18　付款凭证

贷方科目：库存现金　　　　　　　　201×年8月8日　　　　　　　　现付字第2号

摘　要	借方科目		账页	金　额
	总账科目	明细科目		
职工李红预借差旅费	其他应收款	李红		2 000
合　计				2 000

(16) 转账凭证(表9-19)。

表9-19　转账凭证

　　　　　　　　　　　　　　　　　　201×年8月9日　　　　　　　　转字第5号

摘　要	总账科目	明细科目	账页	借方金额	贷方金额
分配本月应付工资	生产成本	A产品		60 000	
		B产品		40 000	
	制造费用			23 500	
	管理费用			16 500	
	应付职工薪酬				140 000
合　计				140 000	140 000

(17) 付款凭证(表 9-20)。

表 9-20　付款凭证

贷方科目：银行存款　　　　　　　　　　201×年 8 月 9 日　　　　　　　　　　银付字第 5 号

摘　要	借方科目		账页	金　额
	总账科目	明细科目		
提取现金	库存现金			140 000
合　计				140 000

(18) 付款凭证(表 9-21)。

表 9-21　付款凭证

贷方科目：库存现金　　　　　　　　　　201×年 8 月 9 日　　　　　　　　　　现付字第 3 号

摘　要	借方科目		账页	金　额
	总账科目	明细科目		
发放本月工资	应付职工薪酬			140 000
合　计				140 000

(19) 转账凭证(表 9-22)。

表 9-22　转账凭证

201×年 8 月 10 日　　　　　　　　　　　　　　　　　　　　　　　　　　　　转字第 6 号

摘　要	总账科目	明细科目	账页	借方金额	贷方金额
计提职工福利费	生产成本	A 产品		8 400	
		B 产品		5 600	
	制造费用			3 290	
	管理费用			2 310	
	应付职工薪酬				19 600
合　计				19 600	19 600

(20) 收款凭证(表 9-23)。

表 9-23　收款凭证

借方科目：银行存款　　　　　　　　　　201×年 8 月 11 日　　　　　　　　　银收字第 5 号

摘　要	贷方科目		账页	金　额
	总账科目	明细科目		
收回前欠货款	应收账款	前进工厂		3 900
合　计				3 900

(21) 付款凭证(表 9-24)。

表 9-24　付款凭证

贷方科目：银行存款　　　　　　　　　　201×年 8 月 12 日　　　　　　　　　银付字第 6 号

摘　要	借方科目		账页	金　额
	总账科目	明细科目		
预付甲材料订购款	预付账款			2 500
合　计				2 500

(22) 转账凭证(表 9-25)。

表 9-25 转账凭证

201×年 8 月 13 日　　　　　　　　　　　　　转字第 7 号

摘　要	总账科目	明细科目	账页	借方金额	贷方金额
结算本月快递费用	管理费用			3 000	
	应付账款	新力公司			3 000
合　计				3 000	3 000

(23) 付款凭证(表 9-26)。

表 9-26 付款凭证

贷方科目：银行存款　　　　　　201×年 8 月 14 日　　　　　　银付字第 7 号

摘　要	借方科目		账页	金　额
	总账科目	明细科目		
支付广告费	销售费用	广告费		1 560
合　计				1 560

(24) 收款凭证(表 9-27)。

表 9-27 收款凭证

借方科目：银行存款　　　　　　201×年 8 月 15 日　　　　　　银收字第 6 号

摘　要	贷方科目		账页	金　额
	总账科目	明细科目		
销售 A 产品	主营业务收入	A 产品		30 000
	应交税费	应交增值税(销)		5 100
合　计				35 100

(25) 收款凭证(表 9-28)及转账凭证(表 9-29)。

表 9-28 收款凭证

借方科目：库存现金　　　　　　201×年 8 月 18 日　　　　　　现收字第 2 号

摘　要	贷方科目		账页	金　额
	总账科目	明细科目		
李红报销差旅费退回余款	其他应收款	李红		300
合　计				300

表 9-29 转账凭证

201×年 8 月 18 日　　　　　　　　　　　　　转字第 8 号

摘　要	总账科目	明细科目	账页	借方金额	贷方金额
李红报销差旅费	管理费用		1 700		
	其他应收款	李红			1 700
合　计				1 700	1 700

(26) 付款凭证(表9-30)。

表9-30 付款凭证

贷方科目：库存现金　　　　　　　　201×年8月24日　　　　　　　　　现付字第4号

摘　要	借方科目		账页	金　额
	总账科目	明细科目		
捐　赠	营业外支出	捐赠支出		2 000
合　计				2 000

(27) 转账凭证(表9-31)。

表9-31 转账凭证

201×年8月26日　　　　　　　　　　　　　　　　　　　　　　　转字第9号

摘　要	总账科目	明细科目	账页	借方金额	贷方金额
计提本月折旧	制造费用			3 210	
	管理费用			1 300	
	累计折旧				4 510
合　计				4 510	4 510

(28) 付款凭证(表9-32)。

表9-32 付款凭证

贷方科目：库存现金　　　　　　　　201×年8月28日　　　　　　　　　现付字第5号

摘　要	借方科目		账页	金　额
	总账科目	明细科目		
支付困难补助	应付职工薪酬			425
合　计				425

(29) 转账凭证(表9-33)。

表9-33 转账凭证

201×年8月28日　　　　　　　　　　　　　　　　　　　　　　　转字第10号

摘　要	总账科目	明细科目	账页	借方金额	贷方金额
结转本月制造费用	生产成本	A产品		22 800	
		B产品		15 200	
	制造费用				38 000
合　计				38 000	38 000

(30) 转账凭证(表9-34)。

表9-34 转账凭证

201×年8月30日　　　　　　　　　　　　　　　　　　　　　　　转字第11号

摘　要	总账科目	明细科目	账页	借方金额	贷方金额
产品完工验收入库	库存商品	A产品		146 200	
		B产品		100 800	
	生产成本	A产品			146 200
		B产品			100 800
合　计				247 000	247 000

(31) 转账凭证(表 9-35)。

表 9-35　转账凭证

201×年 8 月 31 日　　　　　　　　　　　　转字第 12 号

摘　要	总账科目	明细科目	账页	借方金额	贷方金额
预提本月短期借款利息	财务费用			1 500	
	应付利息				1 500
合　计				1 500	1 500

(32) 付款凭证(表 9-36)。

表 9-36　付款凭证

贷方科目：银行存款　　　　　　201×年 8 月 31 日　　　　　　银付字第 8 号

| 摘　要 | 借方科目 | | 账页 | 金　额 |
	总账科目	明细科目		
支付本季度利息	应付利息			6 000
合　计				6 000

(33) 转账凭证(表 9-37)。

表 9-37　转账凭证

201×年 8 月 31 日　　　　　　　　　　　　转字第 13 号

摘　要	总账科目	明细科目	账页	借方金额	贷方金额
结转已销产品成本	主营业务成本	A 产品		35 000	
		B 产品		56 250	
	库存商品	A 产品			35 000
		B 产品			56 250
合　计				91 250	91 250

(34) 转账凭证(表 9-38)。

表 9-38　转账凭证

201×年 8 月 31 日　　　　　　　　　　　　转字第 14 号

摘　要	总账科目	明细科目	账页	借方金额	贷方金额
计算本月应交的城建税和教育费附加	营业税金及附加			510	
	应交税费	应交城建税			357
		教育费附加			153
合　计				510	510

(35) 转账凭证(表 9-39)。

表 9-39　转账凭证

201×年 8 月 31 日　　　　　　　　　　　　转字第 15 号

摘　要	总账科目	明细科目	账页	借方金额	贷方金额
结转本期收入	主营业务收入			142 500	
	本年利润				142 500
合　计				142 500	142 500

(36) 转账凭证(表 9-40)。

表 9-40　转账凭证

201×年 8 月 31 日　　　　　　　　　　　　　　　转字第 16 号

摘　要	总账科目	明细科目	账页	借方金额	贷方金额
结转本期费用、支出	本年利润			126 530	
	主营业务成本				91 250
	营业税金及附加				510
	财务费用				1 500
	销售费用				1 560
	管理费用				29 710
	营业外支出				2 000
合　计				126 530	126 530

(37) 转账凭证(表 9-41)。

表 9-41　转账凭证

201×年 8 月 31 日　　　　　　　　　　　　　　　转字第 17 号

摘　要	总账科目	明细科目	账页	借方金额	贷方金额
计算本月所得税	所得税费用			3 992.5	
	应交税费	应交所得税			3 992.5
合　计				3 992.5	3 992.5

(38) 转账凭证(表 9-42)。

表 9-42　转账凭证

201×年 8 月 31 日　　　　　　　　　　　　　　　转字第 18 号

摘　要	总账科目	明细科目	账页	借方金额	贷方金额
结转本月所得税费用	本年利润			3 992.5	
	所得税费用				3 992.5
合　计				3 992.5	3 992.5

(39) 转账凭证(表 9-43)。

表 9-43　转账凭证

201×年 8 月 31 日　　　　　　　　　　　　　　　转字第 19 号

摘　要	总账科目	明细科目	账页	借方金额	贷方金额
计提盈余公积金	利润分配	提取盈余公积		1 197.75	
	盈余公积				1 197.75
合　计				1 197.75	1 197.75

(40) 转账凭证(表9-44)。

表9-44 转账凭证

201×年8月31日　　　　　　　　　　　　　　　　　转字第20号

摘　　要	总账科目	明细科目	账页	借方金额	贷方金额
计算应付给投资者利润	利润分配	应付股利		7 985	
	应付股利				7 985
合　　计				7 985	7 985

5) 根据收款凭证及付款凭证逐日逐笔登记库存现金日记账和银行存款日记账

具体登记如表9-45和表9-46所示。

表9-45 库存现金日记账

单位：元

201×年		凭证		摘　　要	对方科目	收入	支出	结余
月	日	字	号					
8	1			期初余额				5 000
8	1	现付	1	购买办公用品	管理费用		700	4 300
8	3	现收	1	出售废旧报纸	管理费用	800		5 100
8	8	现付	2	职工李红预借差旅费	其他应收款		2 000	3 100
8	9	银付	5	提取现金	银行存款	140 000		143 100
8	9	现付	3	发放本月工资	应付职工薪酬		140 000	3 100
8	18	现收	2	李红报销退回余款	其他应收款	300		3 400
8	24	现付	4	捐赠	营业外支出		2 000	1 400
8	28	现付	5	支付困难补助	应付职工薪酬		425	975
8	31			本月合计		141 100	145 125	975

表9-46 银行存款日记账

单位：元

201×年		凭证		摘　　要	对方科目	收入	支出	结余
月	日	字	号					
8	1			期初余额				250 000
8	1	银付	1	购买机器一台	固定资产		30 200	219 800
8	1	银收	1	投入货币资金	实收资本	30 000		249 800
8	2	银付	2	购入材料一批	在途物资等		117 000	132 800
8	3	银收	2	借入短期借款	短期借款	150 000		282 800
8	3	银收	3	销售产品一批	主营业务收入等	26 325		309 125
8	4	银收	4	收取包装物押金	其他应付款	500		309 625
8	6	银付	3	上交上月税金	应交税费		3 500	306 125
8	6	银付	4	支付前欠购料款	应付账款		14 625	291 500
8	9	银付	5	提取现金	现金		140 000	151 500
8	11	银收	5	收回前欠货款	应收账款	3 900		155 400
8	12	银付	6	预付甲材料订购款	预付账款		2 500	152 900

续表

201×年		凭证		摘 要	对方科目	收入	支出	结余
月	日	字	号					
8	14	银付	7	支付广告费	销售费用		1 560	151 340
8	15	银收	6	销售A产品	主营业务收入等	35 100		186 440
8	31	银付	8	支付本季度利息	应付利息		6 000	180 440
8	31			本月合计		245 825	315 385	180 440

6) 根据原始凭证和记账凭证登记明细账

具体登记"原材料""应收账款""应付账款"明细账,如表9-47~表9-54所示(其他明细账从略)。

表9-47 原材料明细账

材料名称:甲材料　　　　　　　　　　　　　　　　　　　　　单位:千克

201×年		凭证		摘 要	收入			发出			结存		
月	日	字	号		数量	单价	金额	数量	单价	金额	数量	单价	结存
8	1			期初余额							10 400	10	104 000
8	3	略	略	购入	10 000	10	100 000				20 400	10	204 000
8	8			领用材料				7 500	10	75 000	12 900	10	129 000
8	31			本月合计	10 000	10	100 000	7 500	10	75 000	12 900	10	129 000

表9-48 原材料明细账

材料名称:乙材料　　　　　　　　　　　　　　　　　　　　　单位:千克

201×年		凭证		摘 要	收入			发出			结存		
月	日	字	号		数量	单价	金额	数量	单价	金额	数量	单价	结存
8	1			期初余额							8 000	5	40 000
8	3	略	略	购入	2 500	5	12 500				10 500	5	52 500
8	8			领用材料				6 600	5	33 000	3 900	5	19 500
8	31			本月合计	2 500	5	12 500	6 600	5	33 000	3 900	5	19 500

表9-49 库存商品明细账

产品名称:A产品　　　　　　　　　　　　　　　　　　　　　单位:件

201×年		凭证		摘 要	收入			发出			结存		
月	日	字	号		数量	单价	金额	数量	单价	金额	数量	单价	结存
8	1			期初余额							500	100	50 000
8	30	略	略	完工验收入库	1 462	100	146 200				1 962	100	196 200
8	31			结转销售成本				350	100	35 000	1 610	100	161 000
8	31			本月合计	1 462	100	146 200	350	100	35 000	1 610	100	161 000

表 9-50　库存商品明细账

产品名称：B 产品　　　　　　　　　　　　　　　　　　　　　　　　　　　　　　　　　　　　　　单位：件

201×年		凭证		摘要	收入			发出			结存		
月	日	字	号		数量	单价	金额	数量	单价	金额	数量	单价	结存
8	1			期初余额							800	75	60 000
8	30	略	略	完工验收入库	1 344	75	100 800				2 144	75	160 800
8	31			结转销售成本				750	75	56 250	1 394	75	104 550
8	31			本月合计	1 344	75	100 800	750	75	56 250	1 394	75	104 550

表 9-51　应收账款明细账

户名：五星工厂　　　　　　　　　　　　　　　　　　　　　　　　　　　　　　　　　　　　　　单位：元

201×年		凭证		摘要	借方	贷方	借或贷	余额
月	日	字	号					
8	1			期初余额			借	5 000

表 9-52　应收账款明细账

户名：前进工厂　　　　　　　　　　　　　　　　　　　　　　　　　　　　　　　　　　　　　　单位：元

201×年		凭证		摘要	借方	贷方	借或贷	余额
月	日	字	号					
8	1			期初余额			借	3 900
8	4	转	3	销售产品，款未收	105 300		借	109 200
8	11	银收	5	收回前欠货款		3 900	借	105 300
8	31			本月合计	105 300	3 900	借	105 300

表 9-53　应付账款明细账

户名：新力公司　　　　　　　　　　　　　　　　　　　　　　　　　　　　　　　　　　　　　　单位：元

201×年		凭证		摘要	借方	贷方	借或贷	余额
月	日	字	号					
8	1			期初余额			贷	9 000
	13	转	7	结算快递费		3 000	贷	12 000

表 9-54　应付账款明细账

户名：大华公司　　　　　　　　　　　　　　　　　　　　　　　　　　　　　　　　　　　　　　单位：元

201×年		凭证		摘要	借方	贷方	借或贷	余额
月	日	字	号					
8	1			期初余额			贷	6 000
8	4	转	1	购入材料一批		14 625	贷	20 625
8	6	银付	4	支付前欠购料款	14 625		贷	6 000
8	31			本月合计	14 625	14 625	贷	6 000

7) 根据各种记账凭证逐笔登记总分类账

具体登记如表 9-55～表 9-87 所示。

表 9-55　总分类账

户名：库存现金　　　　　　　　　　　　　　　　　　　　　　　　　　　单位：元

201×年 月	日	凭证 字	号	摘　　要	借方	贷方	借或贷	余额
8	1			期初余额			借	5 000
8	1	现付	1	购买办公用品		700	借	4 300
8	3	现收	1	出售废旧报纸	800		借	5 100
8	8	现付	2	职工李红预借差旅费		2 000	借	3 100
8	9	银付	5	提取现金	140 000		借	143 100
8	9	现付	3	发放本月工资		140 000	借	3 100
8	18	现收	2	李红报销差旅费退回余款	300		借	3 400
8	24	现付	4	捐赠		2 000	借	1 400
8	28	现付	5	支付困难补助		425	借	975
8	31			本期发生额及余额	141 100	145 125	借	975

表 9-56　总分类账

户名：银行存款　　　　　　　　　　　　　　　　　　　　　　　　　　　单位：元

201×年 月	日	凭证 字	号	摘　　要	借方	贷方	借或贷	余额
8	1			期初余额			借	250 000
8	1	银付	1	购买机器一台		30 200	借	219 800
8	1	银收	1	投入货币资金	30 000		借	249 800
8	2	银付	2	购入材料一批		117 000	借	132 800
8	3	银收	2	借入短期借款	150 000		借	282 800
8	3	银收	3	销售产品一批	26 325		借	309 125
8	4	银收	4	收取包装物押金	500		借	309 625
8	6	银付	3	上交上月税金		3 500	借	306 125
8	6	银付	4	支付前欠购料款		14 625	借	291 500
8	9	银付	5	提取现金		140 000	借	151 500
8	11	银收	5	收回前欠货款	3 900		借	155 400
8	12	银付	6	预付明年上半年报刊费		2 500	借	152 900
8	14	银付	7	支付广告费		1 560	借	151 340
8	15	银收	6	销售A产品	35 100		借	186 440
8	31	银付	8	支付本季度利息		6 000	借	180 440
8	31			本期发生额及余额	245 825	315 385	借	180 440

表 9-57　总分类账

户名：交易性金融资产　　　　　　　　　　　　　　　　　　　　　　　　单位：元

201×年 月	日	凭证 字	号	摘　　要	借方	贷方	借或贷	余额
8	1			期初余额			借	200 000

表 9-58　总分类账

户名：应收账款　　　　　　　　　　　　　　　　　　　　　　　　　　　　　　　　单位：元

201×年		凭证		摘　要	借方	贷方	借或贷	余额
月	日	字	号					
8	1			期初余额			借	8 900
8	4	转	3	销售产品，款未收	105 300		借	114 200
8	11	银收	5	收回前欠货款		3 900	借	110 300
8	31			本期发生额及余额	105 300	3 900	借	110 300

表 9-59　总分类账

户名：其他应收款　　　　　　　　　　　　　　　　　　　　　　　　　　　　　　　　单位：元

201×年		凭证		摘　要	借方	贷方	借或贷	余额
月	日	字	号					
8	8	现付	2	职工李红预借差旅费	2 000		借	2 000
8	18	现收	2	李红报销差旅费退回余款		300	借	1 700
8	18	转	8	李红报销差旅费		1 700	平	0
8	31			本期发生额及余额	2 000	2 000	平	0

表 9-60　总分类账

户名：原材料　　　　　　　　　　　　　　　　　　　　　　　　　　　　　　　　　　单位：元

201×年		凭证		摘　要	借方	贷方	借或贷	余额
月	日	字	号					
8	1			期初余额			借	144 000
8	3	转	2	材料验收入库	112 500		借	256 500
8	8	转	4	有关部门领料		108 000	借	148 500
8	31			本期发生额及余额	112 500	108 000	借	148 500

表 9-61　总分类账

户名：库存商品　　　　　　　　　　　　　　　　　　　　　　　　　　　　　　　　　单位：元

201×年		凭证		摘　要	借方	贷方	借或贷	余额
月	日	字	号					
8	1			期初余额			借	110 000
8	30	转	11	产品完工验收入库	247 000		借	357 000
8	31	转	13	结转已销产品成本		91 250	借	265 750
8	31			本期发生额及余额	247 000	91 250	借	265 750

表 9-62　总分类账

户名：预付账款　　　　　　　　　　　　　　　　　　　　　　　　　　　　单位：元

201×年		凭证		摘　要	借方	贷方	借或贷	余额
月	日	字	号					
8	1			期初余额			借	30 000
8	12	银付	6	预付甲材料订购款	2 500		借	32 500
8	31			本期发生额及余额	2 500		借	32 500

表 9-63　总分类账

户名：固定资产　　　　　　　　　　　　　　　　　　　　　　　　　　　　单位：元

201×年		凭证		摘　要	借方	贷方	借或贷	余额
月	日	字	号					
8	1			期初余额			借	3 000 000
8	1	银付	1	购买机器一台	30 200		借	3 030 200
8	31			本期发生额及余额	30 200		借	3 030 200

表 9-64　总分类账

户名：累计折旧　　　　　　　　　　　　　　　　　　　　　　　　　　　　单位：元

201×年		凭证		摘　要	借方	贷方	借或贷	余额
月	日	字	号					
8	1			期初余额			贷	50 000
8	26	转	9	计提本月折旧		4 510	贷	54 510
8	31			本期发生额及余额		4 510	贷	54 510

表 9-65　总分类账

户名：在途物资　　　　　　　　　　　　　　　　　　　　　　　　　　　　单位：元

201×年		凭证		摘　要	借方	贷方	借或贷	余额
月	日	字	号					
8	2	银付	2	购入材料一批	100 000		借	100 000
8	3	转	2	材料验收入库		100 000	平	0
8	31			本期发生额及余额	100 000	100 000	平	0

表 9-66　总分类账

户名：生产成本　　　　　　　　　　　　　　　　　　　　　　　　　　　　单位：元

201×年		凭证		摘　要	借方	贷方	借或贷	余额
月	日	字	号					
8	8	转	4	生产部门领料	95 000		借	95 000
8	9	转	5	分配本月应付职工薪酬	100 000		借	195 000
8	10	转	6	计提职工福利费	14 000		借	209 000
8	28	转	10	结转本月制造费用	38 000		借	247 000
8	30	转	11	产品完工验收入库		247 000	平	0
8	31			本期发生额及余额	247 000	247 000	平	0

表 9-67　总分类账

户名：制造费用　　　　　　　　　　　　　　　　　　　　　　　　　　　　单位：元

201×年		凭证		摘要	借方	贷方	借或贷	余额
月	日	字	号					
8	8	转	4	车间领料	8 000		借	8 000
8	9	转	5	分配本月应付职工薪酬	23 500		借	31 500
8	10	转	6	计提职工福利费	3 290		借	34 790
8	26	转	9	计提本月折旧	3 210		借	38 000
8	28	转	10	结转本月制造费用		38 000	平	0
8	31			本期发生额及余额	38 000	38 000	平	0

表 9-68　总分类账

户名：短期借款　　　　　　　　　　　　　　　　　　　　　　　　　　　　单位：元

201×年		凭证		摘要	借方	贷方	借或贷	余额
月	日	字	号					
8	1			期初余额			贷	60 000
8	3	银收	2	借入短期借款		150 000	贷	210 000
8	31			本期发生额及余额		150 000	贷	210 000

表 9-69　总分类账

户名：应付账款　　　　　　　　　　　　　　　　　　　　　　　　　　　　单位：元

201×年		凭证		摘要	借方	贷方	借或贷	余额
月	日	字	号					
8	1			期初余额			贷	15 000
8	2	转	1	购入材料一批		14 625	贷	29 625
8	6	银付	4	支付前欠购料款	14 625		贷	15 000
8	13	转	7	结算快递费		3 000	贷	18 000
8	31			本期发生额及余额	14 625	17 625	贷	18 000

表 9-70　总分类账

户名：应交税费　　　　　　　　　　　　　　　　　　　　　　　　　　　　单位：元

201×年		凭证		摘要	借方	贷方	借或贷	余额
月	日	字	号					
8	1			期初余额			贷	3 500
8	2	银付	2	购料进项税金	17 000		借	13 500
8	2	转	1	购料进项税金	2 125		借	15 625
8	3	银收	3	销售产品销项税金		3 825	借	11 800
8	4	转	3	销售产品销项税金		15 300	贷	3 500
8	6	银付	3	上交上月税金	3 500		平	0
8	15	银收	6	销售产品销项税金		5 100	贷	5 100
8	31	转	14	计算城建税和教育费附加		510	贷	5 610
8	31	转	17	计算本月应交所得税		3 992.5	贷	9 602.5
8	31			本期发生额及余额	22 625	28 727.5	贷	9 602.5

表 9-71　总分类账

户名：应付职工薪酬　　　　　　　　　　　　　　　　　　　　　　　　　　　　　单位：元

201×年		凭证		摘　要	借方	贷方	借或贷	余额
月	日	字	号					
8	9	转	5	分配本月应付职工薪酬		140 000	贷	140 000
8	9	现付	3	发放本月工资	140 000		平	0
8	10	转	6	计提职工福利费		19 600	贷	19 600
8	28	现付	5	支付困难补助	425		贷	19 175
8	31			本期发生额及余额	140 425	159 600	贷	19 175

表 9-72　总分类账

户名：应付股利　　　　　　　　　　　　　　　　　　　　　　　　　　　　　　　单位：元

201×年		凭证		摘　要	借方	贷方	借或贷	余额
月	日	字	号					
8	31	转	20	计算应付给投资者利润		7 985	贷	7 985
8	31			本期发生额及余额		7 985	贷	7 985

表 9-73　总分类账

户名：应付利息　　　　　　　　　　　　　　　　　　　　　　　　　　　　　　　单位：元

201×年		凭证		摘　要	借方	贷方	借或贷	余额
月	日	字	号					
8	1			期初余额			贷	4 500
8	31	转	12	预提本月短期借款利息		1 500	贷	6 000
8	31	银付	8	支付本季度利息	6 000		平	0
8	31			本期发生额及余额	6 000	1 500	平	0

表 9-74　总分类账

户名：其他应付款　　　　　　　　　　　　　　　　　　　　　　　　　　　　　　单位：元

201×年		凭证		摘　要	借方	贷方	借或贷	余额
月	日	字	号					
8	4	银收	4	收取包装物押金		500	贷	500
8	31			本期发生额及余额		500	贷	500

表 9-75　总分类账

户名：长期借款　　　　　　　　　　　　　　　　　　　　　　　　　　　　　　　单位：元

201×年		凭证		摘　要	借方	贷方	借或贷	余额
月	日	字	号					
8	1			期初余额			贷	250 000

表 9-76　总分类账

户名：实收资本　　　　　　　　　　　　　　　　　　　　　　　　　　　　　　　　单位：元

201×年		凭证		摘　　要	借方	贷方	借或贷	余额
月	日	字	号					
8	1			期初余额			贷	3 277 900
8	1	银收	1	投入货币资金		30 000	贷	3 307 900
8	31			本期发生额及余额		30 000	贷	3 307 900

表 9-77　总分类账

户名：盈余公积　　　　　　　　　　　　　　　　　　　　　　　　　　　　　　　　单位：元

201×年		凭证		摘　　要	借方	贷方	借或贷	余额
月	日	字	号					
8	1			期初余额			贷	87 000
8	31	转	19	计提盈余公积金		1 197.75	贷	88 197.75
8	31			本期发生额及余额		1 197.75	贷	88 197.75

表 9-78　总分类账

户名：本年利润　　　　　　　　　　　　　　　　　　　　　　　　　　　　　　　　单位：元

201×年		凭证		摘　　要	借方	贷方	借或贷	余额
月	日	字	号					
8	31	转	15	结转本期收入		142 500	贷	142 500
8	31	转	16	结转本期费用、支出	126 530		贷	15 970
8	31	转	18	结转本月所得税费用	3 992.5		贷	3 992.5
8	31			本期发生额及余额	130 522.5	142 500	贷	11 977.5

表 9-79　总分类账

户名：利润分配　　　　　　　　　　　　　　　　　　　　　　　　　　　　　　　　单位：元

201×年		凭证		摘　　要	借方	贷方	借或贷	余额
月	日	字	号					
8	31	转	19	计提盈余公积金	1 197.75		借	1 197.75
8	31	转	20	计算应付给投资者利润	7 985		借	9 182.75
8	31			本期发生额及余额	9 182.75		借	9 182.75

表 9-80　总分类账

户名：主营业务收入　　　　　　　　　　　　　　　　　　　　　　　　　　　　　　单位：元

201×年		凭证		摘　　要	借方	贷方	借或贷	余额
月	日	字	号					
8	3	银收	3	销售产品一批		22 500	贷	22 500
8	4	转	3	销售产品一批		90 000	贷	112 500
8	15	银收	6	销售 A 产品		30 000	贷	142 500
8	31	转	15	结转本期收入	142 500		平	0
8	31			本期发生额及余额	142 500	142 500	平	0

表 9-81　总分类账

户名：主营业务成本　　　　　　　　　　　　　　　　　　　　　　　　　　　　单位：元

201×年		凭证		摘　要	借方	贷方	借或贷	余额
月	日	字	号					
8	31	转	13	结转已销产品成本	91 250		借	91 250
8	31	转	16	结转本期费用、支出		91 250	平	0
8	31			本期发生额及余额	91 250	91 250	平	0

表 9-82　总分类账

户名：营业税金及附加　　　　　　　　　　　　　　　　　　　　　　　　　　　单位：元

201×年		凭证		摘　要	借方	贷方	借或贷	余额
月	日	字	号					
8	31	转	14	计算本月应交的城建税和教育费附加	510		借	510
8	31	转	16	结转本期费用、支出		510	平	0
8	31			本期发生额及余额	510	510	平	0

表 9-83　总分类账

户名：销售费用　　　　　　　　　　　　　　　　　　　　　　　　　　　　　　单位：元

201×年		凭证		摘　要	借方	贷方	借或贷	余额
月	日	字	号					
8	14	银付	7	支付广告费	1 560		借	1 560
8	31	转	16	结转本期费用		1 560	平	0
8	31			本期发生额及余额	1 560	1 560	平	0

表 9-84　总分类账

户名：财务费用　　　　　　　　　　　　　　　　　　　　　　　　　　　　　　单位：元

201×年		凭证		摘　要	借方	贷方	借或贷	余额
月	日	字	号					
8	31	转	12	预提本月短期借款利息	1 500		借	1 500
8	31	转	16	结转本期费用		1 500	平	0
8	31			本期发生额及余额	1 500	1 500	平	0

表 9-85　总分类账

户名：管理费用　　　　　　　　　　　　　　　　　　　　　　　　　　　　　　单位：元

201×年		凭证		摘　要	借方	贷方	借或贷	余额
月	日	字	号					
8	1	现付	1	购买办公用品	700		借	700
8	3	现收	1	出售废旧报纸		800	贷	100
8	8	转	4	管理部门领料	5 000		借	4 900
8	9	转	5	分配本月应付职工薪酬	16 500		借	21 400
8	10	转	6	计提职工福利费	2 310		借	23 710
8	13	转	7	摊销本月负担的费用	3 000		借	26 710
8	18	转	8	李红报销差旅费	1 700		借	28 410
8	26	转	9	计提本月折旧	1 300		借	29 710
8	31	转	16	结转本期费用		29 710	平	0
8	31			本期发生额及余额	29 710	29 710	平	0

表 9-86　总分类账

户名：所得税费用　　　　　　　　　　　　　　　　　　　　　　　　　　　　　单位：元

201×年		凭证		摘　要	借方	贷方	借或贷	余额
月	日	字	号					
8	31	转	17	计算本月应交所得税	3 992.5		借	3 992.5
8	31	转	18	结转本月所得税费用		3 992.5	平	0
8	31			本期发生额及余额	3 992.5	3 992.5	平	0

表 9-87　总分类账

户名：营业外支出　　　　　　　　　　　　　　　　　　　　　　　　　　　　　单位：元

201×年		凭证		摘　要	借方	贷方	借或贷	余额
月	日	字	号					
8	24	现付	4	捐赠	2 000		借	2 000
8	31	转	16	结转本月支出		2 000	平	0
8	31			本期发生额及余额	2 000	2 000	平	0

8) 月末将库存现金日记账、银行存款日记账余额及各种明细分类账的余额合计数，分别与相应的总分类账余额相核对

编制总分类账发生额及余额试算平衡表(表 9-88)。

表 9-88　总分类账发生额及余额试算平衡表

单位：元

账户名称	期初余额		本期发生额		期末余额	
	借方	贷方	借方	贷方	借方	贷方
库存现金	5 000.00		141 100.00	145 125.00	975.00	
银行存款	250 000.00		245 825.00	315 385.00	180 440.00	
交易性金融资产	200 000.00				200 000.00	
应收账款	8 900.00		105 300.00	3 900.00	110 300.00	
其他应收款			2 000.00	2 000.00		
原材料	144 000.00		112 500.00	108 000.00	148 500.00	
库存商品	110 000.00		247 000.00	91 250.00	265 750.00	
预付账款	30 000.00		2 500.00		32 500.00	
固定资产	3 000 000.00		30 200.00		3 030 200.00	
利润分配				9 182.75		9 182.75
在途物资			112 500.00	112 500.00		
生产成本			247 000.00	247 000.00		
制造费用			38 000.00	38 000.00		
短期借款		60 000.00		150 000.00		210 000.00
应付账款		15 000.00	14 625.00	17 625.00		18 000.00
应交税费		3 500.00	22 625.00	28 727.50		9 602.50
应付职工薪酬			140 425.00	159 600.00		19 175.00
应付股利				7 985.00		7 985.00

续表

账户名称	期初余额 借方	期初余额 贷方	本期发生额 借方	本期发生额 贷方	期末余额 借方	期末余额 贷方
应付利息		4 500.00	6 000.00	1 500.00		
其他应付款				500.00		500.00
长期借款		250 000.00				250 000.00
累计折旧		50 000.00		4 510.00		54 510.00
实收资本		3 277 900.00		30 000.00		3 307 900.00
盈余公积		87 000.00		1 197.75		88 197.75
本年利润			130 522.50	142 500.00		11 977.50
主营业务收入			142 500.00	142 500.00		
主营业务成本			91 250.00	91 250.00		
营业税金及附加			510.00	510.00		
销售费用			1 560.00	1 560.00		
管理费用			29 710.00	29 710.00		
财务费用			1 500.00	1 500.00		
营业外支出			2 000.00	2 000.00		
所得税费用			3 992.50	3 992.50		
合　　计	3 747 900.00	3 747 900.00	1 867 827.75	1 867 827.75	3 977 847.75	3 977 847.75

9) 月终根据审核无误的总分类账和明细分类账的记录编制有关会计报表

具体编制如表 9-89 和表 9-90 所示。

表 9-89　资产负债表

会企 01 表

编制单位：四化工厂　　　　　　　201×年 8 月 31 日　　　　　　　单位：元

资　　产	年初数	期末数	负债及所有者权益(或股东权益)	年初数	期末数
流动资产：	(略)		流动负债：	(略)	
货币资金		181 415	短期借款		210 000
以公允价值计量且其变动计入当期损益的金融资产		200 000	以公允价值计量且其变动计入当期损益的金融负债		
应收票据			应付票据		
应收账款		110 300	应付账款		18 000
预付账款		32 500	预收账款		
应收利息			应付职工薪酬		19 175
应收股利			应交税费		9 602.50
其他应收款			应付利息		
存货		414 250	应付股利		7 985
一年内到期的非流动资产			其他应付款		500
其他流动资产			一年内到期的非流动负债		
流动资产合计		938 465	其他流动负债		

续表

资　产	年初数	期末数	负债及所有者权益(或股东权益)	年初数	期末数
非流动资产：			流动负债合计		265 262.50
可供出售金融资产			非流动负债		
持有至到期投资			长期借款		250 000
长期应收款			应付债券		
长期股权投资			长期应付款		
投资性房地产			专项应付款		
固定资产		2 975 690	预计负债		
在建工程			递延所得税负债		
工程物资			其他非流动负债		
固定资产清理			非流动负债合计		
生产性生物资产			负债合计		512 262.50
油气资产			所有者权益(或股东权益)		
无形资产			实收资本(或股本)		3 307 900
开发支出			资本公积		
商誉			减：库存股		
长期待摊费用			其他综合收益		
递延所得税资产			盈余公积		88 197.75
其他非流动资产			未分配利润		2 794.75
非流动资产合计		2 975 690	所有者权益(或股东权益)合计		3 398 892.50
资产合计		3 9114 155	负债和所有者权益(或股东权益)总计		3 914 155

表 9-90　利润表

会企 02 表

编制单位：四化工厂　　　　　201×年 8 月　　　　　单位：元

项　目	行次	本期金额	上期金额
一、营务收入	1	142 500	
减：营业成本	4	91 250	
营业税金及附加	5	510	
销售费用	14	1 560	
管理费用	15	29 710	
财务费用	16	1 500	
加：投资收益(亏损以"-"号填列)	18		
二、营业利润(亏损以"-"号填列)	19	17 970	
营业外收入	23		
减：营业外支出	25	2 000	
三、利润总额(亏损以"-"号填列)	27	15 970	
减：所得税费用	28	3 992.5	
四、净利润(净亏损以"-"号填列)	30	11 977.5	

9.1.3 科目汇总表核算程序

1. 科目汇总表核算程序的特点

科目汇总表核算程序的主要特点是定期将所有的记账凭证编制成科目汇总表，然后再根据科目汇总表登记总分类账。

在科目汇总表账务处理程序下，会计凭证及账簿的设置与记账凭证账务处理程序相同，一般设置收款凭证、付款凭证和转账凭证，也可采用通用记账凭证。库存现金、银行存款日记账和总分类账均可采用三栏式；明细分类账可根据需要采用三栏式、数量金额式、多栏式。

科目汇总表，是根据一定时期内的全部记账凭证按总账科目进行汇总，并据以计算出每一总账科目本期借方、贷方发生额所编制的汇总表，其格式如表 9-91 所示。科目汇总表的编制方法有两种：一种是全部汇总，即将一定时期内的全部记账凭证按照总账科目汇总在一张科目汇总表内，据以登记总分类账；另一种是分类汇总，即是将一定时期内的收、付、转记账凭证分别汇总，编制三张科目汇总表，据以登记总分类账。科目汇总表应定期编制，汇总的时间应根据企业经济业务量的多少确定，一般可 5 天、10 天或 15 天汇总一次。

2. 科目汇总表核算程序的记账程序

科目汇总表核算程序的记账程序如图 9.2 所示。

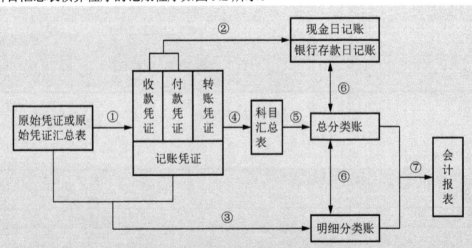

图 9.2 科目汇总表核算程序的记账程序

注：① 根据原始凭证或原始凭证汇总表编制收款凭证、付款凭证和转账凭证；
② 根据收、付款凭证登记现金、银行存款日记账；
③ 根据原始凭证或原始凭证汇总表、记账凭证登记各种明细分类账；
④ 根据记账凭证，定期编制科目汇总表；
⑤ 根据定期编制的科目汇总表登记总分类账；
⑥ 月终，将现金、银行存款日记账和明细分类账的余额与总分类账有关账户的余额相互核对；
⑦ 月终，根据总分类账和明细分类账资料编制会计报表。

3. 科目汇总表核算程序的优缺点和适应范围

采用这种核算程序可以减少登记总分类账户的工作量，手续也比较简便；并可利用科目汇总表进行发生额的试算平衡，便于及时发现问题，采取措施。但科目汇总表反映不出账户之间的对应关系，不便于分析和检查经济业务的来龙去脉，不便于查对账目。因此，这种会计核算程序适用于规模较大、经济业务较多的单位。

4. 科目汇总表核算程序的具体应用

四化工厂采用科目汇总表核算程序进行会计核算，具体资料见 9.1.2 节的案例运用部分。
(1) 根据原始凭证或原始凭证汇总表填制记账凭证(见 9.1.2 节)。
(2) 根据收款凭证、付款凭证登记现金、银行存款日记账(见 9.1.2 节)。
(3) 根据各种原始凭证或原始凭证汇总表和记账凭证登记各种明细账(见 9.1.2 节)。
(4) 根据收款凭证、付款凭证和转账凭证编制科目汇总表如表 9-91～表 9-93 所示。

表 9-91 科目汇总表

201×年 8 月 1 日至 10 日　　　　　　　　　　　第 22 号

会计科目	总账页数	本期发生额		记账凭证起止号数
		借　方	贷　方	
库存现金	略	140 800	142 700	略
在途物资		112 500	112 500	
原材料		112 500	108 000	
生产成本		209 000		
银行存款		206 825	305 325	
应收账款		105 300		
应付账款		14 625	14 625	
主营业务收入			112 500	
固定资产		30 200		
应交税费		22 625	19 125	
短期借款			150 000	
管理费用		24 510	800	
制造费用		34 790		
应付职工薪酬		140 000	159 600	
其他应收款		2 000		
其他应付款			500	
实收资本			30 000	
合　　计		1 155 675	1 155 675	

表 9-92　科目汇总表

201×年 8 月 11 日至 20 日　　　　　　　　　　　　　　　单位：元　第 23 号

会计科目	总账页数	本期发生额 借方	本期发生额 贷方	记账凭证起止号数
库存现金	略	300		略
银行存款		39 000	4 060	
应收账款			3 900	
主营业务收入			30 000	
应交税费			5 100	
管理费用		4 700		
其他应收款			2 000	
预付账款		2 500	3 000	
销售费用		1 560		
合　计		48 060	48 060	

表 9-93　科目汇总表

201×年 8 月 21 日至 31 日　　　　　　　　　　　　　　　单位：元　第 24 号

会计科目	总账页数	本期发生额 借方	本期发生额 贷方	记账凭证起止号数
库存现金	略		2 425	略
营业外支出		2 000	2 000	
制造费用		3 210	38 000	
生产成本		38 000	247 000	
银行存款			6 000	
累计折旧			4 510	
主营业务收入		142 500		
应交税费			4 502.5	
库存商品		247 000	91 250	
管理费用		1 300	29 710	
财务费用		1 500	1 500	
销售费用			1 560	
应付职工薪酬		425		
应付利息		6 000	1 500	
主营业务成本		91 250	91 250	
营业税金及附加		510	510	
所得税费用		3 992.5	3 992.5	
本年利润		130 522.5	142 500	
利润分配		9 182.75		
盈余公积			1 197.75	
应付股利			7 985	
合　计		677 392.75	677 392.75	

(5) 根据定期编制的科目汇总表登记总分类账。

以上述四化工厂发生的经济业务为例，为了减少篇幅，下面仅登记"库存现金""银行存款""管理费用""原材料""应收账款""生产成本"这几个经济业务量较多的账户，如表 9-94～表 9-99 所示。

表 9-94　总分类账

户名：库存现金　　　　　　　　　　　　　　　　　　　　　　　　　　　　　单位：元

201×年		凭证		摘　要	借方	贷方	借或贷	余额
月	日	字	号					
8	1			期初余额			借	5 000
8	10	科汇	22	1～10 日发生额	140 800	142 700	借	3 100
8	20	科汇	23	11～20 日发生额	300		借	3 400
8	31	科汇	24	21～31 日发生额		2 425	借	975
8	31			本期发生额及余额	141 100	145 125	借	975

表 9-95　总分类账

户名：银行存款　　　　　　　　　　　　　　　　　　　　　　　　　　　　　单位：元

201×年		凭证		摘　要	借方	贷方	借或贷	余额
月	日	字	号					
8	1			期初余额			借	250 000
8	10	科汇	1	1～10 日发生额	206 825	305 325	借	151 500
8	20	科汇	2	11～20 日发生额	39 000	4 060	借	186 440
8	31	科汇	3	21～31 日发生额		6 000	借	180 440
8	31			本期发生额及余额	245 825	315 385	借	180 440

表 9-96　总分类账

户名：原材料　　　　　　　　　　　　　　　　　　　　　　　　　　　　　　单位：元

201×年		凭证		摘　要	借方	贷方	借或贷	余额
月	日	字	号					
8	1			期初余额			借	144 000
8	10	科汇	1	1～10 日发生额	112 500	108 000	借	148 500
8	31			本期发生额及余额	112 500	108 000	借	148 500

表 9-97　总分类账

户名：应收账款　　　　　　　　　　　　　　　　　　　　　　　　　　　　　单位：元

201×年		凭证		摘　要	借方	贷方	借或贷	余额
月	日	字	号					
8	1			期初余额			借	8 900
8	10	科汇	1	1～10 日发生额	105 300		借	114 200
8	20	科汇	2	11～20 日发生额		3 900	借	110 300
8	31			本期发生额及余额	105 300	3 900	借	110 300

表 9-98 总分类账

户名：生产成本　　　　　　　　　　　　　　　　　　　　　　　　　　　　　　　单位：元

201×年		凭证		摘　要	借方	贷方	借或贷	余额
月	日	字	号					
8	10	科汇	1	1～10日发生额	209 000		借	209 000
8	31	科汇	3	21～31日发生额	38 000	247 000	平	0
8	31			本期发生额及余额	247 000	247 000	平	0

表 9-99 总分类账

户名：管理费用　　　　　　　　　　　　　　　　　　　　　　　　　　　　　　　单位：元

201×年		凭证		摘　要	借方	贷方	借或贷	余额
月	日	字	号					
8	10	科汇	1	1～10日发生额	24 510	800	借	23 710
8	20	科汇	2	11～20日发生额	4 700		借	28 410
8	31	科汇	3	21～31日发生额	1 300	29 710	平	0
8	31			本期发生额及余额	30 510	30 510	平	0

(6) 月终，根据总分类账和明细分类账资料编制会计报表(见 9.1.2 节)。

9.1.4 汇总记账凭证核算程序

1. 汇总记账凭证核算程序的特点

汇总记账凭证核算程序的主要特点是根据记账凭证定期编制汇总记账凭证，并据以登记总分类账。在汇总记账凭证核算程序下，凭证和账簿的设置与记账凭证核算程序基本相同，只是需定期根据记账凭证编制汇总记账凭证作为登记总分类账的依据。

汇总记账凭证分为汇总收款凭证、汇总付款凭证和汇总转账凭证三种。汇总收款凭证是反映现金和银行存款收入业务的汇总记账凭证，定期根据收款凭证汇总编制，按"库存现金""银行存款"的借方设置，定期按贷方对应科目归类汇总，月末结出合计数，据以登记总分类账。汇总付款凭证是反映现金和银行存款付出业务的汇总记账凭证，定期根据付款凭证汇总编制，按"库存现金""银行存款"的贷方设置，定期按借方对应科目归类汇总，月末结出合计数，据以登记总分类账。汇总转账凭证是反映不涉及现金和银行存款收付的转账业务的汇总记账凭证，定期根据转账凭证汇总编制，一般按转账凭证的每一贷方科目分别设置，定期按借方对应科目归类汇总，月末结出合计数，据以登记总分类账。汇总的时间应根据单位经济业务量的多少确定，一般可 5 天、10 天或 15 天汇总一次。

2. 汇总记账凭证核算程序的记账程序

汇总记账凭证核算程序的记账程序如图 9.3 所示。

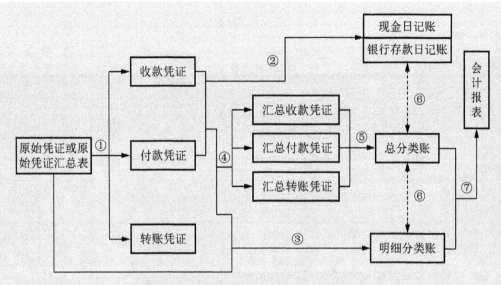

图 9.3 汇总记账凭证核算程序的记账程序

注：① 根据原始凭证或原始凭证汇总表填制收款凭证、付款凭证和转账凭证；
② 根据收款凭证和付款凭证逐笔登记现金日记账和银行存款日记账；
③ 根据收款凭证、付款凭证、转账凭证或原始凭证、原始凭证汇总表，逐笔登记各明细分类账；
④ 根据收款凭证、付款凭证和转账凭证，定期编制汇总收款凭证、汇总付款凭证和汇总转账凭证；
⑤ 月终，根据汇总收款凭证、汇总付款凭证和汇总转账凭证登记总分类账；
⑥ 月终，将现金日记账的余额、银行存款日记账的余额、各明细分类账的余额合计数与总分类账有关账户的余额核对相符；
⑦ 月终，根据总分类账、明细分类账资料编制会计报表。

3. 汇总记账凭证核算程序的优缺点和适用范围

汇总记账凭证核算程序的优点是根据汇总记账凭证登记总分类账可以减轻登账的工作量，同时汇总记账凭证是按照会计科目的对应关系编制的，明确反映了经济业务的来龙去脉。其缺点是编制汇总记账凭证的工作较复杂，工作量大，在单位规模小、业务量少的情况下，起不到简化记账工作量的作用。因此，这种账务处理程序一般适用于规模大、业务量多的单位。

4. 汇总记账凭证核算程序的具体应用

现仍以上述四化工厂发生的经济业务为例，简要说明汇总记账凭证账务处理程序的应用。
(1) 根据原始凭证或原始凭证汇总表填制记账凭证(见 9.1.2 节)。
(2) 根据收款凭证、付款凭证登记现金、银行存款日记账(见 9.1.2 节)。
(3) 根据各种原始凭证或原始凭证汇总表和记账凭证登记各种明细账(见 9.1.2 节)。
(4) 根据收款凭证、付款凭证和转账凭证编制汇总记账凭证。
具体编制如表 9-100～表 9-102 所示。

表 9-100　汇总收款凭证

借方科目：银行存款　　　　　　　　201×年8月　　　　　　　　　　单位：元　汇收第1号

贷方科目	1～10日凭证 银收第1～4号	11～20日凭证 银收第5～6号	20～30日凭证 银收第～号	合　　计
实收资本	30 000			30 000
短期借款	150 000			150 000
主营业务收入	22 500	30 000		52 500
应交税费	3 825	5 100		8 925
其他应付款	500			500
应收账款		3 900		3 900
合　　计	206 825	39 000		245 825

汇总收款凭证的编制方法：将全部现金或银行存款的收款凭证，按其对应的贷方科目定期(5天或10天)进行归类汇总，计算出每个贷方科目的发生额合计数，填入汇总收款凭证中，每月编制一张；月末根据汇总收款凭证的合计数，记入"现金"或"银行存款"总分类账户的借方和其他有关总分类账的贷方。

表 9-101　汇总付款凭证

贷方科目：银行存款　　　　　　　　201×年8月　　　　　　　　　　单位：元　汇付第1号

借方科目	1～10日凭证 银付第1～5号	11～20日凭证 银付第6～7号	21～30日凭证 银付第8～8号	合　　计
固定资产	30 200			30 200
在途物资	100 000			100 000
应交税费	20 500			20 500
应付账款	14 625			14 625
库存现金	140 000			140 000
预付账款		2 500		2 500
销售费用		1 560		1 560
应付利息			6 000	6 000
合　　计	305 325	4 060	6 000	315 385

汇总付款凭证的编制方法：将全部现金或银行存款的付款凭证，按其对应的贷方科目定期(5天或10天)进行归类汇总，计算出每个借方科目的发生额合计数，填入汇总付款凭证中，每月编制一张；月末根据汇总付款凭证的合计数，记入"库存现金"或"银行存款"总分类账户的贷方和其他有关总分类账的借方。

表 9-102 汇总转账凭证

单位：元

贷方科目：原材料　　　　　　　　　　201×年8月　　　　　　　　　　汇转第×号

借方科目	金额			合　计
	1～10日转账凭证第4～4号	11～20日转账凭证第～号	21～30日转账凭证第～号	
生产成本	95 000			95 000
制造费用	8 000			8 000
管理费用	5 000			5 000
合　计	108 000			108 000

汇总转账凭证的编制方法：按每一贷方科目分别设置，将转账凭证按其对应的借方科目定期(5天或10天)进行归类汇总，计算出每个借方科目发生额合计数，填入汇总转账凭证中，每月编制一张；月末根据汇总转账凭证合计数登记总分类账。

(5) 根据汇总收款凭证、汇总付款凭证和汇总转账凭证登记总分类账(表 9-103)。

表 9-103 总分类账

户名：银行存款　　　　　　　　　　　　　　　　　　　　　　　　　　单位：元

201×年		凭证		摘　要	借方	贷方	借或贷	余额
月	日	字	号					
8	1			期初余额			借	250 000
8	31	汇收	1	1～31日汇总过入	245 825		借	495 825
8	31	汇付	1	1～31日汇总过入		315 385	借	180 440
8	31			本期发生额及余额	245 825	315 385	借	180 440

9.1.5 多栏式日记账核算程序

1. 多栏式日记账核算程序的特点

多栏式日记账核算程序的特点是设置多栏式现金和银行存款日记账，并据以登记总分类账。这种核算程序除了多栏式日记账及其过账方法外，其他方面的要求与前几种核算程序基本相同。

多栏式的现金和银行存款日记账，具有科目汇总表的作用，月终就可根据这些日记账的本月收、付发生额和各对应科目的发生额直接登记总分类账。运用这种程序应注意以下两点。

(1) 现金与银行存款之间的相互划转数额，已经包含在有关日记账的收、付合计数里，因此，要避免重复计算。

(2) 业务不多的单位不必使用转账凭证科目汇总表，可仍保留转账凭证过账的方法。

2. 多栏式日记账核算程序的记账程序

多栏式日记账核算程序的记账程序如图9.4所示。

3. 多栏式日记账格式及总分类账的登记

多栏式日记账的一般格式如表 9-104 所示。如果现金和银行存款的对应科目较多，为了避免账页过宽，可以分别设置"现金(银行存款)收入日记账""现金(银行存款)支出日记账"，其一般格式如表 9-105 和表 9-106 所示。

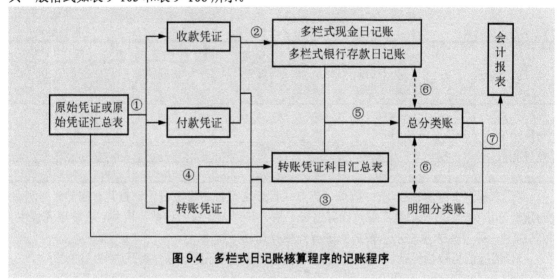

图 9.4　多栏式日记账核算程序的记账程序

表 9-104　现金(银行存款)日记账

年		凭证		摘要	收入(贷方科目)		支出(借方科目)		余额
月	日	字	号			合计		合计	

表 9-105　现金(银行存款)收入日记账

年		凭证		摘要	贷方科目		支出合计	余额
月	日	字	号			收入合计		

表 9-106　现金(银行存款)支出日记账

年		凭证		摘要	结算凭证		借方科目	
月	日	字	号		种类	号数		支出合计

多栏式日记账都按对应科目设置各个专栏，月末根据多栏式现金日记账和银行存款日记账各专栏合计数登记总分类账。登记的方法是：根据多栏式日记账"收入合计栏"的本月发生额记入现金或银行存款总分类账户的借方，并根据收入栏下各专栏对应账户的本月发生额记入有关总分类账户的贷方。对于现金和银行之间的相互划转数，由于已分别包括在现金日记账和银行存款日记账的收入和支出合计数栏内，所以不必再根据"现金""银行存款"专栏合计数登记总分类账，以避免重复。

4. 多栏式日记账核算程序的优缺点和适应范围

多栏式日记账账务处理程序的优点是可以简化总分类账的核算过程，效率较高，因而可用于业务量较大的单位。虽然，多栏式能较好地反映账户对应关系，但是它限制了会计科目的数量，只能用于会计科目不多的单位。另外，转账凭证科目汇总表仍反映不出账户的对应关系。

9.1.6 日记总账核算程序

1. 日记总账核算程序的特点

日记总账核算程序的主要特点是设置一本既是日记账又是分类账的联合账簿——日记总账，并根据所有经济业务编制的记账凭证直接登记日记总账。

2. 日记总账核算程序的记账程序

日记总账核算程序的记账程序如图 9.5 所示。

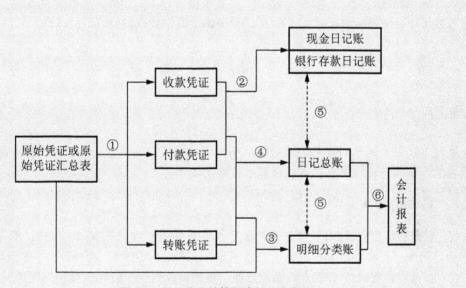

图 9.5 日记总账核算程序的记账程序

3. 日记总账的格式和登记方法

日记总账是把所有总账科目都集中在一张账页上，格式如表 9-107 所示。

表 9-107 日记总账

年		凭证		摘　要	发生额	现金		银行存款		……
月	日	字	号			借方	贷方	借方	贷方	
				期初余额						
				发生额合计						
				月末余额						

日记总账的登记方法是：在采用三栏式现金和银行存款日记账的情况下，根据收款凭证、付款凭证和转账凭证逐日逐笔登记日记总账；在采用多栏式现金、银行存款日记账的情况下，平时可根据收、付款凭证登记多栏式日记账，根据转账凭证逐笔登记日记总账，月末，将多栏式现金和银行存款日记账各科目汇总的合计数一次登记日记总账。登记日记总账时，根据记账凭证将发生额记入"发生额"栏内，同时记入同一行有关会计科目的借方和贷方栏内。月末结算出"发生额"栏和各科目借方、贷方发生额合计数，计算各科目的月末借方余额或贷方余额，并进行账簿记录的核对工作，主要包括："发生额"栏的本月合计数和全部科目借方发生额或贷方发生额的合计数核对相符；各科目的借方余额合计数与贷方余额合计数核对相符。

4. 日记总账核算程序的优缺点和适应范围

日记总账账务处理程序的优点是：根据记账凭证直接登记日记总账，且所有会计科目都集中在一张账页上。这不仅使记账工作较为简便，而且从账面上可以全面反映各个账户之间的对应关系，便于了解经济业务的来龙去脉。其缺点是：如果单位规模较大，使用会计科目较多时，日记总账的账页势必过长，既不便于记账，也不便于保管；同时，全月的经济业务按记账凭证逐日逐笔登记在一张账页上，因而不便于分工。因此，日记总账账务处理程序只适应于规模小、业务简单、使用会计科目较少的小型企业单位。

9.2 综合实训

9.2.1 实训目的

通过本实训使同学们能系统地掌握从填制原始凭证、编制记账凭证、登记账簿到编制会计报表的一整套会计核算方法，加强基本技能的训练。

9.2.2 实训要求

(1) 根据实训资料(3)(4)开设总分类账户和有关明细分类(序时)账户(包括：库存现金和银行存款日记账；原材料、应收账款、应付账款、生产成本等明细分类账户)并登记期初余额。

(2) 根据实训资料(6)填制自制原始凭证，根据审核无误原始凭证编制记账凭证。

(3) 根据记账凭证编制科目汇总表(10天汇总一次)。

(4) 根据记账凭证登记有关明细账，根据科目汇总表登记总分类账户。

(5) 计算各账户本期发生额及余额，进行月末对账和结账。

(6) 在账账相符的基础上，编制资产负债表和利润表。

(7) 会计档案整理，将会计凭证与账簿装订成册。

(附：本实训需记账凭证60～70张，科目汇总表5～7张，总分类账 30～40张，三栏式明细账8～10张，多栏式明细账3～5张，数量金额式明细账3～5张，资产负债表和利润表各1～2张)

9.2.3 实训资料

(1) 会计主体红星工厂资料。

一般纳税人，适用增值税率17%；会计核算程序为：科目汇总表核算程序；存货计价采用实际成本计价法；红星工厂纳税人登记号：123456789，开户银行：基本存款账户，工商银行账号：244—778，地址：红星路518号。

(2) 往来结算单位资料。

长江公司纳税人登记号为：465789003，开户银行：基本存款账户，交通银行账号：336699，地址：长江路18号。黄河公司纳税人登记号：696778509，开户银行：基本存款账户，建设银行账号：123456，地址：人民路108号。

(3) 红星工厂2016年3月1日有关总分类账户余额资料(表9-108)。

表9-108　红星工厂2016年3月1日有关总分类账户余额资料

单位：元

账户名称	借方余额	账户名称	贷方余额
库存现金	1 000	短期借款	120 000
银行存款	251 000	应付账款	52 000
在途物资	40 000	应交税费	3 000
原材料	200 000	应付职工薪酬	10 000
库存商品	30 000	应付利息	2 000
预付账款	10 000	实收资本	600 000
应收账款	30 000	资本公积	10 000
其他应收款	1 000	盈余公积	61 000
长期股权投资	30 000	本年利润	40 000
固定资产	400 000	利润分配	-5 000
累计折旧	-100 000		
合　　计	893 000	合　　计	893 000

(4) 红星工厂2016年3月初部分明细分类账户余额资料。

原材料——甲材料5 000千克，单价20元，计100 000元
　　　　——乙材料8 000千克，单价10元，计80 000元
　　　　——丙材料4 000千克，单价5元，计20 000元

应收账款——黄河公司20 000元　　　应付账款——东方公司30 000元
　　　　——长江公司10 000元　　　　　　　　——西北公司22 000元

预付账款——上海机械厂10 000元

(5) 红星工厂上年度3月份利润表本期金额资料(表9-109)。

表9-109　红星工厂上年度3月份利润本期金额资料

单位：元

项　　目	金　　额
营业收入	210 000
营业成本	135 000
营业税金及附加	5 000
管理费用	15 000
财务费用	4 000
营业利润	51 000
营业外收入	1 000

续表

项 目	金 额
利润总额	52 000
减：所得税费用	17 160
净利润	34 840

(6) 红星工厂 2016 年 3 月发生下列经济业务。

① 3 月 1 日，开出现金支票一张，从银行提取现金 1 000 元(附件 1 张：支票)。

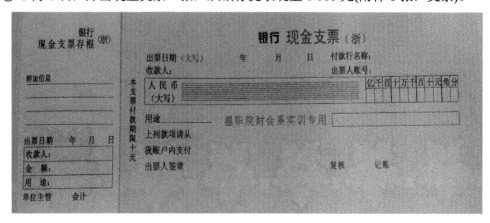

② 3 月 1 日，李明出差借支差旅费 800 元，以现金支付(附件 2 张：公出审批单的领款单各 1 张)。

红星工厂公出审批单

年　　月　　日

部门		出差人	
公出事由		出差地点	
出差日期	年　月　日——	年　月　日	
预计差旅费（大写）		金额（小写）	
部门审批		主管领导审批	

第一联

备注：本单一式三联，凭第一联预支借款；凭第二联报销；第三联出差人留存。

红星工厂公出审批单

年　　月　　日

部门		出差人	
公出事由		出差地点	
出差日期	年　月　日——	年　月　日	
预计差旅费（大写）		金额（小写）	
部门审批		主管领导审批	

第二联

备注：本单一式三联，凭第一联预支借款；凭第二联报销；第三联出差人留存。

红星工厂公出审批单

年　　月　　日

部门		出差人	
公出事由		出差地点	
出差日期	年　月　日——	年　月　日	
预计差旅费 (大写)		金额 (小写)	
部门 审批		主管领导 审批	

第三联

备注：本单一式三联，凭第一联预支借款；凭第二联报销；第三联出差人留存。

红星工厂领款凭证

领款日期：　　年　　月　　日

领款部门名称		审批意见	
领款原因			
金额 (大写)		¥：	

③ 3月2日，以现金支付办公用品费300元，其中车间办公费100元，行政管理部门办公费200元(附件2张：购买用品发票)。

浙江温州人本超市有限公司零售发票

税号：330300760159831　　　发　票　联　　　No：0045315

开票日期2016年3月2日	购货单位名称			红星工厂	
品名及规格	单位	数量	单价	金额	备注
稿纸	本	20	2.5	50	学院路店
水笔	支	10	5	50	
笔记本	本	20	5	100	
合计人民币(大写)	贰佰元整				￥200.00

第二联　发票联

收款人：孙美　　　开票人：吴东　　　开票单位盖章

浙江温州人本超市有限公司零售发票

税号：330300760159831　　　　　　　　　　　　　　　　　　　　　　No：0045316

开票日期2016年3月2日		购货单位名称			红星工厂	
品名及规格	单位	数量	单价	金额	备注
毛巾	条	20	5	100	学院路店
合计人民币(大写)	贰佰元整				￥100.00	

收款人：孙美　　　　开票人：吴东　　　　　　　　　开票单位盖章：发票专用章

④ 3月3日，上月购入的乙材料1 000千克(单价10元，发票金额10 000元)1号仓库验收入库(附件1张：收料单)。

收 料 单

材料类别：　　　　　　　　　　　　　　　　　　　　　　　　　　编　号：112803
供货单位：
发票号码：　　　　　　　　　　年　月　日　　　　　　　　　　　收料仓库：

材料编号	材料名称	规格	计量单位	数量		实际价格			
				应收	实收	单价	发票金额	运杂费	合计
备　注									

采购员：　　　　　　检验员：　　　　　　记账员：　　　　　　保管员：

⑤ 3月3日，银行通知，长江公司欠款10 000元已收到(附件1张：收款通知)。

委托收款凭证(收款凭证)2

委邮　　　　　　　　　委托日期：2016年2月26日

收款人	全称	红星工厂		付款人	全称	长江公司							
	账号	244-778			账号	336699							
	开户银行	工行	行号		开户银行	交通银行							
委收金额	人民币(大写)	壹万元整		十	万	千	百	十	元	角	分		
				￥	1	0	0	0	0	0	0		
款项内容	货款	委托收款凭据名称		发货单及运单		附寄单证张数							
	备注			上委托款附有关单证请办理有关收款		科目(收)							
						对方科目(付)							
						转账　年　03月　03日							

收款人开户行收到日期2016年03月03日

项目 9 会计实务操作

⑥ 3月4号，向西北公司购入甲材料1 000千克，单价19.5元，计19 500元，增值税率17%，以转账支票支付(附件2张：转账支票和发票各1张)。

浙江增值税专用发票

3300043140　　　　　　　　　　　　　　　　　　　　　　　　　No. 0063490

开票日期：2016年3月4日

购货单位	名　称：红星工厂 纳税人识别号：123456789 地址、电话：红星路518号 86679899 开户行及账号：工行244-778	密码区	+2+2*1*7*〈9+8+〉50849/ /9-8399>226282*45*317　加密原本号：01 -4059/9/+0/573904*〈70　2200024140 8+5>*/〈〉2-7*2〈82〉+5　03132868

货物或应税劳务名称	规格型号	单位	数量	单价	金额	税率	税额
甲材料	Φ8-15	千克	1 000	19.5	19 500	17%	3 315
合计					¥19 500		¥3 315
价税合计(大写)	贰万贰仟捌佰壹拾伍元整				(小写)¥22 815.00		

销货单位	名　称：西北公司 纳税人识别号：12986734 地址、电话：西北路101号 88220033 开户行及账号：工行129578	备注	西北公司 12986734 发票专用章

收款人：　　　　复核：　　　　开票人：刘红　　　　销货单位(章)

⑦ 3月4号，以库存现金支付上述甲材料运费[附件2张：运费发票(含抵扣联和发票联)]。

货物运输业增值税专用发票

6500133760　　　　　　　　　　　　　　　　　　　　　　　　No. 00116061
开票日期：2016 年 3 月 4 日

承运人及纳税人识别号	浙江华科汽车服务有限公司 330300760158832	密码区	+2+2*1*7<9+8+>50849/ /9-8399>226282*45*317　加密原本号：01 -4059/9/+0/573904*<70　2200024140 8+5>*/<>>2-7*2<82>>+5　03132868
实际受票方及纳税人识别号	红星工厂 123456789		
收货人及纳税人识别号	红星工厂 123456789	发货人及纳税人识别号	西北公司 12986734
起运地、经由、到达地	汽车运输绍兴市至温州市		

运输项目及金额	费用项目 运费	金额 500	费用项目	金额	运输货物信息	甲材料

合计金额	¥500.00	税率	11%	税额	¥55.00	机器编号	49990643699
价税合计（大写）	伍佰伍拾伍元整			（小写）¥555.00			

车种车号	重型车牵引车辆 浙K06867	车船吨位	16	备注	浙江华科汽车有限公司 330300760158832 发票专用章
主管税务机关及代码	浙江省绍兴市国家税务局 1645210100				

收款人：　　　　复核：　　　　开票人：曹阳　　　　承运单位（章）

第二联　抵扣联　受票方抵扣凭证

货物运输业增值税专用发票

6500133760　　　　　　　　　　　　　　　　　　　　　　　　No. 00116061
开票日期：2016 年 3 月 4 日

承运人及纳税人识别号	浙江华科汽车服务有限公司 330300760158832	密码区	+2+2*1*7<9+8+>50849/ /9-8399>226282*45*317　加密原本号：01 -4059/9/+0/573904*<70　2200024140 8+5>*/<>>2-7*2<82>>+5　03132868
实际受票方及纳税人识别号	红星工厂 123456789		
收货人及纳税人识别号	红星工厂 123456789	发货人及纳税人识别号	西北公司 12986734
起运地、经由、到达地	汽车运输绍兴市至温州市		

运输项目及金额	费用项目 运费	金额 500	费用项目	金额	运输货物信息	甲材料

合计金额	¥500.00	税率	11%	税额	¥55.00	机器编号	49990643699
价税合计（大写）	伍佰伍拾伍元整			（小写）¥555.00			

车种车号	重型车牵引车辆 浙K06867	车船吨位	16	备注	浙江华科汽车有限公司 330300760158832 发票专用章
主管税务机关及代码	浙江省绍兴市国家税务局 1645210100				

收款人：　　　　复核：　　　　开票人：曹阳　　　　承运单位（章）

第三联　发票联　受票方记账凭证

⑧ 3月6日，1号仓库送来收料单，甲材料 1 000 千克如数收到，验收入库，结转其实际成本 20 000 元(附件 1 张：收料单)。

收 料 单

材料类别：　　　　　　　　　　　　　　　　　　　　　　　　编　号：112804
供货单位：
发票号码：　　　　　　　　　　年　月　日　　　　　　　　收料仓库：

材料编号	材料名称	规格	计量单位	数量		实际价格			
				应收	实收	单价	发票金额	运杂费	合计
备　注									

采购员：　　　　　　　检验员：　　　　　　记账员：　　　　　　保管员：

⑨ 3月8日，一车间生产 A 产品领用甲材料 500 千克，单价 20 元，计 10 000 元，乙材料 500 千克，单价 10 元，计 5 000 元(附件 1 张：领料单)。

领 料 单

领料单位：　　　　　　　　　　　年　月　日　　　　　　　　　　　No.12345

领料用途	材料名称	单位	出库数量	实发数量	单价	金　额								备注
						十	万	千	百	十	元	角	分	

主管部门：　　　　　　会计主管：　　　　　　保管员：　　　　　　领料人：

⑩ 3月8日，开出现金支票一张，从银行提取现金 800 元备用(附件 1 张：现金支票)。

⑪ 3月8日，领用丙材料1 000千克，单价5元，计5 000元，其中用于车间修理600千克，厂部行政管理部门修理400千克(附件2张：领料单)。

领 料 单

领料单位： 　　　　　　　　　　年　月　日　　　　　　　　　　No. 12346

领料用途	材料名称	单位	出库数量	实发数量	单价	金　额								备注
						十	万	千	百	十	元	角	分	

主管部门：　　　　　　会计主管：　　　　　　保管员：　　　　　　领料人：

领 料 单

领料单位： 　　　　　　　　　　年　月　日　　　　　　　　　　No. 12347

领料用途	材料名称	单位	出库数量	实发数量	单价	金　额								备注
						十	万	千	百	十	元	角	分	

主管部门：　　　　　　会计主管：　　　　　　保管员：　　　　　　领料人：

⑫ 3月9日，以现金支付办公费用150元(附件1张：费用发票)。

浙江温州人本超市有限公司零售发票

税号：330300760159831　　　　　　　　　　　　　　　　　　　　No：0045415

开票日期2016年3月9日		购货单位名称		红星工厂		
品名及规格	单 位	数 量	单 价	金 额	备 注	
笔记本	本	40	2.5	100	学院路店	第二联　发票联
笔记本	本	10	5	50		
合计人民币(大写)	壹佰伍拾元整				￥150.00	

收款人：孙美　　　　　　开票人：吴东　　　　　　开票单位盖章

⑬ 3月8日，以银行存款上交上月税金2 500元和教育费附加500元(附件1张：税收缴款单)。

项目 9 会计实务操作

中华人民共和国
税 收 缴 款 单

隶属关系：

经济类型：　　　　　　　填发日期：2016 年 3 月 8 日　　　　征收机关：

缴款单位	代码	001	预算科目	款							
	全称	红星工厂		项							
	开户银行	工商银行		级次							
	账号	244-778	收款国库								

税款所属时期 2016 年 2 月			税款限缴日期 2016 年 3 月 15 日								
品目名称	计税金额或销售额	税率	已缴或扣除额	实缴金额							
				百	十	万	千	百	十	元	角	分
增值税	200 000	17%	315 000				2	5	0	0	0	0
教育费附加								5	0	0	0	0
金额合计（大写）	叁仟元整			¥			3	0	0	0	0	0

缴款单位（盖章） 经办人(章)	税务机关 （2）填票人 (章)	上列款项已收妥并划转收款单位账户 国库(银行)盖章 年　月　日	备注

（温州市地方税务局 章）

逾期不缴税法规定加收滞纳金

⑭ 3 月 9 日，以现金支付下季度报纸杂志费 60 元(附件 1 张：收据)。

中国邮政报刊费收据

户名：红星工厂　　　　　　　　　　　　　　　　　　　　　日期：2016 年 3 月 9 日
地址：红星路 518 号
查询号：33040051740　　收订局：温州市上吕门邮政所　　No.0374071

（全国统一发票监制章 国家税务总局监制）

序号	报刊代号	报刊名称	起止订期	份数	定价	款额	备注
1	2-551	环球经济	4-6	1	20.00	20.00	
2	32-21	中国商界	4-6	2	20.00	40.00	

共计款额：人民币陆拾元整　　　　　　　　　　　　　　　　　¥60.00

营业员：雷雨　　　　　　　　　　　　　　　　　日戳：2016.03.09

订户注意：1. 请核对填制内容是否正确，是否加盖章戳。
2. 如有查询、退订、改址等事项，请交验此发票。
3. 报刊名称前带*表示不可退订。　　　　邮政客户服务电话：11185

⑮ 3 月 9 日，出售给长江公司 A 产品 800 件，单价为 50 元，增值税率 17%，款未收(附件 1 张：发票)。

浙江增值税专用发票

3300053140　　　　　　　　　　　　　　　　　　　　　　　　　　　　No.0053490

发 票 联　　　　　　　　开票日期：　　年　月　日

国税函[2002]559 号　海南华森实业公司

购货单位	名　　　称：		密码区				
	纳税人识别号：						
	地　址、电　话：						
	开户行及账号：						
货物或应税劳务名称	规格型号	单位	数量	单价	金额	税率	税额
合计							
价税合计(大写)				(小写)			
销货单位	名　　　称：		备注		红星工厂 123456789 发票专用章		
	纳税人识别号：						
	地　址、电　话：						
	开户行及账号：						

第一联：记账联　销货方记账凭证

收款人：　　　　　　复核：　　　　　　开票人：　　　　　　销货单位(章)

⑯ 3月10日，接受国家投资200 000元，存入银行(附件1张：收款通知)。

中国工商银行进账单(收账通知)

委托日期　　　　　　　　2016年3月10日　　　　　　　　第1987号

付款人	全称	国家投资部门	收款人	全称	红星工厂
	账号	136978		账号	244-778
	开户行	交通银行		开户行	工商银行

人民币(大写)	贰拾万元整		百	十	万	千	百	十	元	角	分
		¥		2	0	0	0	0	0	0	0

票据种类		转支	收款人开户行盖章
票据张数	1	凭证张数	中国工商银行 温州支行 2016.03.10 转讫章

主管　　　会计　　　复核　　　记账

⑰ 3月11日，向黄河公司出售A产品200件，单价50元，增值税率17%，款已收到存入银行(附件2张：发票和收账通知各1张)。

项目9　会计实务操作

浙江增值税专用发票

3300053140　　　　　　　　　　　　　　　　　　　　　　　　　No.0053491

发　票　联　　　　　　开票日期：　　年　月　日

购货单位	名　　　称：	密码区					
	纳税人识别号：						
	地址、电话：						
	开户行及账号：						
货物或应税劳务名称	规格型号	单位	数量	单价	金额	税率	税额
合　　计							
价税合计(大写)				(小写)			
销货单位	名　　　称：	备注					
	纳税人识别号：						
	地址、电话：						
	开户行及账号：						

收款人：　　　　复核：　　　　开票人：　　　　销货单位(章)

国税函[2002]559号　海南华森实业公司

第一联：记账联　销货方记账凭证

中国工商银行进账单(收账通知)

委托日期　　　　　2016年3月11日　　　　　　　　　　第1987号

付款人	全称	黄河公司	收款人	全称	红星工厂
	账号	123456		账号	244-778
	开户行	建设银行		开户行	工商银行

人民币(大写)	壹万壹仟柒佰元整	百	十	万	千	百	十	元	角	分
			¥	1	1	7	0	0	0	0

票据种类		转支	
票据张数	1	凭证张数	

主管　　会计　　复核　　记账　　　　收款人开户行盖章（中国工商银行温州支行 2016.03.11 转讫章）

⑱ 3月11日，以银行存款20 000元，归还短期借款(附件1张：还款收据)。

偿还贷款凭证(第一联)

2016年03月11日

借款单位名称	红星工厂	贷款账号	1000261	结算账号	41069432						
还款金额(大写)	贰万元整		百	十	万	千	百	十	元	角	分
				¥	2	0	0	0	0	0	0
货款种类	生产周转	借款日期	2015.12.12	还款日期	2016.03.11						
同上列款项已由你单位244-778账户归还借款　　　中国工商银行		备注	中国工商银行温州支行 2016.03.11 转讫章								

复核员：　　　　　　　　　　　　　　　　　　　　　　　记账员：

偿还贷款收据

⑲ 3月12日，以现金支付汽车修理费200元(附件1张：费用发票)。

温州市服务业统一发票

客户：红星工厂　　　　　　　　　　　　　　　　　　　　2016年3月12日

项目	摘要	单位	数量	金额	金额						
					万	千	百	十	元	角	分
	修理费						2	0	0	0	0
合计人民币(大写)　贰佰元整									0	0	0

收款：刘行　　　　　　　　　开票：刘耕　　　　　　　　　开票单位章

⑳ 3月12日，一车间生产A产品领用甲材料1 000千克，单价20元，计20 000元，一车间一般耗用领用丙材料100千克，单价5元，计500元(附件1张：领料单)。

领　料　单

领料单位：　　　　　　　　　　年　　月　　日　　　　　　　　No. 12348

领料用途	材料名称	单位	出库数量	实发数量	单价	金额								备注
						十	万	千	百	十	元	角	分	

主管部门：　　　　　会计主管：　　　　　保管员：　　　　　领料人：

㉑ 3月13日，出售给黄河公司A产品200件，单价50元，税率17%，其中5 000元已收到存入银行，其余未收(附件2张：发票和收账通知各1张)。

浙江增值税专用发票

3300053140　　　　　　　　　　　　　　　　　　No. 0053492
　　　　　　　　　　　　　　　　　　　　　　开票日期：　年　月　日

购货单位	名　称：		密码区			第一联：记账联　销货方记账凭证
	纳税人识别号：					
	地　址、电　话：					
	开户行及账号：					
货物或应税劳务名称	规格型号	单位	数量	单价	金额	税率	税额
合　　计							
价税合计(大写)			(小写)				
销货单位	名　称：		备注			
	纳税人识别号：					
	地　址、电　话：					
	开户行及账号：					

收款人：　　　　　复核：　　　　　开票人：　　　　　销货单位(章)

中国工商银行进账单(收账通知)

委托日期　　2016 年 3 月 13 日　　　　　　　　　　　　　第 1987 号

付款人	全称	黄河公司	收款人	全称	红星工厂
	账号	123456		账号	244-778
	开户行	建设银行		开户行	工商银行

人民币(大写)	壹万壹仟柒佰元整	十	万	千	百	十	元	角	分
		¥	1	1	7	0	0	0	0

票据种类	转支
票据张数	1
凭证张数	

主管　　会计　　复核　　记账

收款人开户行盖章

（中国工商银行 温州支行 2016.03.13 转讫章）

㉒ 3 月 14 日，向上海机械厂购入机器一台，计 30 000 元，上月已经预付 10 000 元。支票支付[附件 2 张：发票(含抵扣联和发票联)]。

浙江增值税专用发票

3300033145　　　　　　　　　　　　　　　　　　　　　　No.0065495
　　　　　　　　　　　　　　　　　　　　　　　开票日期：2016 年 3 月 14 日

购货单位	名　　称：红星工厂	密码区	2+2*1*7*<9+8+>50849/
	纳税人识别号：123456789		/9-8399>226282*45*317　加密原本号：01
	地址、电话：红星路 518 号 86679899		-4059/9/+/0/573904*<70　2200024140
	开户行及账号：工行 244-778		8+5> * /<>>2-7*2<82>>+5　03132868

货物或应税劳务名称	规格型号	单位	数量	单价	金额	税率	税额
机器	Φ8-15	台	1	25641.03	25641.03	17%	4358.97
合计					¥25641.03		¥4358.97

价税合计(大写)	叁万元整	(小写)¥30 000.00

销货单位	名　　称：上海机械厂	备注	（上海机械厂 1298345698 发票专用章）
	纳税人识别号：1298345698		
	地址、电话：中华路 101 号 88220008		
	开户行及账号：工行 129-129		

收款人：　　　复核：　　　开票人：刘红　　　销货单位(章)

国税函[2002]559 号　海南华森实业公司

第二联：抵扣联　购货方抵扣凭证

浙江增值税专用发票

3300033145　　　　　　　　　　　　　　　　　　　　　　　　　　　No.0065495
　　　　　　　　　　　　　　　　　　　　　　　　　　　　　开票日期：2016 年 3 月 14 日

购货单位	名　　称	红星工厂	密码区	2+2*1*7<<9+8+>50849/ /9-8399>226282*45*317　加密原本号：01 -4059/9/+0/573904*<70　2200024140 8+5>＊/<>>2-7*2<82>>+5　03132868		
	纳税人识别号：	123456789				
	地　址、电话：	红星路 518 号 86679899				
	开户行及账号：	工行 244-778				
货物或应税劳务名称	规格型号	单位	数量	单价	金额	税率	税额
---	---	---	---	---	---	---	---
机器	Φ8-15	台	1	25641.03	25641.03	17%	4358.97
合计					¥25641.03		¥4358.97
价税合计(大写)	叁万元整				(小写)¥30 000.00		
销货单位	名　　称	上海机械厂	备注	上海机械厂 1298345698 发票专用章		
	纳税人识别号：	1298345698				
	地　址、电话：	中华路 101 号 88220008				
	开户行及账号：	工行 129-129				

收款人：　　　　　　复核：　　　　　　　开票人：刘红　　　　　销货单位(章)

㉓ 3 月 14 日，通过银行基本账户支付上月职工工资 9 000 元(附件 1 张：工资表)。

工资结算单

2011 年 2 月

部门	编号	姓名	基本工资	津贴	资金	合计	签名
生产	001	张三	500	100	150	750	
	002	李琼	600	120	200	920	
		合计	7 000	1 000	1 000	9 000	

㉔ 3 月 16 日，李明出差回来，报销差旅费 750 元，收回现金 50 元，结清前欠数(附件 3 张：公出审批单、差旅费报销单和收据各 1 张)。

差旅费报销单

姓名：　　　　　职务：　　　　　　　年　　月　　日　　　　　　　　　　　　　　　单位：元

起		止		车船费、旅馆费、交通费、补贴等							合计金额
月	日	月	日	火车费	汽车费	船费	旅馆费	会议费	补贴	杂费	
合计人民币 (大写)											
部门审批						主管领导审批					

项目 9　会计实务操作

收　据

年　　月　　日　　　　　　　　　　　　　　　　　　第　号

今收到			
人民币(大写):			
事由:		现金	
		支票第　　号	
收款单位	红星工厂 财务专用章	财务主管	收款人

㉕ 3 月 16 日，以银行存款 20 000 元，归还东方公司欠款(附件 1 张：付款通知)。

委托收款凭证(支款凭证)3

委邮　　　　　　委托日期：2016 年 3 月 2 日

收款人	全称	东方公司	付款人	全称	红星工厂	此联付款人开户银行作付出
	账号	123459		账号	244-778	
	开户银行	交通银行		开户银行	工商银行	
委收金额	人民币(大写)	贰万元整	十 万 千 百 十 元 角 分 ¥ 2 0 0 0 0 0 0 中国交通银行杭州分行 2016.03.16 转讫			
款项内容	货款	委托收款凭据名称	发货单及运单	附寄单证张数	4	
备　注		收款人开户行盖章	科目(付) 对方科目(收) 转账　2016 年 03 月 16 日 复核　　　　记账			

付款人开户行收到日期 2016 年 03 月 16 日

㉖ 3 月 17 日，向西北公司购入乙材料 5 000 千克，单价 10 元，税率 17%，款未付，材料已验收入库[附件 3 张：发票 2 张(含抵扣联和发票联)，收料单 1 张]。

浙江增值税专用发票

3300043140　　　　　　　　　　　　　　　　　　　　　　　No. 0063499

全国统一发票监制章　　　　　　　　开票日期：2016 年 3 月 17 日

国税函[2002]559 号　海南华森实业公司

购货单位	名　称：红星工厂 纳税人识别号：123456789 地址、电话：红星路 518 号 86679899 开户行及账号：工行 244-778	密码区	2+2*1*7*<9+8+>50849/ /9-8399>226282*45*317 -4059/9/+0/573904*<70 8+5>*/<>>2-7*2<82>>+5	加密原本号：01 2200024140 03132868

货物或应税劳务名称	规格型号	单位	数量	单价	金额	税率	税额
乙材料	Φ8-15	千克	5 000	10	50 000	17%	8 500
合计					¥50 000		¥8 500

价税合计（大写）	伍万捌仟伍佰元整	（小写）¥58 500.00

销货单位	名　称：西北公司 纳税人识别号：12986734 地址、电话：西北路 101 号 88220033 开户行及账号：工行 129578	备注	西北公司 12986734 发票专用章

收款人：　　　　复核：　　　　开票人：刘红　　　　销货单位(章)

第三联：发票联　购货方记账凭证

收　料　单

材料类别：　　　　　　　　　　　　　　　　　　　　　　编　　号：112805

供货单位：

发票号码：　　　　　　　　年　月　日　　　　　收料仓库：

材料编号	材料名称	规格	计量单位	数量		实际价格			
				应收	实收	单价	发票金额	运杂费	合计
备　注									

采购员：　　　　检验员：　　　　记账员：　　　　保管员：

㉗ 3 月 17 日，以现金支付职工报销的药费补助 50 元(附件 1 张：报销单)。

温州市午门人民医院门诊收费收据

姓名：王冠　　　　　　　　　　管理模式：现金　　　　　　　　　　No. 124536

费别	金额	费别	金额
西药费	50	检查费	
中成药		治疗费	
中草药		手术费	
合计	伍拾元整		
备注	处方号：223425 收据号校正：00124536　　收款人：0008		

㉘ 3月18日，收到黄河公司欠款20 000元存入银行(附件1张：收款通知)。

委托收款凭证(支款凭证)2

委托日期：2016年03月08日

委邮					付款人			
收款人	全称	红星工厂				全称	黄河公司	
	账号	244-778				账号	123456	
	开户银行	工行	行号			开户银行	中国工商银行温州支行	
委收金额	人民币(大写)	贰万元整			十 万 千 百 十 元 角 分			
					¥ 2 0 0 0 0 0 0			
款项内容	货款	委托收款凭据名称		发货单及运单	附寄单证张数			
备注		上委托收款附有关单证请办理有关收款			科目(收 2016年03月18日)			

此联收款人开户银行作收入传票

付款人开户行收到日期 2016年03月18日

㉙ 3月19日，以银行存款20 000元归还西北公司欠款(附件1张：付款通知)。

委托收款凭证(支款凭证)

委托日期：2016年3月10日

委邮					付款人			
收款人	全称	西北公司				全称	红星工厂	
	账号	129578				账号	244-778	
	开户银行	工行	行号	分行		开户银行	中国工商银行温州支行	
委收金额	人民币(大写)	贰万元整			十 万 千 百 十 元 角 分			
					¥ 2 0 0 0 0 0 0			
款项内容	货款	委托收款凭据名称		发货单及运单	附寄单证张数			
备注		上委托收款附有关单证请办理有关收款			科目(收) 对方科目(付) 转账 2016年03月18日			

此联付款人开户银行作付出传票

收款人开户行收到日期 2016年03月18日

㉚ 3月19日，一车间生产B产品领用甲材料1 000千克，单价20元，计20 000元(附件1张：领料单)。

领 料 单

领料单位：　　　　　　　　　年　月　日　　　　　　　　　No. 12349

领料用途	材料名称	单位	出库数量	实发数量	单价	金　额								备注
						十	万	千	百	十	元	角	分	

主管部门：　　　　　　会计主管：　　　　　　保管员：　　　　　　领料人：

㉛ 3月20日,以银行存款支付水费2 000元,其中车间耗用1 000元,管理部门耗用1 000元(附件2张：付款凭证和水费收据各1张)。

委托收款凭证(支款凭证)3

委邮　　　　　委托日期：2016年03月08日

收款人	全称	市水务集团公司	付款人	全称	红星工厂
	账号	235194		账号	244-778
	开户银行	交通银行		开户银行	工商银行

委收金额	人民币(大写)	贰仟元整	十万	万	千	百	十	元	角	分
					¥2	0	0	0	0	0

款项内容	水费	委托收款凭据名称	供水专用收据	附寄单证张数	1

备注	收款人开户行盖章	科目(付) 对方科目(收) 转账 2016 年 03 月 20 日 复核　　记账

（中国工商银行 温州支行 2016.03.20 转讫章）

此联付款人开户行作付出传票

××市水务集团公司

供水专用收据　　　　　　　　　　No. 00264578

填开日期：2016年3月15日

用户名称	红星工厂				
用户地址	红星路518号				
上期抄度	本期抄度	用水量(T)	单价	金额	备注
1 098	2 098	1 000	2.00	2 000.00	
人民币(大写)	贰仟元整				
收款单位盖章	**市水务集团公司 财务专用章		收款人盖章	银行代缴	

地址：广场路207号　　　收费监督电话：88576903　　　维修电话：88278903

㉜ 3月20日,出售给黄河公司A产品800件,单价50元,税率17%,款未收(附件1张：发票)。

浙江增值税专用发票

3300053140　　　　　　　　　　　　　　　　　　　　　No. 0053493

开票日期：　年　月　日

购货单位	名　　　称：	密码区	
	纳税人识别号：		
	地　址、电　话：		
	开户行及账号：		

货物或应税劳务名称	规格型号	单位	数量	单价	金额	税率	税额
合计							

| 价税合计(大写) | | (小写) | |

销货单位	名　　　称：	备注	（红星工厂 123456789 发票专用章）
	纳税人识别号：		
	地　址、电　话：		
	开户行及账号：		

收款人：　　　复核：　　　开票人：　　　销货单位(章)

国税函[2002]559号　海南华泰实业公司

第一联：记账联　销货方记账凭证

㉝ 3月20日，银行转来付款通知，支付第1季度利息3 200元(已预提2 000元)(附件1张：付款通知)。

中国工商银行××市(分行)计付贷款利息清单

2016年3月20日　　　　　　　　　　　　编号：122789

单位名称：红星工厂									计息起讫日期：			账号 244-778					
账户名称	计息总积数								利率	利息金额							你单位上述贷款利息已从你单位账户支付盖章
	千	百	十	万	千	百	十	元	角	分		万	千	百	十	元	角	分
											¥		3	2	0	0	0	0
合计金额	人民币(大写)　　叁仟贰佰元整																	

（中国工商银行 温州支行 2016.03.20 转讫）

㉞ 3月21日，向东方公司购入甲材料100千克，单价20元，增值税率17%，款未付，材料已验收入库(附件2张：发票和收料单各1张)。

浙江增值税专用发票

3300013326　　　　　　　　　　　　　　　　　　　　　　No.0063495

发票联　　　　　　　　　　　　　　　　　　开票日期：2016年3月21日

购货单位	名　　称：红星工厂 纳税人识别号：123456789 地址、电话：红星路518号 86679899 开户行及账号：工行244-778	密码区	+2+2*1*7*<9+8+>50849/ /9-8399>226282*45*317　加密原本号：01 -4059/9/+0/573904*<70　2200024140 8+5>*/<>>2-7*2<82>>+5　03132868

货物或应税劳务名称	规格型号	单位	数量	单价	金额	税率	税额
丙材料	Φ8-15	千克	100	20.00	2 000.00	17%	340.00
合　计					¥2 000.00		¥340.00

价税合计(大写)	贰仟叁佰肆拾元整		(小写)¥2340.00

销货单位	名　　称：东方公司 纳税人识别号：123459 地址、电话：东方路101号 88220033 开户行及账号：交通银行129578	备注	(东方公司 123459 发票专用章)

收款人：　　　　复核：　　　　开票人：刘红　　　　销货单位(章)

收　料　单

材料类别：　　　　　　　　　　　　　　　　　　　　　编　号：112807

供货单位：

发票号码：　　　　　　　年　月　日　　　　　　收料仓库：

材料编号	材料名称	规格	计量单位	数量		实际价格			
				应收	实收	单价	发票金额	运杂费	合计
备　注									

采购员：　　　　检验员：　　　　记账员：　　　　保管员：

㉟ 3月21日，王红出差回厂，报销差旅费1 200元，扣除原借款1 000元，以现金补付(附件2张：公出审批单和差旅费报销单各1张)。

红星工厂公出审批单

2016年2月27日

部　　门	行　政	出　差　人	王红
公出事由	培训	出差地点	杭州
出差日期	2016年2月28日——2016年3月16日		
预计差旅费(大写)	壹仟贰佰元整	金额(小写)	¥1 200
部门审批	付证	主管领导审批	

备注：本单一式三联，凭第一联预支借款；凭第二联报销；第三联出差人留存。

项目9 会计实务操作

差旅费报销单

年　月　日　　　　　　　　　　　　　　　　　　单位：元

姓名：　　　　职务：

起		止		车船费、旅馆费、交通费、补贴等							合计金额
月	日	月	日	火车费	汽车费	船费	旅馆费	会议费	补贴	杂费	
合计人民币（大写）											
部门审批						主管领导审批					

㊱ 3月24日，向西北公司购入丙材料1 000千克，单价5元，增值税率17%，材料尚未入库，货款以银存款支付(附件2张：付款凭证和发票各1张)。

委托收款凭证(收款凭证)

委邮　　　　　委托日期：2016年3月24日

收款人	全称	西北公司			付款人	全称	红星工厂					
	账号	129578				账号	244-778					
	开户银行	工行	行号	分行		开户银行	工商银行					
委收金额	人民币（大写）	伍仟捌佰伍拾元整			十	万	千	百	十	元	角	分
						¥	5	8	5	0	0	0
款项内容	货款	委托收款凭据名称		发货单及运单		附寄单证张数		中国工商银行 温州支行 2016.03.24 转讫				
备　注		上委托收款附有关单证请办理有关收款			科目(收) 对方科目(付) 转账 2016年03月24日							

此联付款人开户银行作付出传票

收款人开户行收到日期 2016年03月24日

浙江增值税专用发票

3300043140　　　　　　　　　　　　　　　　　　No.0063496
　　　　　　　　　　　抵扣联　　　　　　　　　　开票日期：2016年3月24日

购货单位	名　称	红星工厂			密码区	+2+2*1*7*<9+8+>50849/ /9-8399>226282*45*317 -4059/9/+0/573904*<70 8+5>*/<>>2-7*<82>>+5	加密原本号：01 2200024140 03132868
	纳税人识别号	123456789					
	地址、电话	红星路518号 86679899					
	开户行及账号	工行 244-778					
货物或应税劳务名称		规格型号	单位	数量	单价	金额	税率	税额
丙材料		Φ8-15	千克	1 000	5.00	5 000.00	17%	850.00
合　计						¥5 000.00		¥850.00
价税合计(大写)		伍仟捌佰伍拾元整				(小写)¥5 850.00		
销货单位	名　称	西北公司			备注	西北公司 12986734 发票专用章	
	纳税人识别号	12986734					
	地址、电话	西北路101号 88220033					
	开户行及账号	工行 129578					

国税函[2002]559号　海南华森实业公司

第二联：抵扣联　购货方记账凭证

收款人：　　　　复核：　　　　开票人：刘红　　　　销货单位(章)

219

浙江增值税专用发票

3300043140　　　　　　　　　　　　　　　　　　　　　　　　No. 0063496
开票日期：2016年3月24日

购货单位	名　　　称：红星工厂 纳税人识别号：123456789 地址、电话：红星路518号 86679899 开户行及账号：工行244-778	密码区	+2+2*1*7*<9+8+>50849/ /9-8399>226282*45*317　加密原本号：01 -4059/9/+/0/573904*<70　2200024140 8+5>*/<>>2-7*2<82>>+5　03132868

货物或应税劳务名称	规格型号	单位	数量	单价	金额	税率	税额
丙材料	Φ8-15	千克	1 000	5.00	5 000.00	17%	850.00
合　　计					¥5 000.00		¥850.00

价税合计(大写)	伍仟捌佰伍拾元整	(小写)¥5 850.00

销货单位	名　　　称：西北公司 纳税人识别号：12986734 地址、电话：西北路101号 88220033 开户行及账号：工行129578	备注	西北公司 12986734 发票专用章

收款人：　　　　复核：　　　　开票人：刘红　　　　销货单位(章)

㊲ 3月26日，计提本月固定资产折旧5 000元，其中车间固定资产折旧3 000元，厂部固定资产折旧2 000元。

固定资产折旧计算表

年　　月　　日

使用部门		原值	月折旧率	折旧额
生产车间	房屋	200 000	0.5%	
	设备	100 000	2%	
管理部门	房屋	100 000	0.5%	
	设备	75 000	2%	
合计		475 000		

㊳ 3月28日，预提本月短期借款100 000元的利息，年利率6%。

银行借款利息计提表

年　　月

贷款项目(名称)	金　额	月利率	应提利息
合　计			

制表：　　　　　　　　　审核：　　　　　　　　　记账：

㊴ 3月31日，计算分配本月应付工资10 000元，其中生产A产品工人工资5 000元，生产B产品工人工资2 500元，车间管理人员工资1 000元，厂部管理人员工资1 500元(附件1张：工资费用分配表)。

工资费用分配表

年　月　　　　　　　　　　　　　　　　　单位：元

应借账户		工资总额	合　计
生产成本	A产品		
	B产品		
	小计		
管理费用			
制造费用			
合　计			

㊵ 3月31日，根据职工的工资情况计提应缴纳的住房公积金及社会保险等，计提比例分别为工资总额的10%和15%。

住房公积金及医疗保险等分配表

年　月　　　　　　　　　　　　　　　　　单位：元

应借账户		工资	计提比例	住房公积金	社会保险
生产成本	A产品				
	B产品				
	小计				
管理费用					
制造费用					
合　计					

㊶ 3月31日，按工时比例分配本月制造费用，其中A产品工时为800小时，B产品为200小时。

制造费用分配表

年　月　日

品　种	分配标准/小时	分　配　率	分　配　金　额
A产品			
B产品			
合　计			

㊷ 3月31日，本月A产品1 400件全部完工，结转本月完工产品成本。

完工产品成本计算表

年　月　日

成本项目	A产品		B产品	
	总成本	单位成本	总成本	单位成本
直接材料				
直接人工				
制造费用				
合　计				

㊸ 3月31日，结转本月已销产品销售成本。

㊹ 3月31日，按25%税率计提本月应交所得税。

所得税费用计提表

应纳税所得额	所　得　税　率	应交所得税
合　　计		

㊺ 3月31日，按本月各收入各支出转入"本年利润"账户。

各收支账户余额表

收入账户名称	金　　额	支出账户名称	金额

知 识 巩 固

一、单项选择题

1. 企业的会计凭证、会计账簿、会计报表相结合的方式称为(　　)。
   A．账簿组织　　　　　　　　　　B．账务处理程序
   C．记账工作步骤　　　　　　　　D．会计组织形式
2. 记账凭证核算程序的主要特点是根据各种(　　)。
   A．记账凭证编制汇总记账凭证　　B．记账凭证逐笔登记总分类账
   C．记账凭证编制科目汇总表　　　D．汇总记账凭证登记总分类账
3. 记账凭证核算程序的适应范围是(　　)。

A．规模较大、经济业务量较多的单位　　B．采用单式记账的单位
C．规模较小、经济业务量较少的单位　　D．会计基础工作薄弱的单位

4．各种会计核算程序的主要区别是(　　)不同。
A．登记明细分类账的依据和方法　　B．登记总分类账的依据和方法
C．总账的格式　　D．编制会计报表的依据

5．直接根据记账凭证逐笔登记总分类账，这种核算程序是(　　)。
A．记账凭证核算程序　　B．科目汇总表核算程序
C．汇总记账凭证核算程序　　D．日记总账核算程序

6．会计凭证方面，科目汇总表核算程序比记账凭证核算程序增设了(　　)。
A．原始凭证汇总表　　B．汇总原始凭证
C．科目汇总表　　D．汇总记账凭证

7．既能汇总登记总分类账，减轻总账登记工作，又能明确反映账户对应关系，便于查账、对账的核算程序是(　　)。
A．科目汇总表核算程序　　B．汇总记账凭证核算程序
C．多栏式日记账核算程序　　D．日记总账核算程序

8．科目汇总表核算程序的缺点是(　　)。
A．登记总分类账的工作量大　　B．程序复杂，不易掌握
C．不能对发生额进行试算平衡　　D．不便于查账、对账

9．下列各项中，属于最基本的会计核算程序的是(　　)。
A．记账凭证核算程序　　B．汇总记账凭证核算程序
C．科目汇总表核算程序　　D．日记总账核算程序

10．记账凭证核算程序的缺点是(　　)。
A．不便于分工记账　　B．程序复杂、不易掌握
C．不便于查账、对账　　D．登记总分类账的工作量大

二、多项选择题

1．记账凭证核算程序的优点是(　　)。
A．登记总分类账的工作量较小
B．账务处理程序简单明了，易于理解
C．总分类账登记详细，便于查账、对账
D．适应于规模大、业务量多的大中型企业

2．在不同会计核算程序下，下列可以作为登记总分类账依据的有(　　)。
A．记账凭证　　B．科目汇总表
C．汇总记账凭证　　D．多栏式日记账

3．汇总记账凭证核算程序下，会计凭证方面除设置收款凭证、付款凭证、转账凭证外，还应设置(　　)。
A．科目汇总表　　B．汇总收款凭证
C．汇总付款凭证　　D．汇总转账凭证

4．汇总记账凭证核算程序的优点有(　　)。

A．总分类账的登记工作量相对较小　　B．便于会计核算的日常分工
C．便于了解账户之间的对应关系　　D．编制汇总转账凭证的工作量较小

三、判断题

1．记账凭证核算程序的特点是直接根据汇总记账凭证逐笔登记总分类账和明细分类账，它是最基本的核算程序。（　　）
2．编制财务会计报表是企业核算程序的组成部分。（　　）
3．汇总记账凭证账务处理程序是最基本的核算程序。（　　）
4．汇总记账凭证核算程序可以简化总账的登记工作，所以适应于规模大、经济业务较多的大中型企业单位。（　　）
5．汇总记账凭证与科目汇总表的汇总方法基本相同。（　　）
6．各种核算程序之间的主要区别在于登记总账的依据和方法不同。（　　）
7．科目汇总表不能反映账户之间的对应关系。（　　）
8．采用科目汇总表账核算程序，总分类账、明细分类账和日记账均应根据科目汇总表登记。（　　）
9．科目汇总表核算程序的缺点是不便于查对账目。（　　）

技 能 操 练

实训题一

1．目的：练习科目汇总表的编制。
2．资料：某工厂201×年×月份发生以下各项经济业务：
(1) 向一厂购入甲材料200千克，每千克129.20元，计25 840元，增值税率17%，货款以银行存款支付。
(2) 以现金支付甲材料运杂费160元。
(3) 甲材料200千克验收入库，按实际成本转账。
(4) 以银行存款支付临时借款30 000元。
(5) 购入劳保用品100元，增值税率17%，以现金支付，并交车间使用。
(6) 仓库发出乙材料466千克，每千克进价100元。其中300千克用以制造B产品，166千克用于制造A产品。
(7) 售给二厂A产品300件，每件180元，计货款54 000元，增值税率17%，款项尚未收到。
(8) 售给四厂B产品100件，每件400元，计价款40 000元，增值税率17%，款项已收入银行。
(9) 仓库发出甲材料100千克，每千克130元，用于制造A产品。
(10) 以现金80元支付销售产品运杂费。
(11) 开出现金支票1 000元，提取现金备用。
(12) 开出转账支票330元购买管理部门办公用品。
(13) 售出A产品200件，价款36 000元，增值税率17%，货款存入银行。

(14) 以现金 40 元支付销售 A 产品装卸搬运费。
(15) 收到二厂货款 54 000 元及税金 9 180 元，存入银行。
(16) 管理部门人员出差回来报销差旅费 1 290 元，已借支 1 500 元，余款交回现金。
(17) 向银行提取现金 38 000 元，用以发放工资。
(18) 以现金 38 000 元发放工资。
(19) 以银行支票支付职工医药费 3 120 元。
(20) 以银行支票支付本月份电费 4 770 元，其中车间生产用电 3 978 元，管理部门用电 792 元。
(21) 以银行支票支付本月份水费 380 元，其中车间用水 216 元，管理部门用水 164 元。
(22) 结算本月职工工资 38 000 元，其中生产工人工资 27 200 元(A 产品工人工资 12 800 元，B 产品工人工资 14 400 元)；车间技术、管理人员工资 5 800 元；行政管理部门人员工资 5 000 元。
(23) 计提本月固定资产折旧 3 780 元，其中车间用固定资产折旧 2 500 元，行政管理部门固定资产折旧 1 280 元。
(24) 摊销本月份应负担的行政管理费用 240 元。
(25) 预提本月份应负担银行借款利息 600 元。
(26) 结转本月份制造费用，按生产工人工资比例分配计入 A、B 产品生产成本。
(27) 结转已完工 A 产品 300 件，B 产品 400 件的实际生产成本。
(28) 结转已销产品生产成本：A 产品每件 126.46 元，B 产品每件 273.44 元。
(29) 结转本月损益类账户。
(30) 按利润额的 25%计算并结转所得税费用。
(31) 按净利润 10%计提法定盈余公积。
3．要求：
(1) 按上列经济业务编制会计分录；
(2) 编制科目汇总表。

实训题二

1．目的：练习科目汇总表核算程序。
2．资料：参看 9.2 综合实训的资料。
3．要求：完成 9.2 综合实训的任务。

附录 中华人民共和国会计法

(1985年1月21日第六届全国人民代表大会常务委员会第九次会议通过，根据1993年12月29日第八届全国人民代表大会常务委员会第五次会议《关于修改〈中华人民共和国会计法〉的决定》修正，1999年10月31日第九届全国人民代表大会常务委员会第十二次会议修订)

第一章 总 则

第一条 为了规范会计行为，保证会计资料真实、完整，加强经济管理和财务管理，提高经济效益，维护社会主义市场经济秩序，制定本法。

第二条 国家机关、社会团体、公司、企业、事业单位和其他组织(以下统称单位)必须依照本法办理会计事务。

第三条 各单位必须依法设置会计账簿，并保证其真实、完整。

第四条 单位负责人对本单位的会计工作和会计资料的真实性、完整性负责。

第五条 会计机构、会计人员依照本法规定进行会计核算，实行会计监督。

任何单位或者个人不得以任何方式授意、指使、强令会计机构、会计人员伪造、变造会计凭证、会计账簿和其他会计资料，提供虚假财务会计报告。

任何单位或者个人不得对依法履行职责、抵制违反本法规定行为的会计人员实行打击报复。

第六条 对认真执行本法，忠于职守，坚持原则，做出显著成绩的会计人员，给予精神的或者物质的奖励。

第七条 国务院财政部门主管全国的会计工作。

县级以上地方各级人民政府财政部门管理本行政区域内的会计工作。

第八条 国家实行统一的会计制度。国家统一的会计制度由国务院财政部门根据本法制定并公布。

国务院有关部门可以依照本法和国家统一的会计制度制定对会计核算和会计监督有特殊要求的行业实施国家统一的会计制度的具体办法或者补充规定，报国务院财政部门审核批准。

中国人民解放军总后勤部可以依照本法和国家统一的会计制度制定军队实施国家统一的会计制度的具体办法，报国务院财政部门备案。

附录 中华人民共和国会计法

第二章 会 计 核 算

第九条 各单位必须根据实际发生的经济业务事项进行会计核算，填制会计凭证，登记会计账簿，编制财务会计报告。

任何单位不得以虚假的经济业务事项或者资料进行会计核算。

第十条 下列经济业务事项，应当办理会计手续，进行会计核算：

(一) 款项和有价证券的收付；
(二) 财物的收发、增减和使用；
(三) 债权债务的发生和结算；
(四) 资本、基金的增减；
(五) 收入、支出、费用、成本的计算；
(六) 财务成果的计算和处理；
(七) 需要办理会计手续、进行会计核算的其他事项。

第十一条 会计年度自公历1月1日起至12月31日止。

第十二条 会计核算以人民币为记账本位币。

业务收支以人民币以外的货币为主的单位，可以选定其中一种货币作为记账本位币，但是编报的财务会计报告应当折算为人民币。

第十三条 会计凭证、会计账簿、财务会计报告和其他会计资料，必须符合国家统一的会计制度的规定。

使用电子计算机进行会计核算的，其软件及其生成的会计凭证、会计账簿、财务会计报告和其他会计资料，也必须符合国家统一的会计制度的规定。

任何单位和个人不得伪造、变造会计凭证、会计账簿及其他会计资料，不得提供虚假的财务会计报告。

第十四条 会计凭证包括原始凭证和记账凭证。

办理本法第十条所列的经济业务事项，必须填制或者取得原始凭证并及时送交会计机构。

会计机构、会计人员必须按照国家统一的会计制度的规定对原始凭证进行审核，对不真实、不合法的原始凭证有权不予接受，并向单位负责人报告；对记载不准确、不完整的原始凭证予以退回，并要求按照国家统一的会计制度的规定更正、补充。

原始凭证记载的各项内容均不得涂改；原始凭证有错误的，应当由出具单位重开或者更正，更正处应当加盖出具单位印章。原始凭证金额有错误的，应当由出具单位重开，不得在原始凭证上更正。

记账凭证应当根据经过审核的原始凭证及有关资料编制。

第十五条 会计账簿登记，必须以经过审核的会计凭证为依据，并符合有关法律、行政法规和国家统一的会计制度的规定。会计账簿包括总账、明细账、日记账和其他辅助性账簿。

会计账簿应当按照连续编号的页码顺序登记。会计账簿记录发生错误或者隔页、缺号、跳行的，应当按照国家统一的会计制度规定的方法更正，并由会计人员和会计机构负责人(会计主管人员)在更正处盖章。

使用电子计算机进行会计核算的，其会计账簿的登记、更正，应当符合国家统一的会计制度的规定。

第十六条 各单位发生的各项经济业务事项应当在依法设置的会计账簿上统一登记、核算，不得违反本法和国家统一的会计制度的规定私设会计账簿登记、核算。

第十七条 各单位应当定期将会计账簿记录与实物、款项及有关资料相互核对，保证会计账簿记录与实物及款项的实有数额相符、会计账簿记录与会计凭证的有关内容相符、会计账簿之间相对应的记录相符、会计账簿记录与会计报表的有关内容相符。

第十八条 各单位采用的会计处理方法，前后各期应当一致，不得随意变更；确有必要变更的，应当按照国家统一的会计制度的规定变更，并将变更的原因、情况及影响在财务会计报告中说明。

第十九条 单位提供的担保、未决诉讼等或有事项，应当按照国家统一的会计制度的规定，在财务会计报告中予以说明。

第二十条 财务会计报告应当根据经过审核的会计账簿记录和有关资料编制，并符合本法和国家统一的会计制度关于财务会计报告的编制要求、提供对象和提供期限的规定；其他法律、行政法规另有规定的，从其规定。

财务会计报告由会计报表、会计报表附注和财务情况说明书组成。向不同的会计资料使用者提供的财务会计报告，其编制依据应当一致。有关法律、行政法规规定会计报表、会计报表附注和财务情况说明书须经注册会计师审计的，注册会计师及其所在的会计师事务所出具的审计报告应当随同财务会计报告一并提供。

第二十一条 财务会计报告应当由单位负责人和主管会计工作的负责人、会计机构负责人(会计主管人员)签名并盖章；设置总会计师的单位，还须由总会计师签名并盖章。

单位负责人应当保证财务会计报告真实、完整。

第二十二条 会计记录的文字应当使用中文。在民族自治地方，会计记录可以同时使用当地通用的一种民族文字。在中华人民共和国境内的外商投资企业、外国企业和其他外国组织的会计记录可以同时使用一种外国文字。

第二十三条 各单位对会计凭证、会计账簿、财务会计报告和其他会计资料应当建立档案，妥善保管。会计档案的保管期限和销毁办法，由国务院财政部门会同有关部门制定。

第三章　公司、企业会计核算的特别规定

第二十四条 公司、企业进行会计核算，除应当遵守本法第二章的规定外，还应当遵守本章规定。

第二十五条 公司、企业必须根据实际发生的经济业务事项，按照国家统一的会计制度的规定确认、计量和记录资产、负债、所有者权益、收入、费用、成本和利润。

第二十六条 公司、企业进行会计核算不得有下列行为：

(一) 随意改变资产、负债、所有者权益的确认标准或者计量方法，虚列、多列、不列或者少列资产、负债、所有者权益；

(二) 虚列或者隐瞒收入，推迟或者提前确认收入；

(三) 随意改变费用、成本的确认标准或者计量方法，虚列、多列、不列或者少列费用、成本；

(四) 随意调整利润的计算、分配方法，编造虚假利润或者隐瞒利润；
(五) 违反国家统一的会计制度规定的其他行为。

第四章 会计监督

第二十七条 各单位应当建立、健全本单位内部会计监督制度。单位内部会计监督制度应当符合下列要求：

(一) 记账人员与经济业务事项和会计事项的审批人员、经办人员、财物保管人员的职责权限应当明确，并相互分离、相互制约；

(二) 重大对外投资、资产处置、资金调度和其他重要经济业务事项的决策和执行的相互监督、相互制约程序应当明确；

(三) 财产清查的范围、期限和组织程序应当明确；

(四) 对会计资料定期进行内部审计的办法和程序应当明确。

第二十八条 单位负责人应当保证会计机构、会计人员依法履行职责，不得授意、指使、强令会计机构、会计人员违法办理会计事项。

会计机构、会计人员对违反本法和国家统一的会计制度规定的会计事项，有权拒绝办理或者按照职权予以纠正。

第二十九条 会计机构、会计人员发现会计账簿记录与实物、款项及有关资料不相符的，按照国家统一的会计制度的规定有权自行处理的，应当及时处理；无权处理的，应当立即向单位负责人报告，请求查明原因，作出处理。

第三十条 任何单位和个人对违反本法和国家统一的会计制度规定的行为，有权检举。收到检举的部门有权处理的，应当依法按照职责分工及时处理；无权处理的，应当及时移送有权处理的部门处理。收到检举的部门、负责处理的部门应当为检举人保密，不得将检举人姓名和检举材料转给被检举单位和被检举人个人。

第三十一条 有关法律、行政法规规定，须经注册会计师进行审计的单位，应当向受委托的会计师事务所如实提供会计凭证、会计账簿、财务会计报告和其他会计资料以及有关情况。

任何单位或者个人不得以任何方式要求或者示意注册会计师及其所在的会计师事务所出具不实或者不当的审计报告。

财政部门有权对会计师事务所出具审计报告的程序和内容进行监督。

第三十二条 财政部门对各单位的下列情况实施监督：

(一) 是否依法设置会计账簿；

(二) 会计凭证、会计账簿、财务会计报告和其他会计资料是否真实、完整；

(三) 会计核算是否符合本法和国家统一的会计制度的规定；

(四) 从事会计工作的人员是否具备从业资格。

在对前款第(二)项所列事项实施监督，发现重大违法嫌疑时，国务院财政部门及其派出机构可以向与被监督单位有经济业务往来的单位和被监督单位开立账户的金融机构查询有关情况，有关单位和金融机构应当给予支持。

第三十三条 财政、审计、税务、人民银行、证券监管、保险监管等部门应当依照有关法律、行政法规规定的职责，对有关单位的会计资料实施监督检查。

前款所列监督检查部门对有关单位的会计资料依法实施监督检查后,应当出具检查结论。有关监督检查部门已经作出的检查结论能够满足其他监督检查部门履行本部门职责需要的,其他监督检查部门应当加以利用,避免重复查账。

第三十四条 依法对有关单位的会计资料实施监督检查的部门及其工作人员对在监督检查中知悉的国家秘密和商业秘密负有保密义务。

第三十五条 各单位必须依照有关法律、行政法规的规定,接受有关监督检查部门依法实施的监督检查,如实提供会计凭证、会计账簿、财务会计报告和其他会计资料以及有关情况,不得拒绝、隐匿、谎报。

第五章 会计机构和会计人员

第三十六条 各单位应当根据会计业务的需要,设置会计机构,或者在有关机构中设置会计人员并指定会计主管人员;不具备设置条件的,应当委托经批准设立从事会计代理记账业务的中介机构代理记账。

国有的和国有资产占控股地位或者主导地位的大、中型企业必须设置总会计师。总会计师的任职资格、任免程序、职责权限由国务院规定。

第三十七条 会计机构内部应当建立稽核制度。

出纳人员不得兼任稽核、会计档案保管和收入、支出、费用、债权债务账目的登记工作。

第三十八条 从事会计工作的人员,必须取得会计从业资格证书。

担任单位会计机构负责人(会计主管人员)的,除取得会计从业资格证书外,还应当具备会计师以上专业技术职务资格或者从事会计工作三年以上经历。

会计人员从业资格管理办法由国务院财政部门规定。

第三十九条 会计人员应当遵守职业道德,提高业务素质。对会计人员的教育和培训工作应当加强。

第四十条 因有提供虚假财务会计报告,做假账,隐匿或者故意销毁会计凭证、会计账簿、财务会计报告,贪污,挪用公款,职务侵占等与会计职务有关的违法行为被依法追究刑事责任的人员,不得取得或者重新取得会计从业资格证书。

除前款规定的人员外,因违法违纪行为被吊销会计从业资格证书的人员,自被吊销会计从业资格证书之日起五年内,不得重新取得会计从业资格证书。

第四十一条 会计人员调动工作或者离职,必须与接管人员办清交接手续。

一般会计人员办理交接手续,由会计机构负责人(会计主管人员)监交;会计机构负责人(会计主管人员)办理交接手续,由单位负责人监交,必要时主管单位可以派人会同监交。

第六章 法律责任

第四十二条 违反本法规定,有下列行为之一的,由县级以上人民政府财政部门责令限期改正,可以对单位并处三千元以上五万元以下的罚款;对其直接负责的主管人员和其他直接责任人员,可以处二千元以上二万元以下的罚款;属于国家工作人员的,还应当由其所在单位或者有关单位依法给予行政处分：

（一）不依法设置会计账簿的；

（二）私设会计账簿的；

（三）未按照规定填制、取得原始凭证或者填制、取得的原始凭证不符合规定的；

（四）以未经审核的会计凭证为依据登记会计账簿或者登记会计账簿不符合规定的；

（五）随意变更会计处理方法的；

（六）向不同的会计资料使用者提供的财务会计报告编制依据不一致的；

（七）未按照规定使用会计记录文字或者记账本位币的；

（八）未按照规定保管会计资料，致使会计资料毁损、灭失的；

（九）未按照规定建立并实施单位内部会计监督制度或者拒绝依法实施的监督或者不如实提供有关会计资料及有关情况的；

（十）任用会计人员不符合本法规定的。

有前款所列行为之一，构成犯罪的，依法追究刑事责任。

会计人员有第一款所列行为之一，情节严重的，由县级以上人民政府财政部门吊销会计从业资格证书。

有关法律对第一款所列行为的处罚另有规定的，依照有关法律的规定办理。

第四十三条 伪造、变造会计凭证、会计账簿，编制虚假财务会计报告，构成犯罪的，依法追究刑事责任。

有前款行为，尚不构成犯罪的，由县级以上人民政府财政部门予以通报，可以对单位并处五千元以上十万元以下的罚款；对其直接负责的主管人员和其他直接责任人员，可以处三千元以上五万元以下的罚款；属于国家工作人员的，还应当由其所在单位或者有关单位依法给予撤职直至开除的行政处分；对其中的会计人员，并由县级以上人民政府财政部门吊销会计从业资格证书。

第四十四条 隐匿或者故意销毁依法应当保存的会计凭证、会计账簿、财务会计报告，构成犯罪的，依法追究刑事责任。

有前款行为，尚不构成犯罪的，由县级以上人民政府财政部门予以通报，可以对单位并处五千元以上十万元以下的罚款；对其直接负责的主管人员和其他直接责任人员，可以处三千元以上五万元以下的罚款；属于国家工作人员的，还应当由其所在单位或者有关单位依法给予撤职直至开除的行政处分；对其中的会计人员，并由县级以上人民政府财政部门吊销会计从业资格证书。

第四十五条 授意、指使、强令会计机构、会计人员及其他人员伪造、变造会计凭证、会计账簿，编制虚假财务会计报告或者隐匿、故意销毁依法应当保存的会计凭证、会计账簿、财务会计报告，构成犯罪的，依法追究刑事责任；尚不构成犯罪的，可以处五千元以上五万元以下的罚款；属于国家工作人员的，还应当由其所在单位或者有关单位依法给予降级、撤职、开除的行政处分。

第四十六条 单位负责人对依法履行职责、抵制违反本法规定行为的会计人员以降级、撤职、调离工作岗位、解聘或者开除等方式实行打击报复，构成犯罪的，依法追究刑事责任；尚不构成犯罪的，由其所在单位或者有关单位依法给予行政处分。对受打击报复的会计人员，应当恢复其名誉和原有职务、级别。

第四十七条 财政部门及有关行政部门的工作人员在实施监督管理中滥用职权、玩忽职守、徇私舞弊或者泄露国家秘密，商业秘密，构成犯罪的，依法追究刑事责任；尚不构成犯罪的，依法给予行政处分。

第四十八条 违反本法第三十条规定，将检举人姓名和检举材料转给被检举单位和被检举人个人的，由所在单位或者有关单位依法给予行政处分。

第四十九条 违反本法规定，同时违反其他法律规定的，由有关部门在各自职权范围内依法进行处罚。

第七章 附 则

第五十条 本法下列用语的含义：

单位负责人，是指单位法定代表人或者法律、行政法规规定代表单位行使职权的主要负责人。

国家统一的会计制度，是指国务院财政部门根据本法制定的关于会计核算、会计监督、会计机构和会计人员以及会计工作管理的制度。

第五十一条 个体工商户会计管理的具体办法，由国务院财政部门根据本法的原则另行规定。

第五十二条 本法自 2000 年 7 月 1 日起施行。

参 考 文 献

[1] 财政部会计司编写组．企业会计准则讲解[M]．北京：人民出版社，2007．
[2] 会计从业资格考试辅导教材编写组．新编会计从业资格考试辅导教材——会计基础(财经版)[M]．北京：中国财政经济出版社，2010．
[3] 贺胜军．新编基础会计[M]．北京：清华大学出版社，北京交通大学出版社，2008．
[4] 李相志．基础会计学[M]．北京：中国财政经济出版社，2009．
[5] 高文青，张同法．基础会计——原理·实务·实训[M]．北京：北京交通大学出版社，2009．
[6] 兰丽丽，张建清．会计基础与实务[M]．北京：中国人民大学出版社，2010．